小国城市

〔英〕里查德·罗杰斯 安妮·鲍尔 著
苗正民 译

商务印书馆
2011年·北京

本书根据费伯和费伯出版公司2000年版译出

目 录

vi

序

威尔·赫顿（Will Hutton）

一个文明如何，观其城市可知之。城市乃多数人居住之所。人们在此工作、交友、娱乐、从政、谋事、恋爱；议会在此开会，报纸在此印刷；剧院在此演戏，生意在此做成。城市即生活的地方。这样说并不是贬低或低估乡村，而是为了承认这一事实：城市是现代生活脉搏波动的心脏。如果城市运作良好，文明也会井然有序；假如城市出现问题，文明就会呈现病态。

然而，英国人，尤其是英格兰人，从来就很少重视其城市。人们视城市生活为受苦受难；真正值得称道的地方是乡村。诗人们歌颂英格兰时，其歌颂对象是树篱、花朵与乡村。城市的喧嚣令人烦恼，人们对此唯恐躲之不及。没有人认为城市的街道会赏心悦目，其公共场所会让人流连忘返。我们只有在城市之外才会发现真实的自己。

本书则基于与此截然不同的一种设想。本书的作者认为，如果我们想从方方面面——无论是涉及我们的民主活力还是社会健康——生活得更好、更丰富，那么一个至关重要、不可或缺的前提是，我们必须认为功能良好、设计完美的城市会有助于人际交流全面而尽情地展开，而不是对此造成障碍。无论是当今巴塞罗那的复兴，还是维多利亚时代和乔治时代人们对其优秀城市所怀的自豪感，道理皆是相同的。美好生活与优质的城市设计息息相关。

你也许会认为这已是老生常谈，何需再饶舌，但就英国的情形而言，这种说法几乎具有革命性。我直接了解到部长和高官们对城市特别工作组(Urban Task Force)的报告所作出的反应，而本书就是根据这一报告写成的。除了令人尊敬的少数人之外，他们多数人认为该报告的构想基本上是错误的。他们不明白为什么有人会认为财富创造的速度和社会包容的程度会与城市的物质结构密切相关。譬如，《小国城市》中的一个关键论点是，漫无边际扩展的郊区绿色地带开发会对市中心区域产生直接而互为损伤的后果，而他们干脆无法理解这一说法！他们认为重要的东西是漂亮的学校、便宜的公共交通以及为保持劳动力市场的良好运作而实施的干预，至于这些努力赖以进行的物质背景则毫不重要。

当然，这些举措都属于我们的矫正故事的构成部分。譬如，实施最低工资、新政以及为交通与学校配置新资源等都属于重要之举，值得欢迎，但这些做法本身不会解决英国的城市危机。困扰许多市中心综合性学校的诸多问题就是一个典型的例子。在社会构成均衡的街区建立综合性学校当然是极好的想法，而若能有效实施，恐怕会成为最佳的中学教育形式。但只有相关片区(catchment areas)人口的社会构成是均衡的，才能建立这样的综合性学校。而如果大多数学生来自低收入、社会压力大的家庭，这样的学校便成为教育藏污纳垢之所，其结果大家有目共睹。

但社会构成均衡的街区并不会因为市场作用而自然产生；事实上，市场往往会使不平等的街区两极分化，正如市场会使收入两极分化一样。这样的街区需要规划与创建，而创建它们的最佳手段之一就是提高我们城市的居住密度，如此，收入群体就会相互交叠，学校片区就不只是依赖某一个收入群体。但是，你如果认为教育、规划性政策和城市建筑相互关联，主流的经济与政治体制就会视你为来自火星的人。

然而，这种观点并非没有响应者。本书中的思想在高层领域亦有其倡导者。本 vii
书随后章节的任务之一就是对这些观点提供思想上的活力，并对其加以阐述，这样，普通市民都可以理解这些想法；在此过程中也会增强我们的信念：城市复兴不仅是未来经济与社会成功之关键所在，而且也是我们作为公民与人类充分实现自我的关键所在。我认为，辩论是不可或缺的，文化与政策形成于成千上万次对话中，而像本书这样的著作能丰富这种对话的内容，因此肯定是开卷有益。我希望你会读它，希望你同意作者的观点，希望你与我们一道为更加美好的未来而奋斗。

前言

政府于1998年成立了城市特别工作组，目的是研究如何应对这一挑战：未来25年里在英格兰再提供大约400万套住房。而对棕色地带旧址(brown-field sites)——过去已有所兴建的土地——的再使用是此中之关键。本书为城市特别工作组报告的后续，意在推进城市的开发。我们的工作是在城市分化、市中心区日渐被废弃、乡村日渐遭侵蚀的背景下展开的。

我们两人作为建筑师与社区策划人员首次在狗岛(Isle of Dogs——在伦敦东区，三面被泰晤士河环绕——译者)相遇，并一起为那里的市建住宅区(council estates)而工作，我们以类似而又颇为不同的视觉目睹了设计工作与社区压力之间相互交织的问题。我们两人为帮助那些陷入困境的低收入社区都不遗余力。本书就是我们在城市与社区领域共同工作16年的结果，我们期望对人们、对美化我们的环境能尽绵薄之力。

我们将英格兰作为主试验台，但我们取例则更为广泛，希望我们的思想既适用于本土的许多城市，也适用于国外。这么一本小书不可能包罗万象，我们只集中谈论自己最为熟悉的问题以及自己认为最为可行的解决方案。

许多人给我们提供了帮助，尤其是城市特别工作组。有些人对我们的工作起到特殊的作用，包括安德鲁•赖特(Andrew Wright)，彼得•豪尔(Peter Hall)，马丁•克鲁克斯顿(Martin Crookston)，温迪•汤姆森(Wendy Thomson)，菲尔•柯比(Phil Kirby)，艾伦•切里(Alan Cherry)，洛娜•沃克(Lorna Walker)和乔恩•劳斯(Jon Rouse)等。伦敦经济学院的教职人员也对我们多有帮助。约翰•希尔斯(John Hills)，鲁思•卢普顿(Ruth Lupton)，凯瑟琳•芒福德(Katharine Mumford)，贝基•滕斯托尔(Becky Tunstall)和玛丽亚•斯塔西娅克(Maria Stasiak)提供了详尽的意见与建议；迈克尔•肯尼迪(Michael Kennedy)，葆拉•奥布赖恩(Paula O'Brien)，尼娜•伍兹(Nina Woods)，丽贝卡•莫里斯(Rebecca Morris)和简•狄克森(Jane Dickson)在文本、图表和参考书方面提供了不断的支持；尼古拉•哈里森(Nicola Harrison)，里基•伯德特(Ricky Burdett)和卡罗琳•帕斯克尔(Caroline Paskell)在编辑、研究与插图方面提供了非凡的帮助。约瑟夫•朗特里基金会(Joseph Rowntree Foundation)也给予此项研究慷慨的支持。沙曼斯公司(Sharmans)和格伦雷丁村的国家公园办公室(National Park Office)帮助我们传送草稿。环境、交通与地区部(DETR)的约翰•罗伯茨(John Roberts)以及乔•默塔格(Jo Murtagh)，亚历克斯•布鲁姆(Alex Bloom)和朱利安•卢斯(Julian Loose)经常提供帮助。莫里斯•布伦南(Maurice Brennan)提供了宝贵的建议。谢尔特(Shelter)大学的克里斯•霍姆斯(Chris Holmes)和剑桥大学的艾伦•霍尔曼斯(Alan Holmans)给予我们有益的建议。本书的任何错误之处责任皆在我们。

我们最后则要感谢无数自愿为我们提供城市状况的组织与机构。没有它们的有效合作，我们的任务是难以完成的。

第一章　导论——城市将走向何处？

巴塞罗那这个工业城市经过几十年的衰败后面貌焕然一 3
新，其做法是动员市民参与城市空间规划项目。经过40年的佛朗哥独裁统治以及因为镇压加泰罗尼亚(Catalan)语言和文化而展开的残酷斗争，巴塞罗那终于在1979年选出了自己的第一届地方政府。巴塞罗那港是地中海沿岸最大、最悠久的一个港口，当时急剧衰落，市中心破败不堪，新的郊区各自为政。由巴塞罗那大学的奥里奥尔•博伊加斯(Oriol Bohigas)牵头的城区复兴小组，决意在每一个街区创建或翻新至少一个休憩空间，以恢复该城从前紧凑的特色。1981到1987年间，从巴塞罗那市中心到周边地区，从最穷到最富的街区，共出现了100个公共场所。而全城人都参与了这一过程。①

巴塞罗那为西班牙第二大城市，有170万居民。该市的密度特别高——市中心区每公顷有大约400座房屋，而伦敦市中心区每公顷有100到200座房屋；内城则为50到70座——高高的六层楼公寓紧邻着人行道和狭窄的街道，有些街道小得连汽车都无法穿行。巴塞罗那的建筑遗产令人目不暇接，其中包括圣家族大教堂(Sagrada Familia)和其他由高迪(Gaudí)、福斯特(Foster)设计的杰作，还有更多的著名建筑。市中心为中世纪特色，然后是由著名规划家瑟达(Cerda)设计的密集的十九世纪网状格局，一直不间断地延伸到海边。这就有利于多种多样的活动在街道层次上展开，而街道上方的众多公寓都可以俯瞰一座座小庭院。英国只有格拉斯哥(Glasgow)采纳了类似的网状格局。②

▲第1页：夜景下欧洲星座般的城市
W. T. 萨利文三世和汉森天文馆/科学图片资料馆(W. T. Sullivan III and *Hansen Planetarium/Science Photo Library*)

▲前页：瑟达(Cerda)所设计的巴塞罗那市密集的19世纪网状规划
巴塞罗那市议会

◀曼彻斯特高质量的公共场所
曼彻斯特市议会

◀巴塞罗那传统的密集型城市街区
约翰•希尔斯(*John Hills*)

巴塞罗那面朝大海，背靠高山，没有多大的扩展空间。因此，新的规划既不能拆除楼房，也不能把人口及活动区从周 5
围的街道上迁走，而是尽量减少郊区的扩展，因为这样会消耗能源，占用土地。[3]因为资源有限——失业率居高不下，西班牙的经济一蹶不振——因此精心设计、用心保护乃成功之关键。每一个休憩场所的修建都是在已有的空间范围内进行的。这样做可减少开支，同时能在短期看到明显的改善效果。

围绕着密实的中世纪市中心，从拥挤的街道中挤出一个个微型广场，点缀上两三条长凳与一泓喷泉，以突出其公共特色。主火车站外面的停车场也变成一个步行广场。最值得称道的是，破败的旧港口成为一个诱人的亮点，海滨随处可见新修的岬角，精心设计的步行桥，还有一家家餐馆与恢复旧貌的昔日步行道，全城人可以在日落黄昏时到此尽情漫步了。

1982年当选的社会主义党市长帕斯夸尔·马拉加尔(Pasqual Maragall)与他的两个继任者大力支持城区空间工程，鼓励大胆而广泛的试验和建筑投资。马拉加尔使巴塞罗那成功地争取到1992年的奥运会举办权，因为对市区空间的再开发使全城得到迅速复生，最终波及整个大市区。曾经被污染并且大面积遭废弃的码头区奇迹般地变成五公里长的新海滩、游艇码头和漫步道，当然还有奥运村。新的住房区曾经了无遮蔽，现在则“披上了绿装”，而海边现在也与整个景致真正融为一体，成为日光浴者和散步者流连忘返的地方。而在新旧巴塞罗那的置换过程中，仍有大群像观看奥运会时的游人到来，融入这座充满生机、换了新貌的民主城市，徜徉在一条条获得新生的街道上。

▲巴塞罗那海边再生之前的鸟瞰图

▲巴塞罗那再生后的奥运村鸟瞰图

◀巴塞罗那的新海滩以及由废弃的海岸改造成的紧凑街区（建筑师：伊莱亚斯•托里斯和JA. 马丁尼兹•拉佩尼亚（Elias Torres and JA Martinez Lapena））

巴塞罗那之所以成为一个国际名胜地，并不是因为它是个典型的旅游城——它只是个地方首府，无论其实际环境还是经
8 济基础都面临人们所熟悉的衰败问题。其复兴之所以能够引发热情是因为人们真正参与其间，而城市的改观也是有目共睹的。人们现在愿意上街了，因为他们觉得很安全；在1990年代，巴塞罗那每个街区的犯罪率都有所下降，最贫穷的地方也不例外。1998年对居民所作的一项调查发现，变革之后人们的归属感大增，尤其针对他们身边的街区。[4]

巴塞罗那的成功秘诀在于一些重要的理念：按城市现有的格局进行改造，即考虑到其密集、紧凑、古老、环山面海的特点；通过公共空间的开发而引发所有收入档次与阶层的人参与；以更大的战略规划形式在每个街区实施地方项目；使市民感觉各尽其力并为自己的城市感到自豪；使不同党派、不同部门达成强烈共识，并且能维持到下一届选举之后；使用最优秀的设计人才。巴塞罗那保持活力之道是，经常制定新的目标，吸纳国际性参谋人士，聘请由国际建筑师和艺术家组成的专家小组对所有新的项目进行论证。[5]

巴塞罗那这个地区性首府的成功之处，正是曼彻斯特失败的地方。曼彻斯特同巴塞罗那一起竞争奥运会举办权，但未能如愿。天气恶劣是曼彻斯特的不利因素，但人们对城市生活的不良态度也难辞其咎。曼彻斯特为世界上最古老的工业城，也是欧洲最大工业区的中心。虽然现在正逐渐改变面貌，但最古老的工业性建筑——从正在复兴的市中心走十分钟即可到达——却纷纷倾圮，而那些破坏之徒的行为也加速了这一过程；该城目前正积聚大量资源开始下一轮最为关键的复兴阶段

呢。但也许为时已晚，因为曼彻斯特内城街区里成千上万公顷地方的人口与财产都流失了。在这种急剧而持续的衰败气候下，人们的信心都烟雾般消散了。[6]

曼彻斯特也因为其他方面的原因而竞争失利：其软弱的大 9
市区政府于1985年被废除，由此产生了一群相互竞争的地方当局。因为范围极为有限，曼彻斯特现在已成为一个庞大的贫困化内城，正在试图复兴其核心区域，周围一圈的内城街区一幅破败、失修、了无人迹的景象，而富裕的郊区则各自为政。[7]

你要是晚上来到曼彻斯特的主火车站，既看不见问讯处，也没人给你指路。街道上也看不到成群的人。如果你不熟悉这个城市，走在面积颇大、阒无人迹的市中心会感觉几分害怕。虽然偶尔会有一家酒吧、餐馆或俱乐部，但仍然不会消除许多街道的那种空空荡荡的感觉。这与一个再生城市的面貌截然相反。当然，你要是运气好的话，会在某个坡度大的、漆黑的、通往旧码头的街道深处发现一家由货栈改造而成的旅馆。睡在这个经过翻新的巨大的维多利亚式建筑里，醒来后发现自己身在乌黑而缓慢流淌的厄威尔(Irwell)河边，也会让你感到兴奋、完全出乎意料，因为这与衰败之相大相径庭。

曼彻斯特还有其他呈现新貌的地方。1996年恐怖分子将难看的现代购物中心炸毁，正好给业已实施的一系列规划方案提供了契机。这座1960年代兴建的沉重而封闭的建筑已不可修复，在其旧址上出现了几个大型广场，周围是几座有纪念意义的曼彻斯特公共建筑。一条条购物街为步行者提供一切便利，与附近的特拉福德(Trafford)大型购物中心形成鼎足之势。此类开发工程当时好像要把曼彻斯特翻个底朝天，而现在大商场都开始青睐市中心了。

▲1996年被炸弹炸毁的曼彻斯特市中心
（曼彻斯特市议会特别项目办公室）

▲1999年的曼彻斯特新公共广场
（曼彻斯特市议会特别项目办公室）

曼彻斯特是英国第一个在市中心重新铺设有轨电车的城市，而且已经制订了宏伟的计划，要将周围的棉纺城和更为富裕的郊区连接起来。其大学城是英国高等教育最为集中的地方
12 之一，为社会提供年轻有才之士，并且有望成为科技园区。未来五年将要修建高速摆式列车(pendolino)轨道，到时就会将英国南部和苏格兰连接起来，这一工程会吸引英国亟须的外来投资，最终也会消除人们的偏见，即曼彻斯特是个“又远又烂”的地方。⑧

同巴塞罗那一样，曼彻斯特也是个充满情调的城市。诞生于第一次工业革命时期的密集运河网、货栈和办公楼赋予市中心区独特的色彩。我们不可能在英国再建一个巴塞罗那，难道我们也不能重塑人们对密集、繁盛、休戚与共的城市所抱的信心吗？商家与居民现在纷纷搬回曼彻斯特中心。百年来市中心的人口首次出现增长，新建的公寓还没完工就开始销售，虽然整体而言全城的人口仍在减少。⑨

许多人认为，我们不能也不应该为人民作选择。如果他们不嫌远也愿意多花钱而住在乡村，就由他们去呗。可我们不这么看。人们原来之所以逃离城市，是因为那里拥挤、肮脏、疾病丛生。针对这种情况，城市得到了改善。而我们现在的情况是，生活在城里的人过于分散，过于依赖交通，社会也过于两极分化。现今人们往往因为筋疲力尽而离开城里，就像曼彻斯特市那样。总的来说，更为富裕的人都搬到城外了，剩下的是无人眷顾的社区。但是，城市要想繁荣，就需要各种收入的人与各式各样的活动。城市街区如果规划合理、管理有序，人们是会搬回来的。

有些城市则面临相反的问题：发展过快。新的全球高科技与知识经济意味着国际化城市一个个繁荣兴盛。但它们的成功带来了严重的环境与社会压力、激烈的空间竞争以及对穷人的经常排挤。当然，富人只要掏钱就可以躲开这些问题，但现代 13
化城市离不了那些从事服务性工作的人啊，因为新的经济有赖于这些行业。伦敦、纽约、巴黎、阿姆斯特丹、罗马、柏林、上海、东京、雅加达和墨西哥城，这些第一世界大都市里都存在着第三世界社区。[10]如何解决这些庞大、变化迅速的城市里的土地、交通和社会凝聚问题，已令全世界的地方政府和市民焦头烂额。但我们还是能够从那些收效良好的城市汲取经验教训。纽约市几十年间充斥着暴力、衰败与肮脏，但经过八年的大力整治，其公园、街道和地铁现在已令人感觉安全。到处充溢着自豪感，街上也行人如潮。伦敦没有纽约那么多的问题，因此，纽约所成功实施的变革使我们更加相信：我们也会成功！

规模较小、相对自我封闭的城市在这方面多有尝试，因为人们的参与意识更强，如哥本哈根、波特兰（Portland，美国俄勒冈州最大的城市——译者）、旧金山、鹿特丹、里昂和库里蒂巴（Curitiba，巴西东南部城市——译者）等。这些城市在公共空间、公交系统、密集混合开发、社会融合、环境保护、人口密度以及约束性土地使用等方面都率先实施新的举措。过去20年中，哥本哈根已限制了汽车的增长，而欧洲大多数国家仍然受交通的困扰。[11]丹麦的首都意在做到公共汽车、电车、自行车与行人优先，同时则逐渐减少停车空间，因此，其街道更让人乐于逗留其间，人口也比以前多，人际交往也增加了。

能够解决现代经济的交通需求、减少交通流量的城市才是

未来的城市。住房也是如此。一个城市只要能为其低收入工作者提供买得起的住房，同时能继续吸引高收入工作者，就有望发展。社会混合有助于创造安全、诱人、服务设施完善的环境，从而会鼓励职业工作者待下去。如果没有这种混合，城市 15
便会两极分化，形成一片片特定的居住区。这正是我们的城市所面临的最大威胁。曼彻斯特正在大力推销其市中心附近年代较远、人口较少的公寓区，以吸引新工作者的到来。我们需要按这样的理念发展，而且不仅仅在我们今天所能看到的小片区域这么做，而是要从市中心到边缘地带，包括那些半废弃的内城区域；要想阻止城市的蔓延，就得复兴这些地方。

继孟加拉国和韩国之后，英格兰成为世界上第三个人口最为稠密的主要国家。[12]由于我们在几个世纪里一味地要求发财致富，使得我们的城市因使用过度而千疮百孔。但更为常见的情形是，现代设计的拙劣和交通的增长使得我们的城市令人敬而远之。我们对自己的城市都心怀恐惧：三分之二的人口表示，他们最担心的事情就是城市犯罪。[13]我们为了逃离过去，结果制造了一个双重问题：废弃与蔓延。我们能否对城市加以再造，从而使人们感觉安全，愿意在其中居住？

◀东曼彻斯特互不相连的街道、废弃的住房与荒废的土地
（杰弗逊空中摄影室）

建筑即指通过创造一种环境秩序与美感，将居住区复杂而互动的活动“黏接起来”而满足人类的需求。而我们城市衰败的环境状况则使社区四分五裂，迫使一些人逃离，留下的人则无奈地生活在被弃置的状态中。我们如果不立即行动起来，就会危及我们日益城市化的未来。

可持续发展的城市会给后人馈赠一个更加美好的城市环境。而我们目前的作为与此大相径庭，因为随着消费的加剧和个体需

求的增长，我们正在走向环境所能承载的极限。我们需要适合居住的城市，这样才能遏制我们对自然界的糟践，同时也能够抗击社会隔绝的趋势。适合居住的城市自然会把人们吸引进来。

城市要运作良好，就需要一定规模的人与活动。尽管出现
16 信息技术爆炸，面对面接触对于人类的发展依旧必不可少。城市是这种新的交流网络的枢纽。[14]只有使房屋与空间形成一个便于人们出没、交流、接触和创新的密集网络，城市才能保持活力。因此，为了满足新的需求，我们必须对城市持续进行再造。成功的设计能够使密集的城市有效运作，能够将城市生活中相互冲突的人流和物流凝聚成顺畅的格局，从而在我们人工建造的环境里创造出紧凑而相互独立的空间。

城市随着功能的变化，都会经历盛衰循环。可持续的规划能够使我们重新使用和美化现有的东西：棕色地带（指城市中清除原有旧房屋后可营造新建筑的空地——译者）、多余的建筑、城市布局中的缝隙与空间等。我们应该复兴那些业已衰败但充满开发潜力的内城街区。在现有区域设计漂亮的房屋与建筑，比在零乱的道路和空旷的土地上修建大片千面一孔的建筑，收效要大得多。“边缘城”虽然新且充满活力，但都丑陋而不经济。[15]甚至生活在其中的人也感觉了无意趣。相反，市中心文化资产丰富、建筑各具风格、充满公共空间，只要人们在其中感到自如，就能成为经济与社会磁石。

问题是，我们都没有把城市当做“与人友好的”地方。许多街区贫败交加，人们只要有别的选择就不愿意搬进来或来投资。旧城市已完成了其传统的创建者的使命，而贫民区在改造翻新过程中只会把废旧物丢弃到街道上。我们有许多破败不堪

的城市，也有许多贫困交加的市民。所以，格拉斯哥在一年里就拆毁了两千套市建公寓，街道上则满是一贫如洗的过夜人。曼彻斯特也有无家可归者，同时却有大片简易搭建的、无法租住的房屋。废弃城市中的无家可归现象与房屋空空如也的
情形可谓比肩并存。[16]父母们纷纷搬家，这样就无需将自己的 18
孩子送到那些“野蛮”而教学效果差的学校，从而使各种问题更为严重。大多数内城区的暴力犯罪仍在上升。雇主搬走了，工作也随之而去。[17]现在面临的真正危险是，随着对日益阒寂的街区管理的放松，人们觉得再也没有必要住下去。社会状况与社区关怀便彻底恶化。美国的内城就以极端的形式呈现出这些症状。[18]

我们只有一个世界，土地是有限的。因此我们必须解决这一冲突：是使用绿色田野还是棕色的城市土地。人们对环境的破坏，已不仅仅局限于开发商建造一幢幢独立房屋所占用的一块块土地。人们对环境破坏的真正成本所支付的费用极为有限。[19]如果按照绿地上新开发的真正成本收费的话，我们也许会获得足够的资源让城市运作起来。我们不一定非得容忍这种三重的遗产：环绕一个个乡村小镇和村庄而建造的独立私家住宅区；人口日益减少、日渐衰败的内城；遭到破坏的社会结构，使得处于极度弱势的人陷入新的赤贫状态。[20]其他国家都比我们做得好。

现在世界上有超过半数的人生活在城镇。英格兰的比例则是90%。未来20年里，我们仅在英格兰就要再建将近400万套住房。[21]我们正好趁此机会重新审视一下城市。邻近使城市具有生机，但要以和谐、有效和人性化的方式对凝聚的空间及活动

▼纽卡斯尔传统的城镇漂亮住房，人口密度合理——每公顷有大约60个住户
艾伦•辛普森(*Alan Simpson*)教授

进行布局，这是几百年来市政府所未能解决的问题。在新的千年里，如何使城市服务于所有不论贫富的市民，对我们是一大挑战。我们要作出的选择是，或者围绕现有的郊区边缘继续向外扩张，大量修建主要由单身家庭居住的房屋，或者使喜欢城市、但并不喜欢我们的所作所为的人感觉值得住在城里。

我们需要营造一个“共享一切的世界……我们因此而聚 19
集在一起，但却不会相互争斗”。[22]城市可以成为创造财富、共享财富的繁荣之所，也可能成为问题重重、使我们四分五裂、纷纷躲逃的地方。成功的城市将不同年龄、收入、种族与文化背景的人吸引到陌生人和友朋共聚的地方。街道、广场、公园、庭院、小巷和花园成为“户外公共活动空间，尽管我们都生活在城市的私人领地里”。[23]城市含有多种成分，但公共区域能将我们的家庭、工作、社会生活和经济生活联结在一起。在这些地方可以看到城市的真正面貌。而这些地方一旦被忽视，便会迅速成为肮脏、吵闹、交通不畅、杂乱无章的空间，从而使社区之间泾渭分明，人们纷纷逃往别处。

城市及其内城街区并非静态结构，不是破烂不堪时就可以丢弃的东西，而是创造性天才的摇篮。我们因为一直在寻求城市的未来，所以注意到各地城市复兴的迹象。城市对人类发挥着无尽的凝聚力，可以帮助我们解决因土地压力和社会崩溃而带来的各种使我们极度分化的问题。英格兰的城市给我们提供了实验场所，但我们所得到的教训适用于大多数城市社区。

自从我们百多年前从绿色天地大规模移居到棕色的砖墙街区，我们国家的人口增长了3倍，世界人口则增加了8倍。[24]如果我们认为可以在地球上人口最为稠密的一个国度里维持比紧凑生活方式更为优裕的东西，那只能是一相情愿。我们将要建造的未来肯定会比过去更美丽。曼彻斯特正在再建其市中心，但通过拆毁、丢弃或以现代方式设计日见倾圮、满目疮痍的内城街区则是另一回事。我们将在第二章审视那些导致人们离开城市的社会变革。

URY'S.
E WORKERS
, TO DO THE
T WORKERS.
FT
H.G. VASEY
It takes this much water
to make this much car.

第二章　社会变革与分化

天堂街
我们的城市遗产
人口减少
工作变化
收入差距
民族变化与种族关系
家庭变化
新家庭模式的效应
家庭与社会分解
学校与不安全问题
城市疾病
社会排斥

1800年，伦敦北部的下霍洛韦(Lower Holloway)是周围农场通往城里肉市场的赶牛道。天堂街上高而狭窄的平台被田野所环绕，上面住着工业时代早期的工匠们。由于两边是加高的人行道，牛就不会跑离狭窄而蜿蜒的道路。

到1900年，这块地方已成为伦敦的一个拥挤的郊区，生活着爱尔兰和苏格兰移民，两家合住一栋房，熙来攘往于伦敦的地方文化中。到1930年，公共卫生官员宣布此处为贫民窟，说不定什么时候就要被拆毁。到1950年，打算拓宽这里的道路并修建一个公园。此处成为贫民窟拆迁规划的一部分，涉及1 000栋房屋和2 000个家庭。

到1970年，天堂街这一内城贫民窟甚至更加拥挤、衰败。每个平台上的6栋房子里平均住着45个儿童和13个家庭。道路拓宽项目使这里满目疮痍，并且背靠其他拆迁区域和多民族聚居的排屋式街道，住着来自加勒比海、毛里求斯、土耳其、印度和爱尔兰等地的新移民。霍洛韦是伦敦内城里最为贫穷拥挤的一个行政区。这里的空间比别处都要小，是“英联邦国家新移民”最为集中的地方。[25]平台的一头有一家工厂和一个货栈，另一头则是两家未经许可的后院工厂和一片19世纪的庭院房屋区。每个角落都有人住，或者被派上其他用途。这里有五家商店、一个酒馆和三所小学。

▲前页
衰败的工业遗留下来的赤裸而被污染的土地——潜在的再利用空间
乌尔里克•普罗伊斯/格式摄影家(*Ulrike Preuss/Format Photographers*)

◀霍洛韦区的天堂街：一条有巨大城市开发潜力的街道。
约翰•希尔斯

到2000年，拓宽道路、拆迁贫民窟之说早已烟消云散，当地的一所学校和街角的几家商店也不见了踪影。酒馆也用栅板围起，儿童和其家人也都搬走了。房屋留存下来，被列为保护对象并得到翻新。伍德拜因(Woodbine)工厂旧址上现在出现 25
了一个儿童游乐园、一个城市农场(为教学需要而在市区建立的实验田——译者)和一个小公园。这片地区虽然旧貌换了新颜，但其社会基础结构则遭到分解。这里的社区消失了，街区的人口变得稀少，这使福利设施的维持成本过高。天堂街仍然是理想的住处：四个卧室，带后花园，面朝公园，靠近公共交通和伦敦市中心。但大多数普通家庭觉得太贵，比较有钱的人家又觉得这里过于清冷。许多类似的小区都发生了巨大的社会变化。

19世纪工业化扩展给我们的城市带来了无情的损害，随后则是20世纪急剧的社会与经济动荡，天堂街正是这种情形的一个缩影。这种影响在城市及其周围要大得多，因为这些地方是我们所首倡的残酷的工业化方式的心脏地带。工业化导致人口最为稀少的城市街区逐渐败落，从而使整个城市堕入惶惶不安的氛围中。这种心神不宁的情绪使许多家庭对城市产生了恶感，造成了大家都想逃离的“满目悲惨的景象”。[26]人们认为城里的街区一日不如一日，亟盼在安全与漂亮的地方拥有一栋房子。[27]经济与社会变革驱使人们纷纷外迁。

我们的城市遗产

英国领导了工业革命，给全世界的社会与经济带来了巨大影响，从此改变了我们生活方式与观察事物的方式。而工业革命给我们的景致所带来的实际效应则是灾难性的。我们起初对此没加在意，后来却为城市的污浊不堪付出了沉重代价，同时
26 则在财富、权力与科学优势方面得到报偿。我们发明了蒸汽机、铁路与工厂体系。

我们在现代历史的转折时刻争当领先者，结果使我们的工业城镇呈现出独特的样子。突然大规模出现的密集而拥挤的贫民窟不仅仅创造了财富，也带来了社会风险。住在城市的人寿命比以前缩短，危险比以前增加：劳动力不稳定，经常得四处找寻遮蔽之处和工作，食物不干不净，缺乏取暖、照明、干净饮水与排污设施，这些都导致了前所未有的悲惨状况与疾病。从1800到1850年，城市贫民窟的死亡率在上升。[28]后来，我们通过公共干预和市民的合作逐步采取一些措施控制城市状况，应对居民健康、安全和居住等问题。地方政府成立了，这对许多具有改革精神的维多利亚人来说是天赐之物。[29]但是，交通革命——将电车与火车服务延伸到新的郊区——使城市人口大量外流。城市开始了漫长的衰落过程，工业拓展的速度也在放缓，效益也比从前降低了。

我们所继承的工业遗产除了给予我们各种痼疾，也给我们提供了巨大的契机。首先，两个世纪的持续发展所留下的广阔而普遍废弃的基础设施使我们的城市景致满目疮痍，亟待我们开发有吸引力的新用途；其次，我们的城市政府模式当时是因为管理与禁止滥用的需求而诞生，也给我们每个市民提供了至关重要的服务，但现在却无法使人们对城市抱有多大的信心。[30]大多数城市选民在地方选举时都不露面了；第三，对工

业时代的污浊与城市极度拥挤情形的民间记忆依然萦绕在公共规划专家的脑际，从而助长了人们对低密度的郊区住宅的那种几近病态的渴求。[31]我们将逐一审视这三种遗产。

工业发展给我们留下了45 000公顷遭到破坏、遭受污染、被废弃的和没有被再开发的土地，以及将近100万栋弃置的楼房，其中许多面积巨大。[32] 1公顷等于2.5英亩，大约相当于一 27
个足球场。我们有四分之一以上的房屋建于第一次世界大战前，这在大多数城镇是一笔非常诱人的资产，但在破败的往昔制造业区域里则成为推销不出去的负担。3 000多英里长的运河将我们的主要城市连接成一个网状区域，这个网络虽然价值无限现在却遭弃置，但它为我们未来的住房、娱乐和环境保护提供了广阔的空间。

在经历了19世纪的极度分化之后，地方当局逐渐建立了秩序，促进了平等。英国的全民保健、教育和规划服务属于世界发展中的划时代之举。因此，公众对全民安全网的创建大为支持。但到了20世纪初，地方当局成为政府推动的人口分散行动的执行者。当时主要采取四种办法：严格控制私人租房；对城市现有范围之外的郊区自有住房提供资助；拆除贫民窟，从而导致内城社区的迁移；把为低收入家庭提供的公共住房区集中到现有城市范围内。这种将穷人集中到内城的做法，再加上境况好些的市民的分散，在一定程度上造成这种局面：城区的学校与保健一度是榜样，现在却远远低于全国平均水平。[33]

英国的城市规划为世界上其他城市提供了一个典范，因为我们发明了绿色地带、花园城市和新式小镇，因为我们有一个个吸引人的历史性城市构成的中心，还因为我们有令人向往的独家居住式的平台。然而，我们的工业城市如此肮脏不堪，所谓有独创性的新社区规划往往只会导致城市无节制的蔓延。[34]大规模的向外扩建使市内“日益稀疏”，这不但破坏了选举与
28 金融力量基础，而且摧毁了它们的社会和政治的基础。我们现在才开始意识到这种破坏。我们能改造好这种城市遗产吗？要了解这一挑战到底有多大，我们将逐一审视十种主要变化。

人口减少

1800年，只有10%的人口生活在城市。到19世纪末，则有90%的人口生活在城市了。今天却有将近一半的人口住在郊区。[35]从1900年开始，城市的人口密度降低，城市越来越向外延伸，乡村则被开发，以接纳人口的外流。城市范围向外扩展，许多小镇越来越大，并且相互连接起来。虽然内城人口急剧下降，但建设区域的总人口却增加了40%。这些建设区域现在占的面积比20世纪初增加了45%——等于增加了200万公顷——而城市人口只增长了不到1/3。[36]伦敦内城的人口从1901年的450万下降到1991年的220万，但与其他城市不同的是，伦敦在1990年代中期人口又开始回升。同期，索尔福德(Salford)、利物浦、曼彻斯特、纽卡斯尔内城和格拉斯哥的人口大减了三分之二。但从1950年代开始，所有大都市区（conurbations，指连带卫星城市和市郊的大都市，英国共有七个：伦敦、伯明翰、曼彻斯特、利兹、利物浦、纽卡斯尔和格拉斯哥——译者）的人口也出现萎缩，特别是大伦敦，从1951到1991年人口减少了20%。[37]当然这一人口减少基本属于

规划内的。[38]但随后所产生的城市人口严重边缘化现象则不是所规划的。[39]图2.1说明大都市区是如何从1950年代开始缩减的，反映了人口向乡村和小城镇的迁移。

即使在大约30年前，大多数政界要人、规划专家与开发商仍旧认为让人们搬出城市是件好事。而我们在住房与基础设施方面投资的基本目的是：不但要把人而且要把就业与投资都推向城外。但到1960年代末，一个重大的态度转变开始了：反对拆迁与新建，提倡内城更新、保护传统社区。[40]但内城人口的 29
减少——除了伦敦——依然在继续，就像一艘巨型油轮那样势不可挡。意图良好的决策往往产生意料之外的深远影响。内城的住房本来是为了替代贫民窟而修建的，现在即使在人口最为稀少的地方都被废弃和拆毁，而为建造这些住房所贷的款项往往都没有偿清。住在整街整街完好的、可能很有吸引力的住房里的人越来越少了。[41]图2.2显示过去30年中城市人口的急剧下降和工作损失并驾齐驱的倾向。利兹倒是个值得注意的例外，部分原因在于其城乡界限没有其他城市那么分明，使得城市内出现更具郊区特色的发展。

即使在哈克尼(Hackney，伦敦北面的一个城区——译者)和纽卡斯尔这样相距遥远的城市，地方当局都在竭力阻挡那些有选择自由、有工作的人的外流，而这些人走后留下的是耗竭的服务设施、用木栅搭成的商店、半空的教室、丢弃的住宅和空地——形成一种比以往任何时候都更为集中的贫困。伊斯特宅院(Easterhouse)是格拉斯哥外城修建的一处住宅区，可容纳5万人，住在那里的社区与青年事务工作者鲍勃·霍尔曼(Bob Holman)如数家珍地讲述了其兴衰史[42]：6个中学中就有5个离开

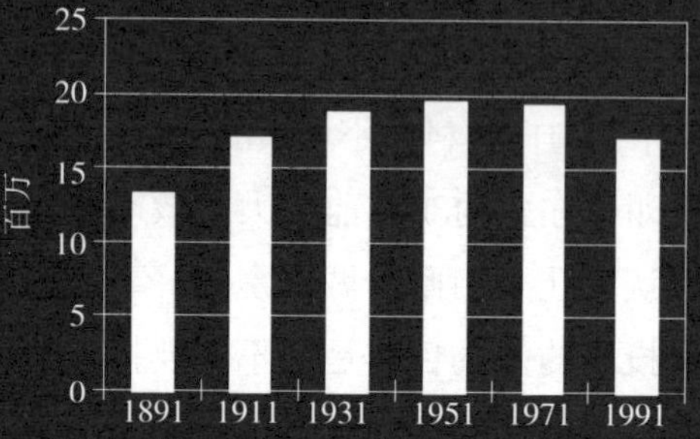

◀图2.1 大都市区（所有大都市郡）的人口变化
来源：国家统计局(Office for National Statistics)(2000)

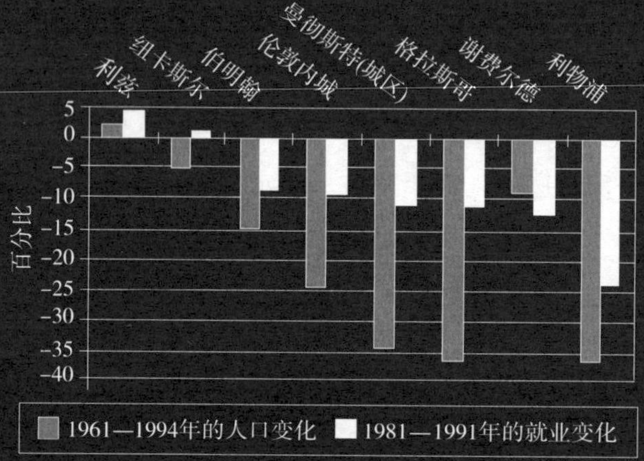

◀图2.2 英格兰1961—1994年的城区人口和1981—1991年间的就业变化
来源：城市特别工作组(1999)；环境部(DoE)(1996)
注：人口变化涵盖了1961—1994年；就业变化涵盖了1981—1991年

了，人口少了一半，天天都能看到拆房，人们费劲地生活下去，保持一定的秩序。这种状况也许极端，但伊斯特宅院绝非孤立的例子。[43]

如果人口照目前速度减少，许多城市街区将完全垮掉。基础设施——道路、建筑和废弃的空间——的规模依旧，而人口大减，造成一种空旷、遗弃感。在人口外流、处处变得空空荡荡的恶性循环加速过程中，城市变成犯罪、社会破败、财产观念倾圮的渊薮。状况最为恶劣的内城区加速废弃的现象已降临到许多城镇头上。[44] 31

工作变化

我们正处于就业模式的大规模变化之中，这种变化是全球性的，其影响则是地方性的。新的世界经济受国际金融与生产体系的驱动，这种现象不是国家政府所能控制的，更不用说地方政府了。随着新工作职位与新服务项目的诞生和新技术的使用，制造业继续萎缩。而我们的工业劳动力和旧工业城市为此而调整的速度过慢，也过于费劲。上述影响是无情的，但就业方面也出现了积极的发展趋势，从而为那些接受过充分培训的工人提供了各种就业机会。图2.3表明，制造业的急剧衰落对大都市区造成的影响要大于该国的其他地方。同时表明，服务行业的就业增长在城市里虽然稍慢，但速度开始加快。

劳动力中非体力劳动者的比例从第一次世界大战前的1/4上升到1996年的2/3。体力劳动者在1911年占所有工人的3/4，但到1996年只占1/3（图2.4）。但是，曼彻斯特和纽卡斯尔内

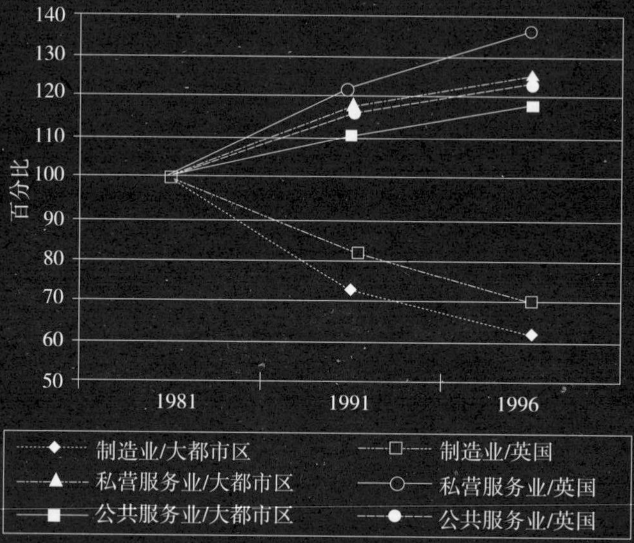

◀图2.3 制造业就业的下降与服务业就业的上升
来源：图罗克和埃奇(Turok, I & Edge, N)（1999）
注：用于衡量所有就业类型变化的基线在1981年为100

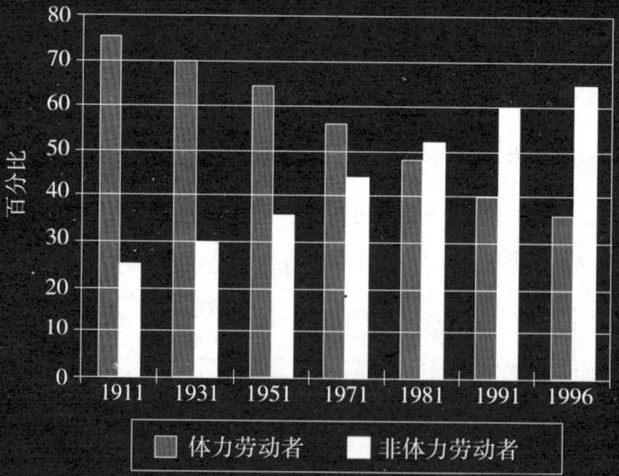

◀图2.4 1911—1996年工作者占居住人口的比例
来源：哈尔西(Halsey, A H)（1998）；国家统计局（2000）

城所有成年人中有3/4的人仍把自己归入体力劳动者之列。[45]留在城里的人的技术干脆胜任不了现有的工作。

旧制造业区所遭受的打击比该国其他地方要大得多。从1980到1996年，曼彻斯特所有制造业的就业岗位减少了2/3，纽卡斯尔则减少将近一半。因此，许多人完全退出了劳动力市场，干脆不再找工作了。[46]这些人不再以失业者身份出现在统计数据中。所以，虽然表面上失业率降至5.9%，但目前5个家 33
庭中就有一个家庭没有一个人在工作，而许多这样的家庭只有单亲家长。这种无工作状态主要出现在我们的城市和从前的工业区域，这对我们的民心、社区和年轻人造成了毁灭性影响。

随着我们从以体力劳动为主的工业经济向以服务业为基础的经济转变，从男性劳动力占主导的状况向女性劳动力占一半的情形转变，我们往昔工业时代那些旧的、相对稳固的但现在已赤贫化的内城社区与那些更为富裕、更具流动性、就业率更高、更为分散的郊区之间形成了日益加深的裂痕。其中主要的一个原因是人口的技术水平低。英国有1/5多的人读不懂简单的说明或算不清一份简单的购物单。而在极度贫困的内城，基本技能问题要严重得多。[47]我们的社会也许会像美国那样两极分化、种族分隔，除非我们能把工作职位与技术人员召回到我们的市中心，同时对那些已经生活在这里的人进行技术培训。图2.5显示的是活动在城市的男性工作岗位的损失和城外的、女性工作岗位的扩展情况。

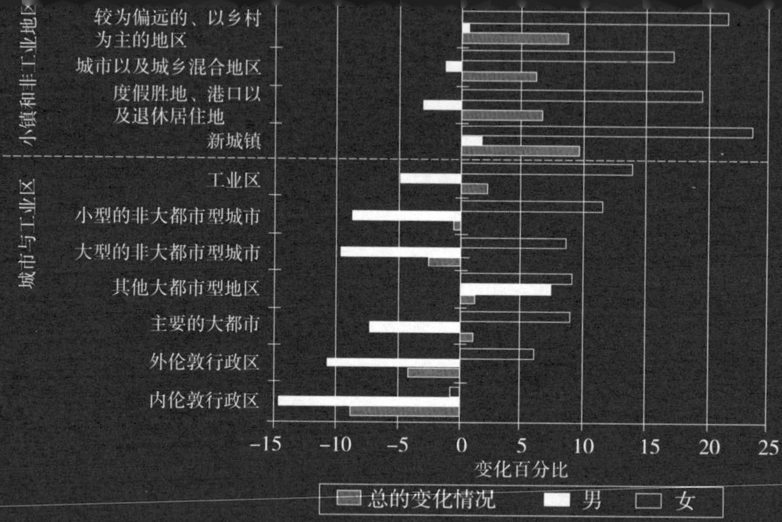

◀图2.5a：1984—1991年各地区的就业变化（全工时当量）
来源：环境部（1996）

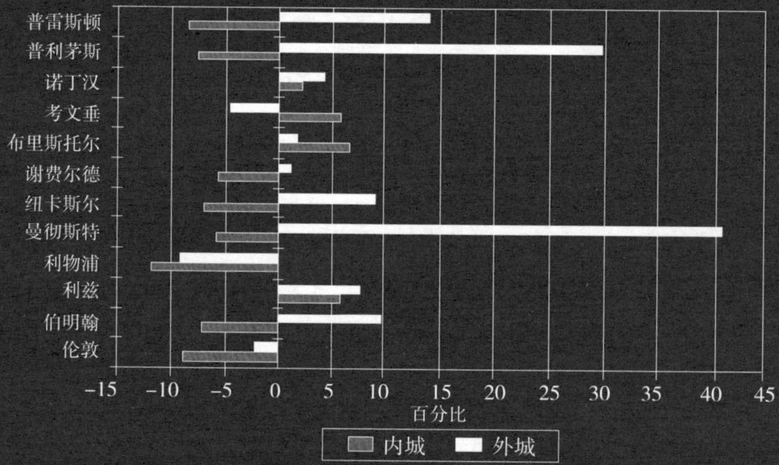

◀图2.5b：1984—1991年十二个城市的内外区域就业变化百分比
来源：环境部（1996）

收入差距

全球信息时代正在释放其新的巨大潜力：城市日益干净、日益繁荣、相互的联系更加紧密。但变化的速度使人们的收入与生活状况拉开了差距。在我们竭力对此加以适应之时，新的社会与经济压力日盛一日。

第二次世界大战后，工资的增长通常快于生活成本的增长，因此，有工作的人逐渐富裕起来。但自1979年以来，失业者的生活状况逐渐恶化。其相对贫穷加深，因为1980年代到1990年代的社会保障补贴没有跟上财富增长的步伐，而是与必需品成本的增长同步。[48]人们纷纷争夺数量日益减少的低报酬 35
工作，结果导致实际工资跌入低谷（图2.5a,b）。技术水平最低的男性受到的影响最大，这意味着以旧的制造业为主的城市遭受的打击最重。[49]因此，过去的工业时代留给人们的遗产便是失业与贫穷。

图2.6显示了收入差距在1980年代和1990年代是如何拉开的。总体而言，我们的富裕程度在15年里增加了40%，但10%的底层人也许实际上比以前更穷了。这一类人几乎完全没有工作，而且也几乎完全集中在城市里。[50]

民族变化与种族关系

从社会的角度看，城市社区更加分化，但在种族方面的表现是更加混合。第二次世界大战后的那一代里，有200万新的种族各异的移民来到英国。[51]现在，伦敦、伯明翰、曼彻斯特、布拉德福德、莱斯特和许多比较小的城镇的内城区居住着大

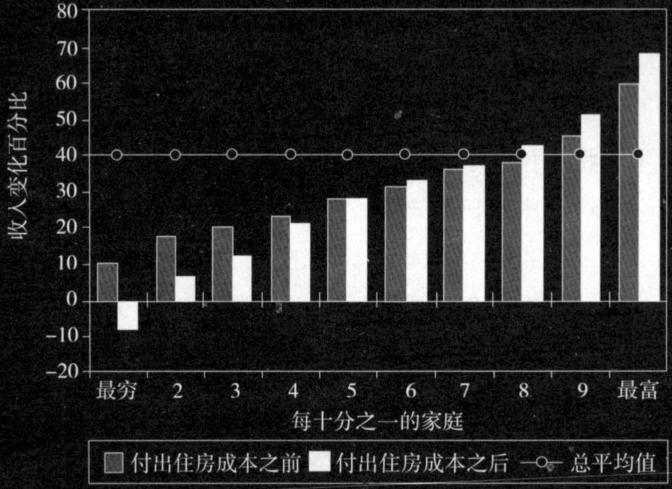

◀图2.6：1979—1994/95年的实际净收入变化
来源：希尔斯(Hills，J)(1998)

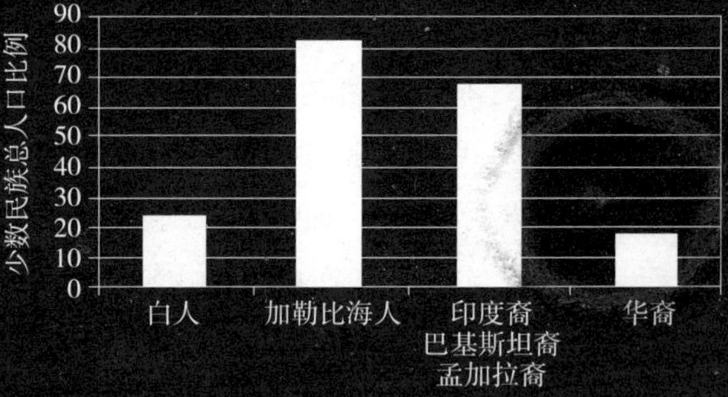

◀图2.7：住在四个主要大都市区——大伦敦、西米德兰兹(West Midlands)、大曼彻斯特和西约克郡——不同种族的人口比例
来源：莫杜德等(Modood，T et al.)(1997)
注：总人口的3%为亚裔，2%为黑人（包括加勒比海人），不到1%为其他群体，包括华裔

批来自少数民族的人，其密度往往是总人口密度的4倍多。[52]图2.7显示主要大都市市区不同种族群体的密度与其占总人口的比例。华裔要分散得多，与其他种族的人形成有趣的对比。

种族歧视在一定程度上造成了内城黑人与亚裔人口集中的现象。移民被迫拥挤到最为贫穷、最没人喜欢的区域，为恶劣的住房条件支付高昂的房租，或购买没人要的财产，而这些地方往往是将要拆除的贫民窟。[53]新来者受到当地人的敌视，因为他们更加愿意接受低技能工作，愿意忍受贫困的条件。

目前，少数民族高度集中的地方陷入极度的贫穷状况。[54] 37
即使有些少数民族成员努力获得了财富与地位，在教育成就方面胜过白人，并且能融入到更大的社区中，但移民与种族问题仍然与内城的贫困与弱势情形联系在一起。正如瑟里•皮奇(Ceri Peach)和塔里克•莫杜德(Tariq Modood)所表明的，日益集中与日益分散同时发生，不同种族群体呈现出不同的模式。[55]

源源不断到来的移民的奋斗与活力才使得有些内城区得以维持下去。[56]不然的话，许多学校与商店早就关门了。不是什么人都可以成为移民的：只有那些有技能的、有劲头的人才会移居他乡。自1990年以来有100万人移居纽约，在这样的地方能看到移民为城市命运的复兴所作的贡献。其他美国城市都有类似的经历。[57]但移民为自己的大胆付出了沉重的代价，即到处受歧视。这是一种不公正与人才浪费现象，而1978年的种族关系法案只在一定程度上纠正了这一问题。[58]

家庭变化

19世纪以来人口与就业变化的同时家庭形态也发生了变化。

家庭规模在一个世纪里缩小了一半多，从1900年的户均5人到今天的2人多。[59]1961年，单身家庭占总家庭数的1/7，现在几乎占了1/3。[60]家庭缩小的原因是多方面的：老龄人越来越多，但他们都与儿女分开住了；晚婚晚育；户均子女数减少；破裂家庭与单亲家庭增加；妇女经济上更为独立。虽然许多妇
38 女从事的是非全日制的低报酬工作，但就业还是增强了她们的独立性，提高了她们在家庭中的地位。这在一定程度上补偿了内城男性养家糊口者的减少，但这种情形动摇了男性的自信，从根本上改变了家庭的内在形态。图2.8a总结了家庭的变化。

城市的变化效果更为明显，因为无子女家庭和单亲家庭集中在城里。城市会吸引年轻人和新移民，但会失去稳定的工作家庭。城市还会留存“被遗弃的”老龄人口。

财富的增加意味着我们可以——而且通常这么做了——为几乎每个家庭建造房屋或公寓，不论面积大小。城市的拥挤程度已比20年前减少了一半，就连贫民区也是这样。尽管如此，仍有1/5的最贫穷家庭——主要是多子女与少数民族家庭——生活在人均不到一间的屋子，拥挤程度几乎是其他人口的两倍。[61]因此，过度拥挤现象都集中在城市里。

过去一百年里我们的生活方式发生了深刻变化，但我们的住房观念没有相应的改变。就我们应该提供何种住房而言，我们有关住房需求的争论还大多基于一成不变的假想。既然现在的人要比1900年的人多活30年，而且许多人是单独生活，我们在设计住房与社区时就应该满足他们的需求。图2.9表明，虽

▶图2.8a：家庭规模

▶图.28b：每位妇女所生子女数

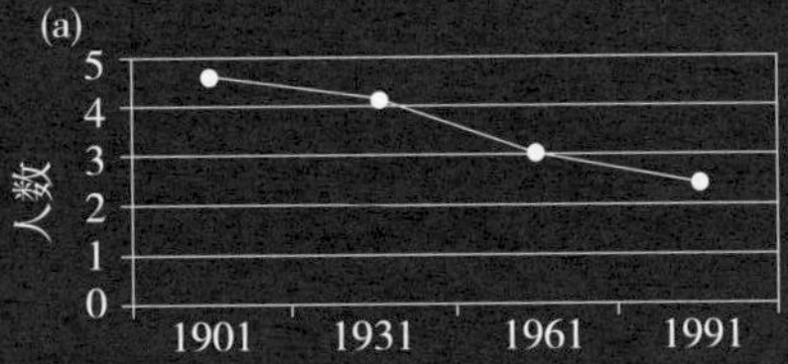

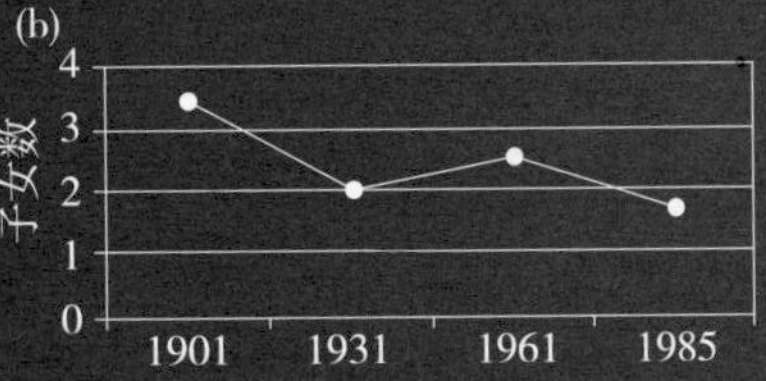

▶图2.8c：非婚生子女比例

▶图2.8d：单亲家庭比例（占所有拥有未成年子女家庭的百分比）

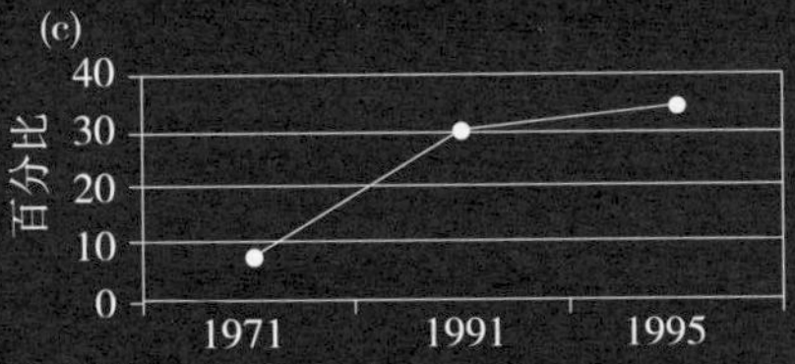

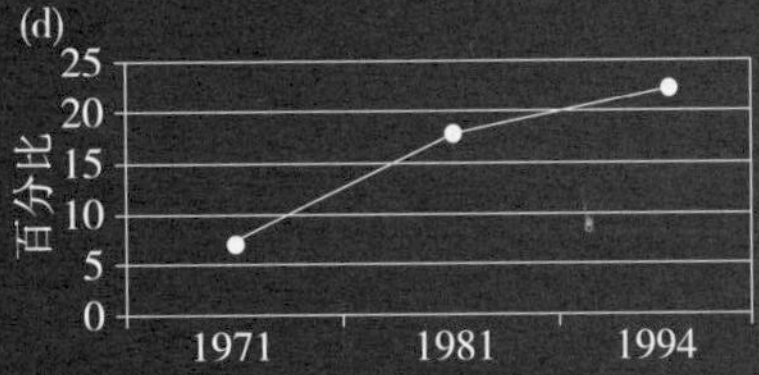

▶图2.8e：单人家庭的比例

▶图2.8f：老龄人口（65岁以上）的比例

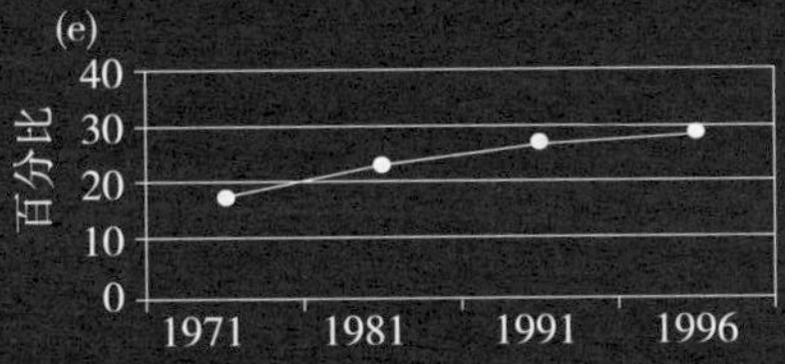

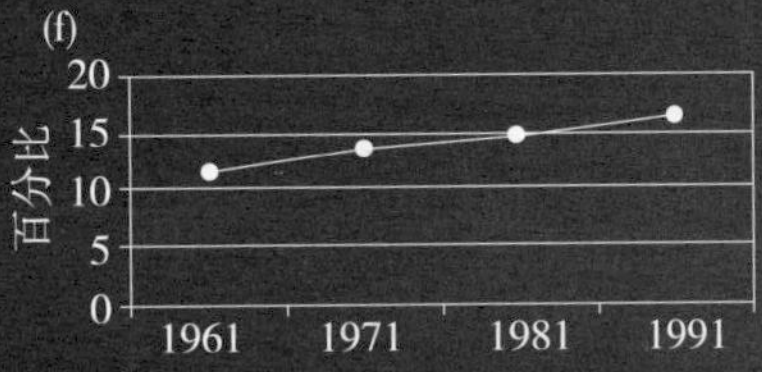

▶图2.8g：男女出生时的预期寿命

来源：国家统计局（2000）

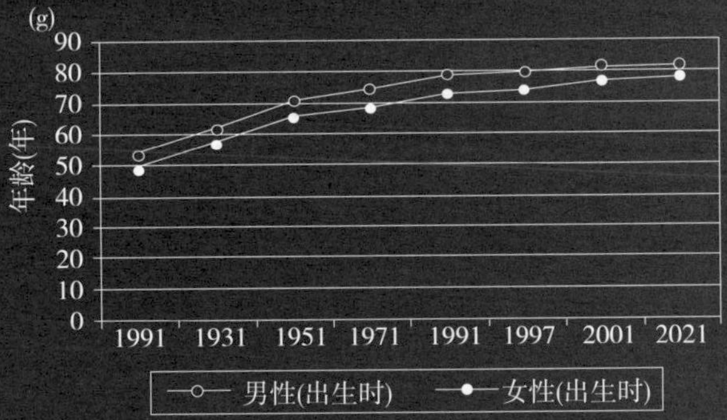

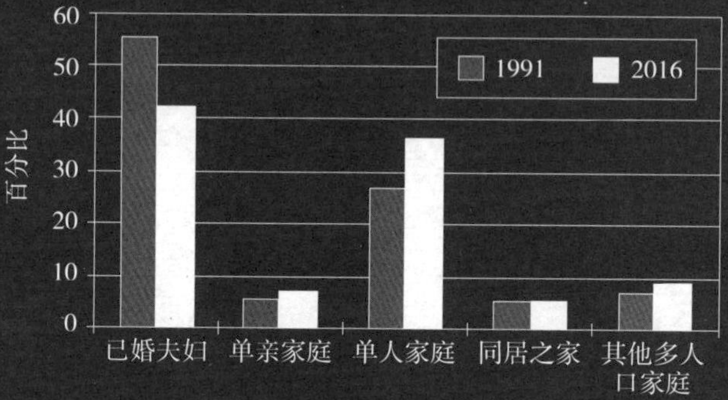

◀图2.9：所预期的英格兰不同家庭类型的分解情况（1991和2016年）
来源：国家统计局（2000）

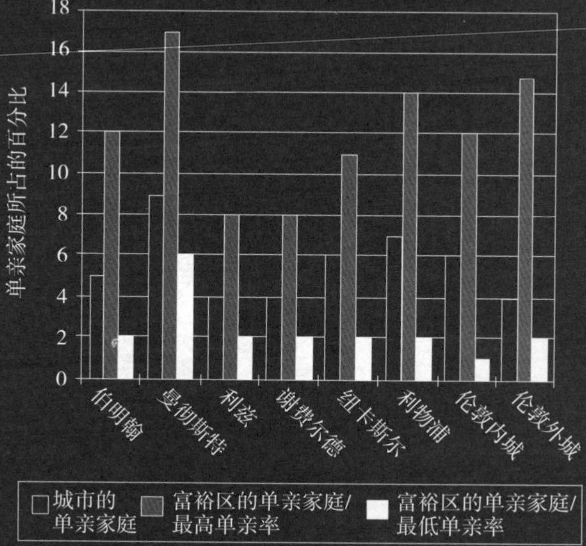

◀图2.10：单亲家庭占所有家庭的比例
来源：环境部（1996）

然已婚夫妇仍然是最大的人口群体，但他们占所有家庭的比例将很快减少到一半以下。

新家庭模式的效应

即使我们的人口缓慢增长，在未来的30年里甚至开始减少，如果更多的人单独生活或者成双成对生活，而不是在大家庭群体中生活，家庭数肯定会增加。这不但会对我们所需 41
的家庭数产生巨大影响，而且还会影响服务需求、我们所居住的空间类型以及我们相互交往的方式。如果我们一味地为新的小型家庭建造新住宅，就像我们从前为大家庭建造住宅一样，人们就会越来越相互隔绝，“日益稀疏的”社区的人会越来越少，各种设施与社区支持就无法提供了。新的建筑成本高昂，耗费土地，造成社会孤立，除非我们能创建新的住房形式，适应已经发生的社会革命。

家庭缩小与子女减少意味着来自亲朋的非官方支持减少，而对组织性服务的需求则会增加。但只有在居住密度高的地方才值得提供此类服务。单独生活的人靠近邻居和熟悉的看门人时会感觉更为安全。街道上经常有警察巡视才会使人更有安全感；公共交通只有在人多时才会让人觉得安全。在城市社区，只有人口达到“临界质量”时才能维持街道的秩序和各项服务。[62]我们将在第3章继续探讨这一问题。

家庭与社会分解

对于近年来家庭分解与单亲家庭的增长，人们没有予以充分的承认或了解。结果，社会的反应措施就很有限。在我们城市的最贫穷街区里，单亲家庭已构成所有拥有子女家庭的一半，甚至还要多。[63]内城的孩子中1/3的来自单亲家庭，而其他人口中则为1/10。图2.10显示同一城市里贫富区域单亲家庭聚居的差异。

家庭分解规模之大，向我们提出了一些全新的问题：单亲
42 家长因为贫穷与养育子女的负担而交困；儿童的家庭生活更加不完整；越来越多的老龄人在晚年和最为脆弱的年龄里孤独地生活着；关系破裂的伴侣急切需要住房和探视他们的子女；年轻人个个想独立，往往因为家里的继父或继母让他们感觉多余。种种问题使得家庭的维持或子女的养育难以为继。[64]

家庭稳定性的丧失、单身家户的与世隔绝、家庭支持——在急需之时仍然是最为宝贵和最值得信赖的靠山——的减少，使得越来越多的人处于脆弱、孤立无援的地步。

学校与不安全问题

学校往往是受创伤家庭的救命索。但学校也面临诸多问题：处于困境中的儿童行为乖张，贫穷儿童多集中在一起，暴力倾向极为严重，学业不好者受到来自同龄人的压力。[65]不但教师，内城的医生和其他公共部门工作者都感到问题重重，这使得城市的各项服务陷入双重的困境：人们的需求增加而工作人员的士气低落。[66]

总体而言，学校——包括城里的学校——的考试过关率以及学生的识字与算术水平在提高。但最为贫穷的内城区学校的成就只达到本国其他地方1/3的水平。[67]随着城市人口分化的加

剧，越来越多更为富裕的家长有能力的话都为子女选择更好的学区，因此，在剩下的贫穷区域里，家庭支持力度大、父母有教育背景的儿童越来越少。[68]

贫穷与学业不良为连体婴儿：图2.11表明，学校里享受免费餐的儿童比例与该校获得普通教育证书(GCSE)的人数成反比。此类统计数据自然会迫使家长从城里搬走。43

学校同街区一样出现人口减少。1999年纽卡斯尔的学校里有3 600个空位。[69]图2.12说明学校的问题如何与街区的衰落相互作用，从而影响房屋价格、造成家庭的外流。[70]

然而，有些学校与这种趋势抗争，这方面出现了一些令人鼓舞的成功例子。教育与就业部长大卫•布伦基特(David Blunkett)对劣势群体和衰败的社区感同身受，他应该勇敢地坚持自己的立场。[71]

▲犯罪与衰败造成了城市疾病

城市疾病

城市会收容陌生人。大规模的人口流动会将弱势人口聚集到其他人不愿意去的地方。而犯罪就利用了这一现象。随着社会凝聚力与非官方控制的减弱，我们遏制无序状态和暴力的能力也会下降。

人们认为犯罪是最令人担忧的事情。图2.13a—c显示，在最为衰败的内城社区，大多数人因为犯罪的普遍存在而忧心忡忡，八个人中就有一个担心会受到陌生人的袭击。这种担忧并非毫无根据：城市有记载的犯罪率要高得多，尤其在比较贫穷的街区。[72]

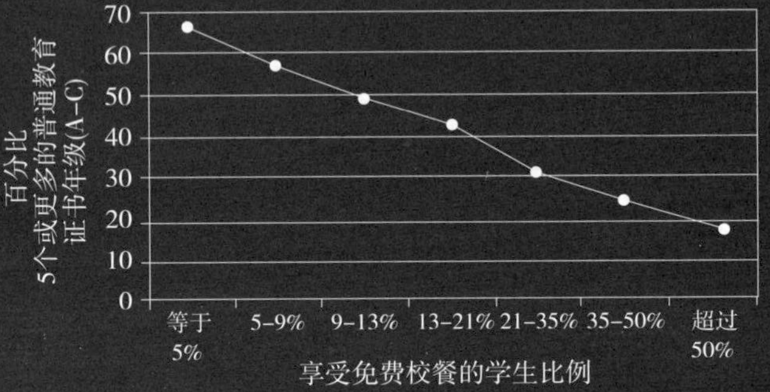

◀图2.11：1999年免费校餐与普通教育证书考试通过率
来源：教育与就业部(DfEE)(2000)

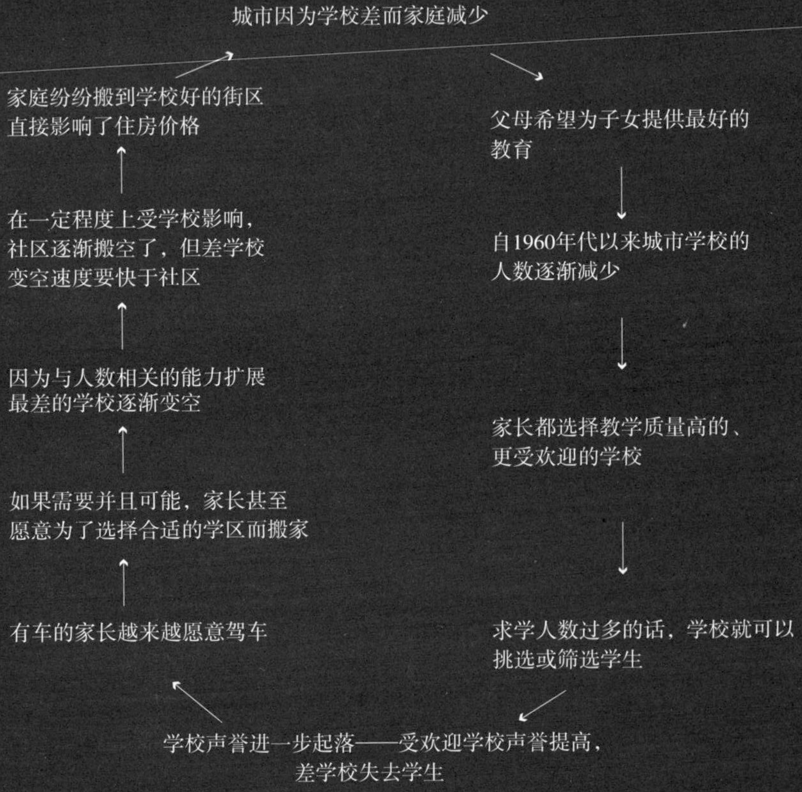

◀图2.12：家长的选择、街区与学校

A.W.Kemp & Co
SHOWROOM
LEASE FOR SALE
Commercial Property Department
071-729 7799
SUPER
LEATHER
WEAR LTD
247 7359
Kodak
CASH & CARRY
ALL ELECTRICAL
& FANCY GOODS
WHOLESALE · RETAIL
NO TAX FOR
OVERSEAS VISITORS
TO LET
071·631 4565
LET
STRETTONS
THE BELL
Kodak
TDK
WHOLESALE & RETAIL

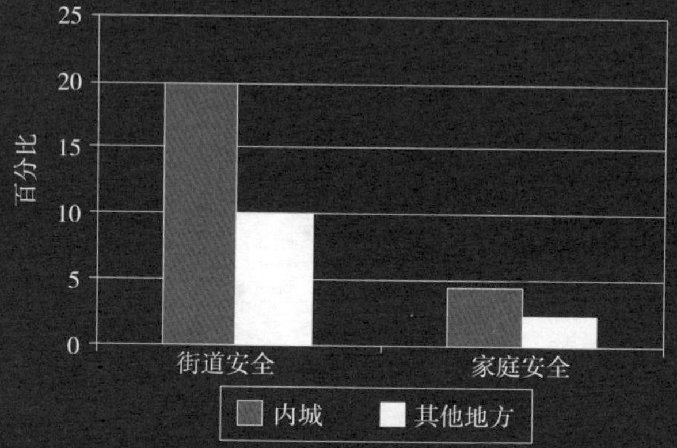

◀图2.13a：对犯罪与所处地域的担心
来源：内政部（Home Office）（1998）

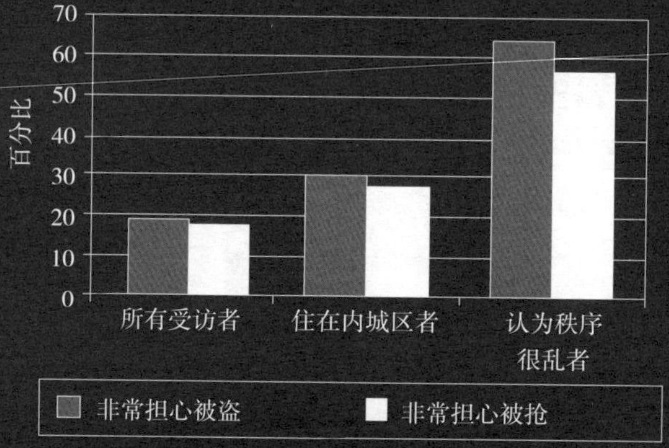

◀图2.13b：对与所处地域及实际环境相关联的犯罪的担心
来源：内政部（1998）

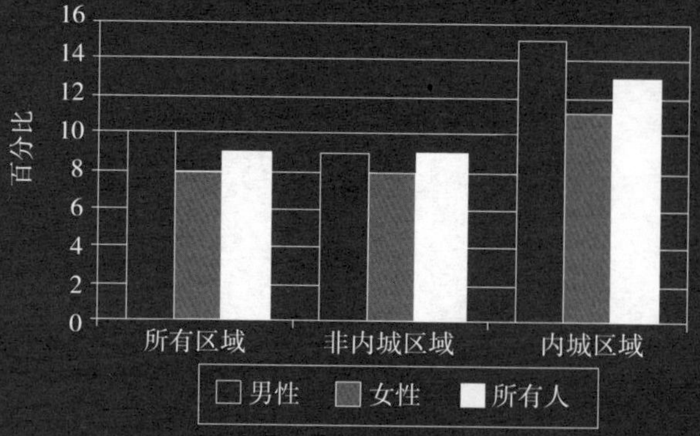

◀图2.13c：感觉会受到陌生人的袭击
来源：内政部（1998）

人们被迫在建造的区域里共享集体空间，而监督的普遍缺乏与反社会行为的盛行使得这些地方非常难以管理。正如我们在第一章所说的，这些社会与组织方面的问题在很大程度上影 47
响了公共空间与建筑的设计。我们如何管理城市、如何优先考虑其公共空间，会影响我们使用街道的方式，从而决定我们所感到的安全程度。[73]

内城街区的肮脏加重了彼得•豪尔所说的我们的“城市疾病”。[74]人们因此不愿意上街，而犯罪也就更为猖獗。图2.14a和b显示了人们对街区问题的看法。住在富裕的郊区和乡村的人，无论贫富，所经受的社会问题要比城里的人少得多。城市的问题往往会积聚起来，从而造成持续的人口外流，使城市问题紧迫化。要复苏内城区，如伦敦的霍克斯顿(Hoxton)和肖蒂奇(Shoreditch)，曼彻斯特的胡尔姆(Hulme)和毛斯赛德(Moss Side)，就得不断地克服“城市疾病”的不良效应。而“新”富裕与“旧”贫穷的并置加剧了这种紧张关系。

▲前页
城市发展驱动社会变化
马丁•邦德/环境图片社
(*Martin Bond/Environmental Images*)

随着社区日益边缘化，空荡的建筑和人迹稀少的空间鼓励了破坏公物与犯罪行为。遭受孤立的青少年成立黑帮，而更为冷酷的罪犯则伺机攻击最为贫穷的人。[75]有些家庭的生活乱成一团，家长与孩子都没有宁日，成为所谓“地狱般的邻居”。[76]随着社会控制的减弱，警察巡视的减少，恐惧心理的增高，情况可能会完全失控。[77]

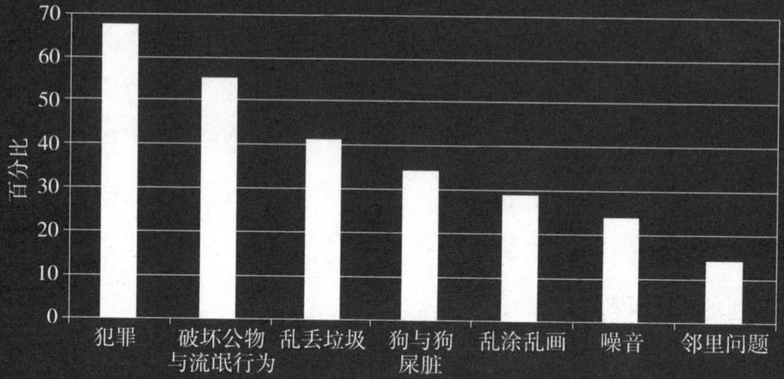

◀图2.14b：意识到犯罪、破坏公物等问题的家长比例
来源：城市特别工作组（1999），根据英国犯罪调查编制

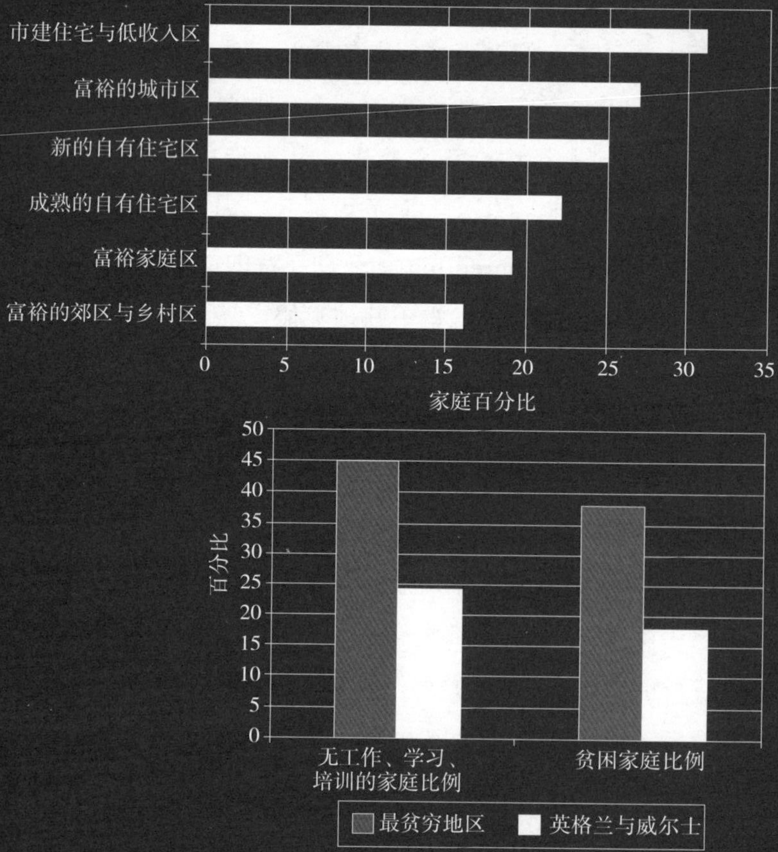

◀图2.15：最贫穷地区无工作家庭和贫困家庭的聚集与作为一体的英格兰和威尔士的对比
来源：格伦纳斯特等(Glennerster, H et al.)（1999）

社会排斥

社会排斥主要是一个城市问题。全国状况最差的100个地方当局都在城市里，而最为贫困的20个地方当局都在主要的工业大都市和伦敦内城。[78]家庭与就业模式的变化使许多内城区和一些大型而偏远的市建住宅区成为社会问题的高压储存器。 49

社会排斥指的是我们没有能力将所有的人纳入到我们所说的社会大家庭中。也就是说，我们往往把处于弱势的、能力差的、困难大的人推到最不受人喜欢的地方，使他们非常远离我们共同的奋斗目标。这样就会使有些人觉得被排斥到主流群体以外。社会排斥现象一般集中在日益衰败的区域，那里的建筑未得到充分利用，商店是用木板搭成的，门窗玻璃破碎，垃圾与破坏公物现象随处可见。

城市的“财富差距”往往触目惊心。最穷街区的贫困程度有时是全城平均水平的三倍。[79]这些街区也许并不是各自独立，而是由若干贫穷街区组成的更大的“群落”的一部分。图2.15显示城市最贫穷街区的失业与贫困状态与全国平均水平的差异。图2.16显示某些城市的“群落性”贫困状态。

伦敦这个现在极为富裕的国际性城市的贫困率说明了人口的两极分化、就业模式变化对低技能者的影响以及少数民族社区所面临的压力。伦敦内城较为贫穷的东区在费劲地应对畸高的失业率，而伦敦全城则开始经受劳动力短缺问题。[80]伦敦内城在1980年代的失业率为全国最高，从而导致富裕人口外流、种族两极分化和低技能人口的聚集。

伦敦因为富裕而不同于其他的区域城市，其财富是由广大的金融、劳动与住房市场创造的。但伦敦也面临大多数严重的

Staircase G
G116 WMH

城市问题。其财富分配极为不均：全国20个最为贫困的地方政府区域有一半以上就在我们的首都。[81]

但从前的工业大都市受到更为严重的影响，因为它们缺乏 51
伦敦那样的经济力量及多样化，因而无法抗衡强烈的人口外流压力。[82]

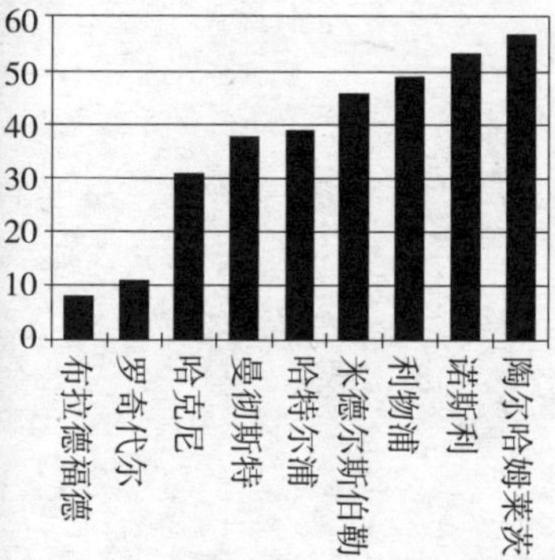

▲图2.16：全国生活在最为贫穷地区的地方政府人口比例
来源：格伦纳斯特等(Glennerster, H et al.)(1999)

◀环境破败与社会排斥并存

城市的人口外流带走的不是穷人，而是成功人士。因为要想搬出去，你得有钱和关系。长期以来，城市就是种种社会失败现象展示的舞台。我们城市的不良形象就是由贫困与社会排斥所导致的，反映了我们社会中最为深刻的一种分化现象。

现在的社会越来越个体化，因此就更为分裂、更难以控制。城市里分裂的迹象随处可见。人们一心要行使自己的权利：想去哪里就去哪里，想住哪儿就住哪儿。通讯的便利削弱了社会纽带。[83]社会进步将种种成本压到穷人和处境维艰的城市社区头上，这难道都是不可避免的吗？是城市造成这些问题的吗？城市能够扭转社会凝聚力所面临的破坏性损失吗？我们现在面临一个契机：以我们的方式设计、建造和再造我们的城市，从而实现我们所描述的新的生活模式。如果我们对自己的生活模式加以改变，以适应日益缩小、“越来越单薄”的家庭，社会的分裂就并非不可避免。这并不一定意味着我们的生活空间会减少，而是说我们对空间的利用要更加紧凑。如果我们不能重新设计我们所建造的环境，以适应飞速的社会变化，人们的信心还会继续失去。我们要是不立即加以干预，分裂就会加剧。

第三章　逃往郊区和紧凑型城市的消亡

贝克区
城市的物质结构
城市的布局
英国独有的排屋
花园城市
郊区
投资减少与贫民窟拆除
大型公共住宅区
不可持续的城市

纽卡斯尔的贝克区(Byker)在1950年代仍然是一个安定的、人际关系融洽的工人阶级社区。一溜溜坡度很大的排屋俯视着码头与泰恩河(Tyne)，每家至少有一个成员在河边上班。房屋的出租者为私人房主，租金受到控制，难得有钱搞基本的维修，房子里没有浴室或卫生间。最终贝克区也成为该市大规模的贫民窟拆除项目的一部分。4 000居民要被连窝端了，然后就地安置在一个大面积的新建公共住宅区。人们当时对此举加以抵触，因为他们喜欢自己住的地方，大家都有一种自豪与相互团结的感觉。[84]

一位年轻的富有创意的瑞典建筑师拉尔夫•厄斯金(Ralph Erskine)许诺说，他设计的新贝克区可以把原来住在这个社区的人都安置下来。工程将分阶段实施，这样大家都不需要搬到别处。为了使大家对新建筑有信心，建筑师们将要在新住宅区住上一年，看新的设计是否真正有效，以及有什么新问题需要解决。

▲前页
贝克墙：新住宅模式取代了旧的排屋街道（建筑师为拉尔夫•厄斯金（Ralph Erskine））
纽克斯尔市城市重建局(*City Repro. City of Newcaste-upon-Tyne*)

新的贝克区与传统大相径庭。规划中要有一条公路——后来一直没有修建——穿过这一社区，其噪音将被一堵东西向的高砖墙挡住，从而使整个住宅区有了一个新名：贝克墙(Byker Wall)。

新公寓鳞次栉比地排在墙南边内里的直上直下的平台上，一点儿也不像原来的斜坡式街道，但还是重新营造了原来的那种怡人氛围。一迈步到高墙里面，你就会觉得自己置身于一个真正的社区。所有公寓都面朝南，无数小花园、走道和庭院带

3/59

有一种密闭、随意而又有序的情调。无论什么地方，走几步就到了。

56 高墙的内侧一家挨着一家，井然有序，遮掩在木楼梯、花园、阳台与玩耍空间的后面，整体上给人一种居住已久的感觉。但当初避免将原来的社区连根拔除的努力并没有完全成功。从前的居民只有大约40%还留在了贝克墙。一位老太太说出了问题之所在："我们需要浴室，可为什么拆除了所有的街道和房屋？为什么非让我们搬家？难道他们不能安装水管吗？"[85]

住宅区规模很大：有将近3 000个家庭。这里的失业率很高，有许多只身居住的父母。住宅区建好之后又过了20年了，亟须对其做一次整容，需对它加以精心维护，需要对外出租，从而使人们愿意与此处保持联系，特别是对于现有居民的子女而言。

1999年，市政委员会提议拆除住宅区的某些部分：一个漂亮而倾圮的小庭院，其公寓好几个月没有租出或维修了。一群居民组织起来，抗议拆除方案。老贝克已经没了，新贝克尽管问题重重，但其命运比人们预料的要好，为什么又要破坏它呢？在某种意义上，贝克墙已经成为一个拥有自己的根基与问题的社区。对于喜欢它的人来说，拆毁不是解决问题的办法——这样做等于被老问题牵着鼻子走。居民一方终于赢了：部分原因是因为设计贝克墙的建筑师拉尔夫•厄斯金已经是名人了，而且该住宅区也因为其独特设计而被列入英国遗产委员会名录；同时因为居民这次组织起来了，为贫穷社区不再被持续迁置的权利而斗争；还因为市政府与市民打交道的方式也改变了。我们现在对不同的做事方式更加敏感，不像过去那么充满自信，也许也更加透明化了。[86]

城市的物质结构

过去两百年的沧桑巨变都反映在我们城市的物质结构中。57
我们的城市不尽是有序、漂亮、设计独特的景致，而是充满未经规划的断裂地带和破败的街道格局。许多旧街区已一副败象；战后的住宅区往往未经仔细规划就兴建在各个街区，或者添加在城市外围，形成了郊区总体延伸的一部分。壮观的民用建筑不是年久失修，就是被令人敬而远之的混凝土结构所取代。绿色空间和公园也无人看管、料理，草木日益减少。[87]城市失去了过去的那种连成一片的、密集的风格。人们思念过去的那些“社区”景象，因此，《加冕街（*Coronation Street*）》和《东区人（*East Enders*）》这样的电视节目在几十年里大受我们的喜欢。

▲城市外围的住宅区：设计拙劣的高层住宅而人口密度低的街区吞占了大片土地
保罗•赫曼/图片社(*Paul Hermann/Profile*)

20世纪的大多数著名的建筑师都是“反城市的”，因为城市太糟糕了。弗兰克•劳埃德•莱特、勒•柯布西和格罗皮厄斯一辈子魂牵梦绕的都是阳光、空气与光线。他们都想“把城市种植到花园里”，花园城市的创建者埃比尼泽•霍华德(Ebenezer Howard)等富于想象的规划者也是如此。[88]而紧凑与持续感依然是大众居住的内城街区、小城市、集镇和历史性村庄的重要标志。围绕街道与广场有序兴建的多功能型的、混合的、紧密的街区是典型的人类居住模式，最早的城市就是如此布局的。[89]但我们工业城市混乱无序的发展使得所有的东西都更难驾驭了。

在20世纪里，为了回应人们对秩序的渴求，政府成立了民事机构来管理城市，同时鼓励人们从城市里搬出去。独立式的家庭自有房屋赋予人们一种强烈可支配的感觉，政府不但倡
58 导、甚至驱赶人们逃往郊区，就像那幅著名的招贴画上所展示的那样（见第69页）。

随着时间的推移，对居住场所的重新布局试图通过增加工作与居住之间的距离而将两者分开，我们从而失去了商业、制造业、休闲和家庭生活的那种混合的状态，而这种情形的依然存在使得有些地区和城市令人向往。这些疏散政策制造了一个又一个新郊区，人们仍然成千上万地向这些地方搬去，因为在这里可以享受到个人空间、支配的感觉和社会秩序，但这里也会让人感到死气沉沉，因为没有形形色色的密集活动。[90]

本章简单地审视了我们是如何改变了自己城市的面貌。我们将详细考察三种策略：放弃排屋式住房和规划性花园城市而选择无规划的郊区；采取大规模的拆迁行动而不是渐进的更新办法；在每个城内区域兴建大面积的住宅区，将其作为主要的低收入住宅形式。这三个政策支柱以我们没有想到的方式改变了当今的城市，并且能说明为什么会出现我们现在正竭力扭转的极端两极化现象。

城市的布局

在城市里，人们总是非要在空地上修建个什么东西，而随着当地经济的发展和其后的社会变化，这些空间的功能也经常发生变化。在较小的、发展较为缓慢的社区，周围环境的总体布局为个人的行为和社区关系提供了一个不可或缺的架构。教

堂、酒馆、街道、商店、绿地、广场、墓地和公共汽车站构成公共空间模式，人们从而以连贯的方式组织自己的生活，而这些地方也就成为人们组织、安排生活的标志。

物质结构改变的速度越慢，其融合性与和谐性就越强。[91] 59
伦敦、约克和爱丁堡等城市仍然存在的中世纪街道模式在今天依然功能如初，令人喜欢。这些古老的模式往往会在城市领导人与市政规划者的头脑中激发出布局井然的乌托邦景象，然后他们就会将此移植到城市景致中。那些贫穷、秩序较差的早期居民点都被拆除掉了，人口被迫搬迁，这样才可实施井然有序的城市规划。建筑的比例、规模和纹理，建筑与环境的并置及相互作用营造出一种强烈的归属感。爱丁堡的新城、剑桥的学院、文艺复兴时期的佛罗伦萨、圣彼得堡、巴黎市中心和伦敦的纳什(Nash)排屋区所具有的和谐与环境美是我们在现代城市里难以复制的。

那些势力强大的赞助人——教会、贵族和当政的精英人士——委托实施这些“宏大的规划”，而现代的民主政府则不再能对所有的城市社区施加足够的影响，以效仿他们的作为。因此无论做什么，我们都需要相互协商。这并不是说我们无法作出规划，只是说需要更加小心行事。但常见的情形是，地方与中央政府仍然通过拆除破旧的街区而彻底清除贫民窟。在英国，1960年代和1970年代所建造的城内住宅区是为了取代被清除的贫民窟，而这些住宅区现在常常被人们蔑称为“现代贫民窟”。[92]我们将在下面探讨这一问题。

英国当今的居住模式五花八门：留存下来的乔治时代街区；中世纪格局的城镇、小村和街道；延伸的旧郊区以及没有

◄维多利亚时代高密度的样板住宅：仍然受欢迎，并且都住满了人。

里查德•汤森（*Richard Townsend*）

►变化中的城市景观

▼1900年的章程性住宅：高密度的“加冕街”，经常被翻修。

凯瑟林•芒福德/安妮•鲍尔（*Katherine Mumford/Anne Power*）

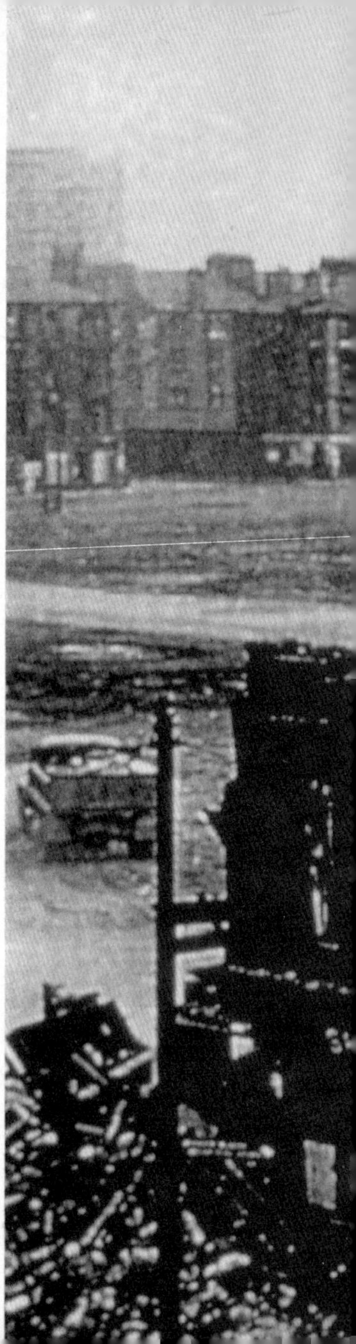

The HARDWARE STORE.

特色的、有序的和散乱的现代发展片区；旧工业城市里半废弃的维多利亚时代按“地方法规”修建的排屋；在旧的城市格局中强行修建的或者干脆在城镇边缘随意堆积而成的贫民窟拆迁区；与交通和商业压力竭力争斗的幸存的公共空间和街道格局。

62 在动荡而快速变化的城市里，标志性的东西经常更新，人们因此难辨东西南北。旧的秩序被打破的时候，人们就想逃往他处。政府试图让城市把人留住，而居民则用自己的双脚作出选择，从而使内城失去凝聚力。这样就难以再造城市社区或者恢复周围环境，也就无法将人们召回。公共空间遭到蚕食，市中心萎缩，郊区到处都是难看的开发区和遗留的空地。本章剩余部分将说明乔治时代的排屋、花园城市、新镇、郊区和内城住宅区能够如何融入我们今天所看到的格局中。

英国独有的排屋

英国的城市街区尽管目前的样子杂乱无章，但并非出自随意的思想大杂烩。密集而有气派的乔治时代城镇布局——都柏林的广场、巴斯(Bath)的月牙形建筑或伦敦的排屋——显示出平衡与优美感。可供利用的公共空间周围所建造的四五层住房——狭窄、幽深和轻巧——结构非常紧凑，容易改造和仿造，造价也低廉。乔治时代的排屋后来被引入到维多利亚时代的城市里，其建筑风格更为精致，居住对象为新出现的中产阶级，而成千上万的“加冕街”（修建于英国维多利亚女王加冕前后，故名——译者）则是为新来的工业大众修建的。

乔治与维多利亚时代的排屋式和半独立式住房赋予我们

的城镇独特的样子。尽管经历了大规模拆除以及两次世界大战，仍有大约500万个建于1914年之前的房屋存留下来，[93]并且在受人欢迎的区域，这些房屋是最为抢手的财产。即使现在，在人们喜欢的、紧凑的、能够适应新用途的街道上，每公顷有一两百家这样的住房——有大约300口人。排屋容易翻
新、再使用，家庭与单身居住皆适宜，它使人既有隐私感，又 63
能进行社会接触：这是英国独有的产物。

与欧洲大陆和苏格兰不同的是，[94]英格兰没有因为人口的增加而兴建多少公寓或低租金住房。将排屋式住房改造成长长的一溜上面两家、下面两家格局后，穷人就可以居住在这比别处更好的环境中；这里街道狭窄，带有后巷，清洁车可以在晚上清除垃圾。这些地方构成了手艺工匠——工业时代劳动力中的贵族——所居住的早期的靠近城内的郊区。每公顷土地上可容纳1 000人。[95]与那些单居室住房或“窝棚”(rookeries)相比，这是一大改进，而后者是添加到老排屋上的，往往没有自来水或卫生设施。[96]新排屋使人们既可以稠密地居住在一起，又可以有个人支配感，这一点不同于样板住房公司(model dwelling companies)或乔治•皮博迪(George Peabody)之类的慈善家所兴建的一片片公寓，而后者要求设立现场管理处。

城市很快包围了这些新的城内郊区。虽然新建了一溜溜整齐的排屋，依然难以去除掉内城贫穷、疾病丛生、无知和脏乱的恶名。贫民窟之得名主要不是因为其设计或建造方式，而是因为其缺乏基本的设施，年久失修，投资减少，过度拥挤和一贫如洗。[97]许多排屋当初建造精良，多年后其结构也安全可靠。[98]

但接着我们便放弃了密集的排屋式街道，转而修建亲和力减少的、更加刺眼的市政住宅区和广阔的低密度郊区，前者

所容纳的住家数比排屋街道少，同时使家庭的空间与隐私减少，后者则缺乏民事规划和内城的那种社会融合性。

1960年代，贫民窟的拆迁达到顶峰，旧的排屋式住房
64 才再度受到欢迎。随处可见的拆除活动造成了大破坏，社区、政客们、建筑师和投资者都开始追求更为传统的内城设计，竭力挽救幸存而残败的街区，恢复传统的街道。乔治与维多利亚时代的街区又开始流行起来，特别在伦敦和爱丁堡，以及约克、诺里奇(Norwich)和布里斯托这样规模较小的城市，这些地方的住房压力大，历史性的紧凑城市风格得以保存。伊斯灵顿(Islington)的乔治时代区域恢复了其美丽的风貌，而这个地方曾经是一项大规模的贫民窟拆迁项目的一部分。

花园城市

当城市居民经受压力之际，乡村的安宁与静寂似乎就令人向往。1898年，充满想象力的埃布尼泽•霍华德创造了花园城市，目的是为了在城市建立秩序，给工人提供空间。到了20世纪，他的乌托邦式思想为全世界的规划者提供了灵感。[99]

乡村的小镇结合了镇与乡村的优点，同时又没有农村与世隔绝情况下的那种“落后”或城市人口拥挤所造成的那种混乱，从而能使劳苦大众摆脱肮脏处境，使工业家发财致富。建造花园城市所需的初始投资来自私人企业，其效益是很明显的。土地所产生的所有利润将再投资到社区中。埃布尼泽•霍华德与其建筑师雷蒙德•昂温(Raymond Unwin)所规划的花园城

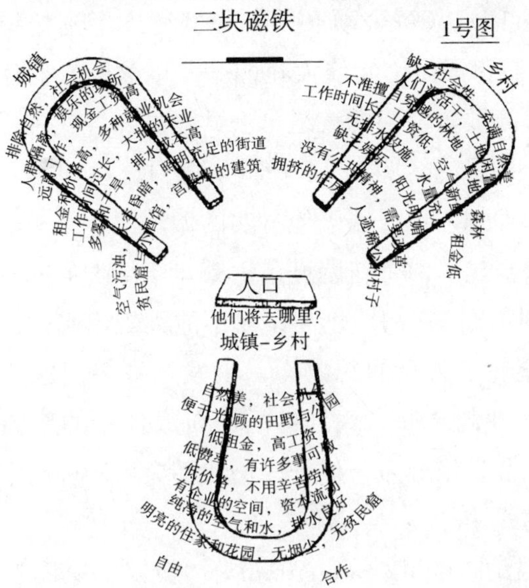

▶图3.1 三块磁铁
来源：埃布尼泽•霍华德（1985；新插图版）：《明天的花园城市》

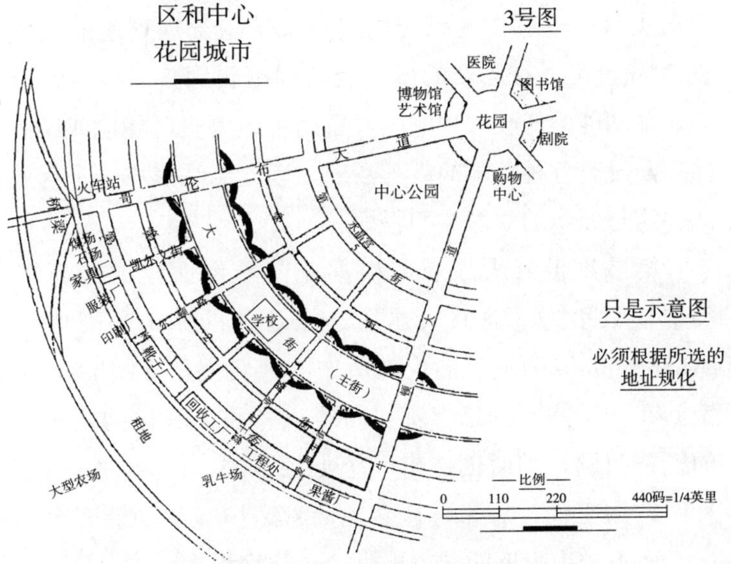

▶图3.2 花园城市
来源：埃布尼泽•霍华德（1985；新插图版）：《明天的花园城市》

市是，每英亩12户（每公顷30户），其密度不到传统城市街道的1/8。他们想留出空间修大花园——以鼓励人们休闲、种菜、种庄稼，还要修宽阔的大道、公共设施和各式各样的关怀机构。图3.1和图3.2是埃布尼泽•霍华德自己设计的，既反映了他的乌托邦理想，也反映了他务实的做法。

66 英格兰只修建了两个花园城市：莱奇沃斯(Letchworth)和韦林(Welwyn)花园城，它们造价高昂，不能大规模修建。但这种观念深深地攫住了公众的想象力，引发了许多国家的仿造。霍华德的独创性观念——规划性的、自成体系的新镇，将工作、居家和社会设施融为一体——仍然不失为一种明了的、给人以启迪的模式。[100]

马克•斯温纳顿(Mark Swenarton)对“英雄的家园”(Homes Fit for Heroes)——政府在第一次世界大战后所实施的宏伟的建房项目——所作的研究详细记录了这一规划逐渐败落的过程。[101]我们可以在当今的城市及其周围看到其后果：各自分开的、单功能的低收入住宅区，占用土地太多，环境或经济多样性差，没有各种各样的人与活动，因此无法形成一个有效的社区。这与原本的观念大相径庭。

第二次世界大战后，根据花园城市而建成的新镇具有类似的吸引力。总共兴建了28个这样的城镇。阿伯克龙比(Abercrombie)为战后的伦敦所作的著名规划（图3.3）说明，空间在一张扁平的纸上都显得令人神往。其目的是解决城市的拥挤问题，同时创造出一个个融合的、混合的、高密度的社区，为工作、居家与社会生活营造出一种功能齐全的新社区，而不是为附近的城市提供一个住宿城镇。

►英雄的家园：离开城市，逃往郊区，1918年。
（图片上大号字的意思是：“我想要的家”；下面引号内为“不能指望三流住家里出一流的人口”——译者）

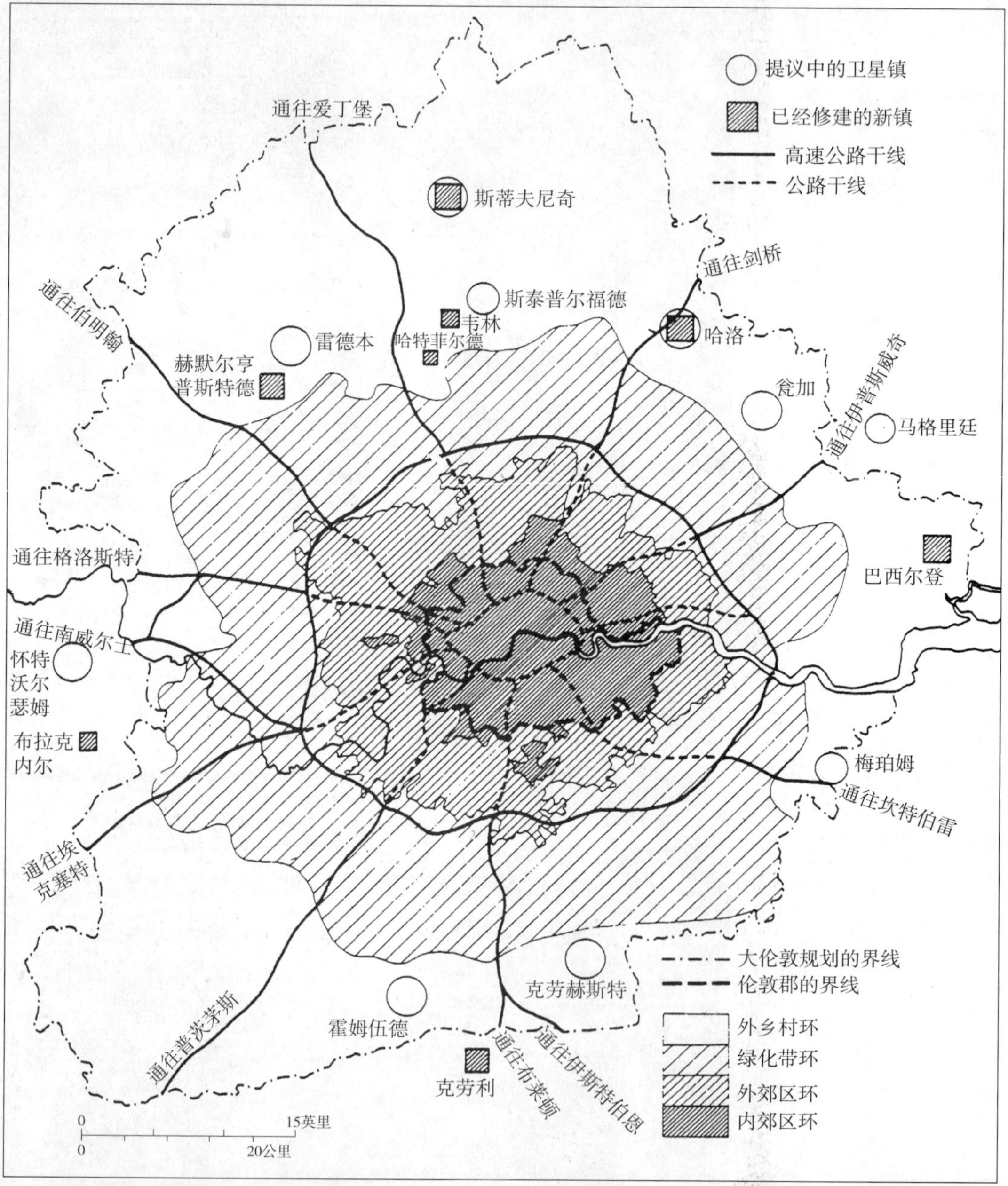

提议中的卫星镇
已经修建的新镇
高速公路干线
公路干线
通往爱丁堡
斯蒂夫尼奇
通往剑桥
通往伯明翰
斯泰普尔福德
韦林
哈特菲尔德
哈洛
雷德本
赫默尔亨
普斯特德
瓮加
通往伊普斯威奇
马格里廷
通往格洛斯特
巴西尔登
通往南威尔士
怀特
沃尔
瑟姆
布拉克
内尔
梅珀姆
通往坎特伯雷
通往埃
克塞特
大伦敦规划的界线
伦敦郡的界线
克劳赫斯特
霍姆伍德
通往普茨茅斯
通往布莱顿
通往伊斯特伯恩
克劳利
外乡村环
绿化带环
外郊区环
内郊区环
0
15英里
0
20公里

3
72

但实际建造出来的新镇并没有规划方案那么整齐有序，尽管环境有所改善，但却对城市造成了危害，因为它们虽然使各行业花大代价迁移走了，但却同时吸引走了更为富裕、更具资历的工人。[102]

因为越来越难以在空旷的田野上强制修建新镇了，人们便采纳了一种不同的观念，即所谓“拓展镇”，非常类似于政府眼下为阿什福德(Ashford)和斯坦斯特德(Stansted)等地所设计的规划。许多以前的新镇正在变成明天的“拓展镇”——
说明它们取得了成功。新镇和花园城市要比私人居住的郊区 69
更为紧凑，使不同用途和不同收入阶层能更好地融合起来。但要大规模兴建这些新镇会面临诸多繁杂问题，这意味着一届又一届的政府必须通过提供补贴修建不在规划中的私人郊区建筑，同时实施城内贫民窟拆迁，即我们在下面两部分所要描述的。

◀图3.3 伦敦周围的绿色地带与新镇
来源：阿伯克龙比的大伦敦规划，1945年

图3.4说明，人们对城市秩序的渴望影响了城市的格局，而后者同时又将人们从城里驱赶出去了。这种策略体现在郊区的建设方面，郊区现在容纳了我们所有的旧城市区域人口的一半；也体现在大规模的拆除与市政建房工程，这两方面波及到英国的每一个内城。我们将分别分析这两种颇为不同的思路。

郊区

郊区就是在内城核心区之外修建的居住区，其密度要低得多，但在持续的开发过程中一直与内城相连。郊区的形式简单、具

1750年之前的自然性城市发展——“中世纪”城市

— 往往建造在留存下来的罗马格局上
— 密集、紧凑、狭窄的街道
— 集市广场
— 商人机构

如：坎特伯雷、约克、切斯特、伦敦爱丁堡老城等

1750—1820年的规划性城市发展——“文艺复兴城市”

— 往往添加到老城上或围老城而建
— 乔治时代的排屋、广场和月牙形建筑
— 宽广的大道和小街
— 教堂与公园

如：巴斯；伦敦的皮姆利克；爱丁堡的新镇；乔治时代的都柏林

1800—1850年的混乱无序的城市发展——工业城市

— 移植到镇、村子和以前的城市上
— 雇主的“样板”住房
— 将以前的排屋式住房划分为小块
— 新维多利亚式排屋
— 背对背紧挨在一起

如：曼彻斯特，伯明翰、布拉德福德、伦敦、利物浦、新拉纳克等

1845—1912年城市的有序化与分散化——对城市的改造

— 实施公共卫生法，拆迁行动
— 样板住房
— 法规性住房：新的近郊的形成
— 提供水、卫生条件与路灯

如：伦敦的纽汉区、曼彻斯特的莫西德区、纽卡斯尔的贝克区

1890—1919年的乌托邦式规划——“花园城市”

花园城市→
— 乡村中的镇
— 低密度
— 空间开阔、设施齐全
— 成本高、难以实施
如：莱特沃斯

新雇主居民点→
— 靠近工作
— 各项服务设施
— 提供卫生条件
如：伯恩维尔的阳光港/新伊尔斯维克

花园郊区
— 附加到现有镇上
— 市建住房的样板
如：汉普斯特德花园郊区

1919—1980年的政府住房——大规模建造

有补贴的自用房
— 无变化的、无色彩的郊区

市政建房
— 外围的“花园式住宅区”
— 城里的拆迁和稠密的街区重建

新镇
— 以花园城市为模式
— 有选择的搬迁
— 规划的融合性发展

有重复性，一个个单一家庭通常住在自己拥有的、半独立式或独立式带花园的房屋中。早期的郊区围绕公共交通沿线发展，而大多数新建的郊区则主要依赖小汽车为交通工具。处处有郊区，塑造出我们现在的家庭观念：家庭是分开的、有隐私的，其形式是可预知的。旷野被划分成一片片规整的区域，房屋皆远离道路，为了缩小成本，各处都是整齐划一的，并且获得直接或间接补贴。[103]

郊区具有弹性，一直受到人们的欢迎。郊区的快速扩展是对第一次世界大战后住房的严重短缺的直接反应。当500万士兵从战场上返回时，我们许诺为他们建造“英雄的家园”，我们对排屋式近郊之外所建造的各种房屋给予补贴。[104]“半独立式”住宅成为地位的象征。到1930年，盖房和租房几乎一样便宜。开发自用房成为流行的做法。

两次世界大战之间的建房高潮主要受绿色空地上的花园城 71
市房屋模式影响。但驱动第一批“花园郊区”兴建的那些城市理想很快就消失了，因为投机浪潮促使人们尽可能又便宜又简单地建房，而且基本上没有什么规划或设计。郊区十有八九都是这么来的。自第一次世界大战以来，我们已修建了将近1 000万座郊区房屋，许多工人阶级人口从中获益。[105]郊区房屋成为英国最为常见的一种住房模式。

◄图3.4 英国城市格局的演变

由于这种住房的快速扩展，全英国人现在都有了极好的住房条件，几乎全民拥有基本的便利设施，每人拥有两间可居住的屋子，十分之九的家庭都住在带花园的单一家庭房屋中，而欧洲其他国家的比例还不到一半。[106]图3.5显示，由于在越来越多的郊区持续建房，我们从1960年代到现在一直存在家庭住房剩余的现象。

小型家庭的大量增加现在才开始改变我们的建房模式，虽然卡林沃斯(Cullingworth)早在1969年就向我们警示了这一新趋势。[107]我们正在经受其影响。郊区住房的好处是样子好看、价格相对便宜、实用、能提供最大的个人支配感。其劣处是占地太多，基础设施建设成本高昂，与镇中心、市民生活及核心服务行业的联系较弱。靠近城市与主要公共交通线路的土地已经用光，郊区因此越加分散和蔓延，道路所占的空间是紧凑型格局的两倍，但同时则缺乏后者的那种重要的功能混合形态。这就使得旅行时间、道路与汽车成本急剧上升；我们将在第4章讨论这个问题。

72 要继续以这种模式兴建，旅行、基础设施和服务要求的成本就会增加，每一幢新的郊区住宅的价格就会大幅度上升。

在美国，郊区蔓延的问题要严重得多，每建造一幢新的郊区住宅，联邦政府用于基础设施、道路、下水和公用事业的补贴估计在25 000美元。[108]这给城市造成的社会成本也极高，如严重的隔离现象、贫穷的集中、人们信心的普遍减弱。[109]英国的分散式住房费土地并且造成污染，但暗中能得到补贴，一方面是针对直接资本成本，如修建额外的学校、主干道与服务设施等，另一方面是针对长期的经营成本。我们将在第6章进一步探讨这一问题。

郊区的日益蔓延所造成的现金成本在英国是不计的，但我们很难回避它对我们的景致所造成的麻木不仁的影响，以及对我们的社会生活所造成的分崩离析的后果。通勤交通侵蚀了我们的街道与公共空间，同时使得郊区不那么招人喜欢了（见第四章）。我们在外围区域大力投资兴建新建筑，等于使重要的资源分流，而这些资源本来可用于维持和翻新旧的、更为紧凑的、而且也往往是更为漂亮的城市街区，也包括我们的近郊。这些老郊区大多有70年的历史了，它们靠近公共交通，是城市的一项重要资源。但我们在不停地往外拓展，从而使这些地方濒于危难。随着年代的增长，这些地方也会衰败。因此我们需要对这些区域进行重新评估，使他们继续发挥效用。我们将在第7章概括讨论这一问题。[110]

多少年来，我们只是将建筑看做是独立的、被我们安置在可用土地上的东西，而不是将新居民点的开发与现有街区的再造看做是对社会关系与公共生活的加强。[111]因为郊区的 74
发展是与内城的长期衰落直接并行的。就其定义而言，郊区不应该是独立的区域；郊区依赖城市，城市繁荣了郊区才会繁荣。

投资减少与贫民窟拆除

第一次世界大战后，郊区开始快速发展，90%的人口从私人房东那里租房住。这些私人房东对现代城市与郊区的演变起到关键的作用。在英国——几乎可以说欧洲独一无二的情形——我们却使这些人一个个歇业了，[112]从而导致内城住宅区的大规模兴建。1915年开始实行严格的租金管制，目的是为了遏制重要城市里因为战时造船业兴盛而导致租金上涨后所引起的动乱。[113]租金管制实施了70年，几乎摧残了整个的内城与近郊房屋储备，因为这种做法使人们不再愿意对房屋进行基本的维修与现代化建设，从而最终导致1950年代各城市所出现的“夕阳区域”（指贫穷地区——译者）。[114]在20世纪，出租房屋产业以惊人的速度消失。新出现的房东人数太少，无法替代那些放弃这一行业的人。直到1988年，私人租金才终于从过度的管制中解脱出来。过了几十年后，私人出租业才开始出现扩展。

从1900到1990年，租住私人房屋的家庭比例从90%下降到不足10%，这一惊人的下降当然是住房大规模扩展的结果。租住私人房屋的家庭从原来的700多万减少到200万，而家庭总数则翻了三番，从800万增加到2 300万。200多万的内城私人房东将自己破旧的排屋卖给愿意自己拥有房屋的家庭，从而加速了这种衰落之势。另有200万人在贫民窟拆除工程中失去了自己的产业。

75 图3.6显示，我们现有的私人出租业与欧洲其他国家（和美国）相比是如何的小，我们因此所建造的公寓也是如何的少。

现在，私人出租业的短缺给那些寻找工作的人、新来者和经历变化的家庭造成诸多问题，因为这些人与家庭都需要快速而容易地获得住房。大多数人——无论贫富——在其生活的某一阶段都需要租房。较为富裕的人能更加容易找到一套出租的公寓，但要为条件一般的房屋付很高的租金。1988年租金管制放松之前，买房比租房要来得简单和便宜。这使得我们的住房体系从双重意义上而言缺乏灵活性。[115]

►图3.5：家庭数与房屋储备规模（以百万计）
来源：格伦纳斯特与希尔斯(Glennerster, H and Hills, J)(1988)；鲍尔(Power, A)（1987)

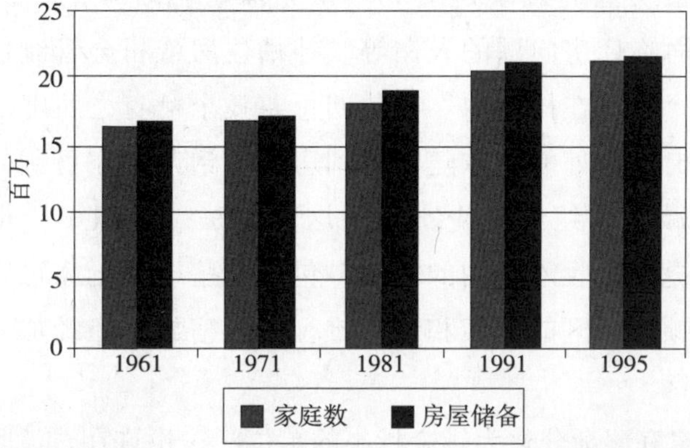

▼两次世界大战之间的住宅区：建造低密度的社区，每公顷有35个家庭
保罗•赫曼/图片社

私人租房业的短缺是造成城市无家可归现象的一大原因。即刻面临住房问题的人在等候补贴住房或租金管制住房时不可能“生活在排队中”，他们总要找个栖身之所吧。要是可以在街道之外的地方随便租到房屋的话，无家可归问题就会大大减少。纽约率先实行了这种办法：组织了一批单居室房屋提供给收入不同的群体，包括那些以前无家可归的人。曼哈顿闹市区的旅店和青年旅行者投宿旅馆已经加入到了这一项目。[116]

随着家庭逐渐分化为越来越小的单位——也许在过渡阶段或危机时期——我们需要多种渠道使自己可以有永久性的住家，而许多就是专门租住的。年轻人在城市里寻求立足之处时，往往需要与别人共住，以降低成本，同时满足其灵活的生活方式。这就需要有适应性的住家，正如对伦敦的一项新住房研究报告中所强调的那样。[117]对于城市的活力而言，便宜的居室、小公寓、旅店、青年旅馆、共享住处等与豪华的公寓、服务完善的旅馆套房等都是不可或缺的。它们成为商业与社会用途一种混合的组成部分。

76 大多数私人出租业是由拥有一两处产业的小业主提供的。这种做法对小业主和那些住房太大的人是一种鼓励，能最大限度地发挥住房储备效用与投资潜力。在德国，房主如果愿意在其产业范围内出租一间居室，其纳税成本可以得到部分抵偿。但英国仍然有若干税收阻碍因素存在。[118]

我们敌视私人房东、将市政府作为主要的房屋提供者，从而对各种形式的私人出租房屋实施管制，结果耗光了我们所积累的出租房屋储备。内城排屋的长期失修、私人房东逐渐退出出租业，将许多人赶出城市，同时也导致严重的衰败与短缺现象，使许多地方沦为贫民窟，最终被大规模拆除。[119]

大型公共住宅区

我们一直没有形成能够解决长期倾圮、投资减少、贫穷和过度拥挤等问题的“宏大思想”。到1930年，无计可施的政府便决定清除贫民窟，拆除便成为迈向未来的新方法。[120]

起初，只有那些最破旧、最拥挤的区域成为拆除对象，而只有市政委员会重新安置有关的家庭才可获得建房资金。外围的郊区通常反对为从前的贫民窟居民建造大规模的公共住宅区。因此市政建房就只能靠内城的拆除行动，而后就地重建。政府提供额外补贴，以鼓励人们在拆迁地址上建造公寓。在1930、1950和1960年代，建房成本削减到最低限度，目的是为了充分建造房屋、尽可能降低最贫穷家庭的租金。[121]

在50年间，我们使400万个家庭搬了家，建造了10 000个 78
大型住宅区，其中许多难看地矗立在我们的城市景致中，除了实用别无可取之处。推土机这种粗笨的武器仍然在到处塑造着城市的面貌。从1930到1939年，官方的拆迁规划毁坏了10 000幢排屋房。1950年代又消灭了100万幢。1960年代继续增加，直到1970年代这一工程才停止。

一个区域从宣布拆迁到重建要用10至20年的时间。[122]宣布拆迁的区域太多，远远超过了重建能力，其目的是为了腾出足够的空间为那些来自被宣布为贫民窟的人提供住房。[123]而这些人在等待住房期间的境况还不如他们待在原来所住的贫民窟。许多人的儿童时代就是在等待住房和天天观看推土机的情形中度过的。我们没有用心使人们保持社区联系——人们实际上都是被逼走的。[124]

由于拆迁造成住房短缺，新来的人、单身与无子女家庭和“问题”家庭都不能得到重新安置。[125]也就是说，拆迁导致了无家可归。内城的少数民族居住区没有被拆迁，而拆迁区的少数民族居民则大多被排除在安置之外，直到1976年出台了种族关系法，禁止公共与私人机构对少数民族的歧视。在这种情况下，少数民族集中的程度比以前大了许多。[126]随着越来越多的地方面临拆除威胁以及许多人得不到重新安置，邻近拆迁区的街区日益拥挤。

许多地方当局拒绝拆迁行动，因为它们要考虑其选民的利益，而不是听从中央政府，但直到1974年的经济危机之后拆迁行动才被终止。在此期间，拆迁与重建规模很大，管理、维
79 修、环境维持、监督等问题几乎无人过问，生活被打乱的社区的安置需求也被忽视。因此，新建的住宅区几乎从一开始就走向衰败。

1960年代的住房部长理查德•克罗斯曼(Richard Crossman)在其日记中吹嘘说，要迫使伊斯灵顿市拆除其雅致的帕金顿广场(Packington Square)。[127]威根(Wigan)、朗达(Rhondda)等小镇在压力之下将其安定的、人们不愿意搬走的低收入社区宣布为贫民窟。[128]利物浦、伯明翰、曼彻斯特和纽卡斯尔等城市彻底拆除了多达40%的内城房屋。有些房屋当然需要拆除掉。内城区非

►图3.6：私人租房和公寓占住房储备的比例
来源：鲍尔（1993；1996）

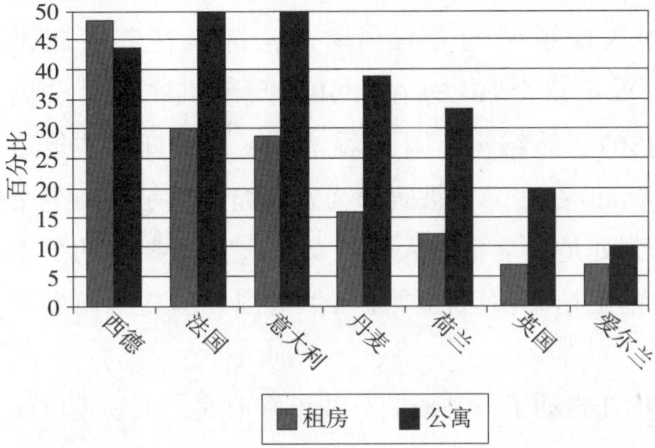

▼典型的新私人住宅区：密度极低，空间浪费——每公顷只有25家
图片由卢埃林-戴维斯（*Llewelyn-Davies*）提供

常拥挤，因此“分散”势不可免。但地方当局评估贫民窟的标准出入很大，说明地方与国家政治因素在其中起重要作用。大伦敦市议会(GLC)在1960年代所宣布的“贫民窟”中有大约60%仍然结构牢固。[129]霍洛维区的威斯特伯恩路(Westbourne Road)在1968年被宣布为贫民窟，只是因为卫生官员说这里“到处是拉皮条的人和妓女”。[130]纽卡斯尔的贝克区和曼彻斯特的毛斯赛德区的排屋依然牢固，但贫穷问题严重。[131]

贫民窟的拆迁带动了一种新的公共投资形式：大规模市政建房。英国或西方世界的任何国家以前从来没有尝试过如此宏大的、公共出资和公共管理的住房项目。[132]只有中央计划经济社会支持过如此大规模的干预行动。而只有英国在几乎整个的城市框架内试图这么做，让一个个社区整个挪窝。

许多新的住宅区得到精心设计，从而经历了时间的考验。伦敦郡议会的建筑师们因其成本适中、密度适中和高质量的设计而享誉全世界。他们所设计的大多数住宅区如果管理更加精心、得到持续的改造、居民的构成更加广泛，到现在会依然发挥良好的效用。[133]但有些住宅区根本就不是出自建筑师之手，而是堆砌出来的。开发商只需要一份建筑工
80 料清单和一份“床位要求”(bed-space requirement)；哈林盖(Haringey)区议会所开发的布罗德沃特农庄(Broadwater Farm)就是这样让泰勒•伍德罗•安格联(Taylor Woodrow Anglian)修建的。[134]

这种做法的环境与社会后果触目可见。许多住宅区所强行建造的结构目的是将人们及其个体行为归入整齐划一的模

式，毫不顾及人际关系的随意性，也无视这一事实：人们有能力自发组织起来，自己解决问题；也漠视了传统的模式，将贫穷的社区整个移植到陌生环境中。这种僵化的、单调的城市格局正赶上这样的时代：有选择的人都搬出去了——希望在郊区的街区拥有一席之地，在这里可以享受更多的隐私，不会受到粗暴的公共干预，不像城里那样到处肮脏。

拆迁不但给家庭和社区造成极大损害，而且损伤了服务业与就业：伦敦北部被拆迁的一个区现在叫埃尔索恩住宅区(Elthorne Estate)，拆迁之前有90个店铺，但新开发之后只重建了6个。利物浦减少了40%的人口，其小型就业也至少减少了这么多。[135]格拉斯哥将大多数低技能人口从中心就业区搬出去了，从而清除了许多企业与工厂。[136]

到1974年，大多数大型城市对新的市建住房的大批量需要开始下降。[137]限制性的内城区域住宅区的密度太大了。市建住宅区成为城市里功能单一、低收入群体居住的孤岛。因此，它们往往无法形成有效的社区，而在很大程度上依赖国家支持，包括环境投资、租金补贴、收入补贴、公共设施与管理等，从而缺乏更具混合性的社区所拥有的那种独立性、多样性和富裕程度。伦敦的少数民族居民过度地集中到那些状况最为糟糕的住宅区。[138]伦敦之外的市建住房里住的都是白人，而许 81
多城市——如莱斯特和布拉德福德等——的少数民族人口规模都很大。[139]白人的歧视使少数民族集中到某些住宅区，或者被排除到其他住宅区之外。

如帕特里克•邓拉维(Patrick Dunleavy)所说的，因为贫民窟的拆迁、大规模住宅区的兴建及其所造成的所有后果，使市议会赢得这样的名声：浪费、规划武断、设计拙劣、服务没有人情味、与利益直接相关的人缺乏接触等。大规模公共建房过程降低了地方当局的信誉，使许多内城社区蒙羞。

市议会成为本国最大的房东，拥有所有出租房屋的2/3以上和将近一半的内城住房。格拉斯哥和伯明翰等城市实施过最大的拆迁工程，伦敦内城实施过最大规模的市政行动，而这些地方现在仍然深陷在市建住房所造成的诸多问题之中。[140]图3.7展示了城市里市建住房的集中程度。

现在，市建住房的状况混乱不堪。目前的这种状况难以维持下去（参见第七章）。1980年以来，住市建房的家庭数减少了200多万，从占总住房人口的33%下降到16%，主要由于实行“有权购买”政策，使住在条件较好的房屋里的较为富裕的人成为房屋拥有者。而对于大多数穷人而言，住市建房屋是“无可选择的选择”。大型现代住宅区的拆除在普遍进行。[141]人们购买得起的房源在缩小，贫穷的城市社区正纷纷被清除，有些地方实际上建成的历史只有20年。曼彻斯特的休姆(Hulme)住宅区是1960年代为取代被拆除的毛斯赛德排屋区而修建的，1980年代因管理、社会关系和环境状况极为恶化而被拆除。[142]成百上千的住宅区都面临类似境况。

83 市政府所面临的一个最大挑战是，既要满足人们对经济实惠房的需求，又要避免造成阶层单一、人口分化的住宅区。将住宅区对更为广泛的社会群体开放并对其进行更加精心的管理，就可以使许多住宅区更具效用。[143]目前，至少有11%的市建住房出现需求低和闲置情况，就连伦敦内城也是这样。[144]

短期而言，只能拆除和替代为数不多状况最差的住宅区。规模再小的项目也得花几十年时间。然而，伊斯林顿、哈克尼(Hackney)、萨瑟克（Southwark）、陶尔哈姆莱茨(Tower Hamlets)、兰贝斯(Lambeth)以及全国其他城市里那些住在结构依然牢固的住宅区的房客都在接受政府所提供的一揽子昂贵的重新安置方案，这样，他们的住宅区都会被彻底拆除，经济实惠的房源也就会减少。人们这么问房客：“你愿意自己的住宅区被拆除吗？如果愿意，就可以获得一套新的带花园的三居室住房。”[145]如此“调查”一番后，就进行拆除，结果就会使现有房源减少一半，而将稀缺的重置资源都用到那些难以维持下去的、人们购买不起的、密度低的新住房上，而许多被迫搬家的房客永远不可能住上这样的房子。

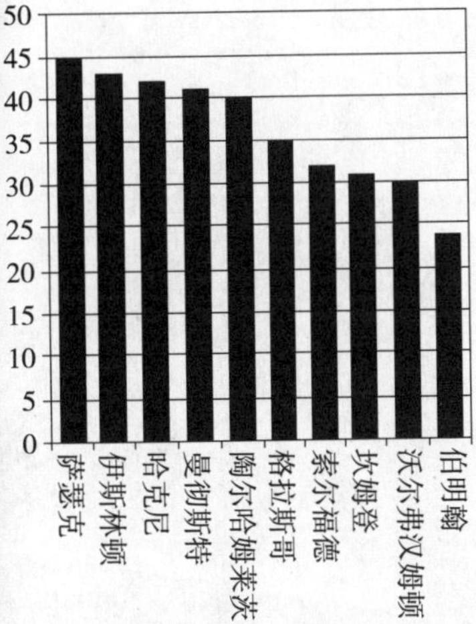

▲图3.7：地方当局拥有的住房比例（1999）
来源：环境、交通与区域部(DETR)（2000）

增添新房和改造旧房同时进行才能使一个街区保持活力。有些房屋必须拆除，但只需花建造新房一半的钱就可以对大多数内城住宅区进行维修，这样就可以提供两倍的房屋，而只需占用一半土地。新建一幢房屋的总花费在80 000至150 000英镑，而翻新一个住家只需花15 000至50 000英镑。[146]政客们总是喜好“宏大工程”，而不愿去考虑低收入社区的日常需求，以及对城市环境的经常性维护。市建住宅区不但是经济适用房的一个重要来源，而且在许多情况下还可以转化成漂亮的、销路好的房屋，能够吸引比目前住户更为广泛的人口群体。伦敦四处的那些不受喜欢的塔楼正在被改造，然后提供给混合型的社会群体使用。[147]只有在这些住宅区里营造出各种有效

的用途，使不同的收入群体在不同时间居住在这里，才能使它们得以重新振兴。

混合型居住，可以极大改善密集性城市的前景。而所谓更为密集，就意味着其用途更加多样化。几乎一半的人都说他们更愿意居住在混合性地区。绝大多数的人都愿意拥有自己的住房，因为这样有更大的选择性和支配性。如此，市建住房必须加以改变，如图3.8a和b所示。

不可持续的城市

城市结构的改变造成建筑物和人口密度的急剧下降。我们现在建一个新家所用的土地在1900年可容纳8个家庭。现在一个人所占用的空间在1900年可供20个人使用。20世纪纪初，大家都赞同消除过度拥挤现象。我们今天在许多地区则面临相反的问题：难以为继的低密度现象，人口太少，各种服务设施难以维持下去。图3.9展示了这一问题。

◀伊斯灵顿得以挽救的旧街道上所植的树：这里的房屋很受人喜欢，每公顷有100户。
约翰•希尔斯

除非我们增加每个街区的家庭数，以补偿家庭规模的缩小，不然商店就会继续关闭，公共汽车服务就会继续萎缩，银行就会继续关闭其分支机构，教室就会继续变空。当今的大多数内城正面临这种命运。[148]有些家庭最终会从城里搬出去，但如果人们所生活的街区更具效用的话，许多家庭会留下。图3.10显示了外城的扩展与内城的衰落对社会、经济与环境所造成的影响。

欧洲大陆的做法是建造公寓，这就需要看门人和管理人。

我们的住房密度低，不能这么做。但密度低、家庭规模小的地方与密度高、更为密集的城区相比，更难以进行日常的
87 “治安维持”。街上的人太少，不能对反社会行为造成威慑力。因此，英国破坏公共财产行为是德国的三倍，是荷兰与斯堪的纳维亚国家的两倍，也几乎比法国和西班牙多三分之一。乱涂乱画与破坏公物行为或许就是对公共空间尊重的日渐普遍减少的结果，而这种尊重对于城市的生存至关重要。图3.11说明，与欧洲其他国家相比，英国在这方面受损严重。

受人欢迎的内城排屋街道的消失、私人租房业的大量减少、贫民窟拆迁所造成的破坏、日益贫困化的市建住宅区的出现、少数民族在最不受人喜欢的内城区的集中以及低密度郊区私人房源的持续增加等，都加重了城市问题。一次又一次的住房决策使我们陷入到越来越顽固的行为模式中，到目前为止，任何政府都难以改变这种现状。阻力最小的事情就是继续在城外建房，同时则使低收入租户陷入这样的恶性循环：信心减少、社会地位下降、生活状况恶化。

我们正面临城市扩展的极限，从而迫使我们回到从前的观念：发展紧凑、稠密、混合性与融合性城市。大多数城镇仍然具有传统的城市格局，而我们也需要更为密集与灵活的住家。现有的街道与建筑可以容纳更多的人与设施。

如果人们可以生活在现代意义下宽敞而结构紧凑的乔治时代排屋中，街道与广场周围树木成荫，楼房与公共空间赏心悦目，好学校与公共设施临近，公共交通方便，人们有明显的社

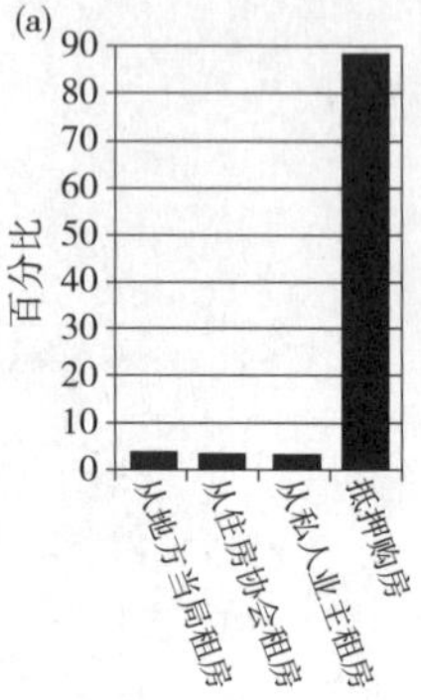

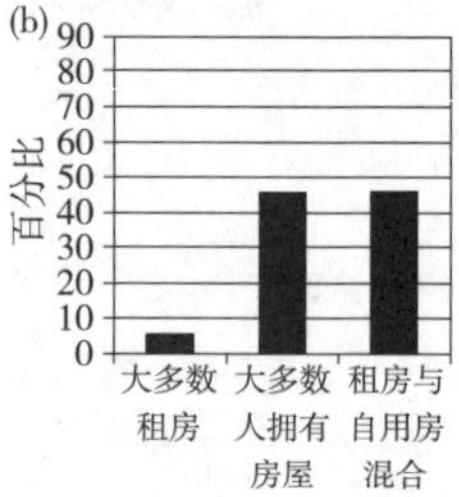

▲图3.8a：你希望20年后你的孩子面临哪种情况？
来源：公共政策研究所(IPPR)（2000）

▲图3.8b：我愿意住在这样的区域
来源：公共政策研究所(IPPR)（2000）

▶图3.9：不同时期住房与人口密度的估计
来源：城市特别工作组（1999）

时间	每公顷房屋数	每公顷人口数
1900年 (地方法规建房)	250	1 200
1950年 (新镇)	35	120
1970年 (内城住宅区)	100	330
1990年 (内城翻新街道——伊斯灵顿)	70-100	185-250
1999年 (全国对新住房的平均规划要求)	25	57
1900—1999年的房屋比率	10:1	
1900—1999年的人口比率	20:1	

▶图3.10：郊区蔓延与内城衰落对社会、经济与环境的影响

对全国的影响	对小镇的影响
增加了道路交通量	更多的交通流入/通勤/拥挤
增加了空气污染、超速和交通事故	使人口与贫困发生偏斜性减少
增加了能源消耗和污染物排放	导致雇主的外流
造成噪音，失去安静	建筑与土地逐渐空旷
对水和土地使用造成影响	对学校造成负面影响
乡村减少，对野生动植物造成伤害	商店与便利设施减少
侵占村镇	财产价值逐渐下降
搬迁居民点的公共交通缺乏	公共汽车的效率降低
投机性开发往往使供应过度	需求减少/出现供应过度问题
服务的“合理化”	服务成本高
对有些服务的需求增加，如医疗	街区两极分化、相互分割——对老龄人的关怀减少/失去秩序

↘ ↙

社会成本高
环境成本高
经济成本高

区感和安全感，那么，城市生活的种种好处就显而易见。我们的最终目标就是：把人们召回到城镇中心。

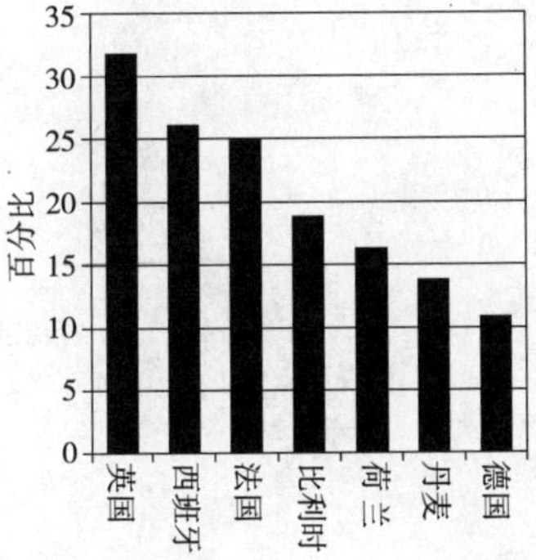

▲图3.11：人们对破坏房屋与花园行为的投诉占住房总数的比例（1991）
来源：城市特别工作组(1999)

◀阻力最小的事情：沃里克郡斯托克顿乡间的一个新住宅区
马丁•邦德/环境图片社

第四章　城市与交通

哥本哈根
帕丁顿铁路撞车事故
交通的便利性
汽车与危险
修更多的路吗？
受制于交通的街区
交通拥挤成本以及对工作造成的影响
公共交通
公共汽车
轻轨与有轨电车
城市区间火车
步行与骑车
国际上发展的局限

当交通给城市带来衰败、拥挤和环境损害等问题时，我们容易陷入绝望，认为无法再使城市赏心悦目、功能完善。丹麦的首都哥本哈根则谱写了不同的篇章。现在，哥本哈根是欧洲唯一在过去30年间限制了汽车增长的首都。

故事始于1962年，当时该市决定将主要的购物街施特罗盖特街(Stroget Street)改为步行街，目的是控制整个城市的交通流量，使市中心更能吸引市民。其核心思想是，如果能限制主商业中心的交通，能同时改善公共交通，能使自行车道与人行道并行，人们非特别需要的时候是不会驱车到市中心的。该市逐年将停车空间削减2%或3%，逐渐改变了人们的习惯。

开始时人们说："我们是丹麦人，不是意大利人——我们没有街边咖啡文化啊。"但新政策既受到人们的欢迎，还带来了商业上的实惠。限制汽车的区域逐渐扩大，腾出的空间供人们使用。到1973年，又有两条街道改为步行街。自此以后，城市的广场都不许交通往来，其余的街道上才允许公共汽车和其他车辆通行。1968年，城市的广场基本上都是停车场；到1998年，广场已成为户外休闲场所——让人们喝咖啡、进行街头娱乐、举行市民活动、野餐，或者只是为了坐一坐、转一转。该市现在的行人空间是从前的7倍，60%就在广场上，40%在商业街上。现在在街上逗留、闲坐和享受城市生活的人是30年前的4倍——步行去市中心的趟数增加了25%。1962年以来骑自行车的比例增加了65%；现在全城1/4的外出活动都靠自行车。[149]出租车必须安装可携带自行车的设备，这样在天气不好的时候就

▲前页
哥本哈根：供人们而不是汽车活动的空间
拉斯•格木祖(*Lars Gemzoe*)

可以驮载骑车的人。

92 城市设计师的首要目标是减少交通拥挤。车辆现在可以在城里自由行驶，停车也不再像过去那么难，就是因为人们外出的趟数大为减少。从前市中心被当做穿城而过的捷径，现在由于交通管制就不能这样做了。首先是“驯服交通”，紧接着便是改善公共空间质量。释放出来的空间现在都成为“公共场所”：树木成荫，店面漂亮，街边有凳子可坐，有咖啡馆、临街的阳台和小店铺。

哥本哈根的市中心很紧凑：四面只有一公里长，二十分钟就可以轻松走到头。全城有125万人，只有5 000人住在市中心。该市的商业区继续繁荣，说明需要临时停车的空间远没有人们通常想象的那么大。哥本哈根的部分魅力就在于，同样的地方有各种不同的活动并存。交通流速的限制鼓励人们更加密集地使用空间，因为没有了交通噪音、污染和危险。

哥本哈根最有效的一个做法是，一切都在悄然而逐渐地进行：“城市每年都有所改善，从而鼓励更多的人前来利用城市空间。”市中心已成为“一个使用频繁的起居室，一个市民集会的地方，一个市民论坛，还有其他人们最为看重的城市魅力”。牛津是英国唯一在过去15年里限制了交通的城市，不过约克和爱丁堡也正在为相同的目标而奋斗。

帕丁顿铁路撞车事故

1999年7月的帕丁顿火车相撞造成35人死亡并引起全国恐慌。但在各种道路上，**每周**都有66人死亡。每天有900人受伤。[150]为了寻求安全与流动性，越来越多的人都在驾车，但汽车已经成为“流动的堡垒”，把我们都置于危险境地。由于担 93
心道路事故，英国现在50个儿童中只有一个骑车去学校，而丹麦与荷兰则有2/3的儿童骑车上学，因为这两个国家有明显分开的安全的自行车道。英国现在有不到一半的儿童步行上学，而30年前绝大多数是步行上学（图4.1）。[151]对于我们的街道、家庭、乡村和公共交通而言，前景是车辆越来越多。

没有流动就没有城市。大量的人口、物资和运送人口与物资的车辆的内流与外流造就了城市。自工业革命以来，流动、拥挤与创造的循环就伴随着我们。但自从汽车、自行车、铁路与地铁将大规模的流动带到城市以来，我们的交通运输方式在百年里没有发生根本的变化。现在大家都有这种强烈的共识：我们在交通方面需要新的出路。甚至汽车制造商也意识到这一点。[152]但对于如何收取流动成本费用或如何分担流动成本，我们基本上没有达成共识。因为到目前为止，我们并没有向社会支付足够的从一地到另一地的流动成本。[153]大众已经接受了这些更为宽泛的成本：混乱、肮脏与危险。然而，我们现在也许到了危急关头。交通拥挤迫使我们思考谁应该为此付出代价。人们都感到迫切需要减少交通对我们的影响，但都不愿意限制个人的自由。[154]

公共交通旨在扩大旅行的收益，同时缩小这种宽泛的成本。但是，虽然公共交通的实施比小汽车要早80年，其重要性则无法与后者相比。英国小汽车的行程占旅行英里数的4/5。[155]小汽车处于主导地位的情形、公共交通的相对衰减、行人与骑车者的公共空间的消失等伤害了城市、损害了环境、破坏了社

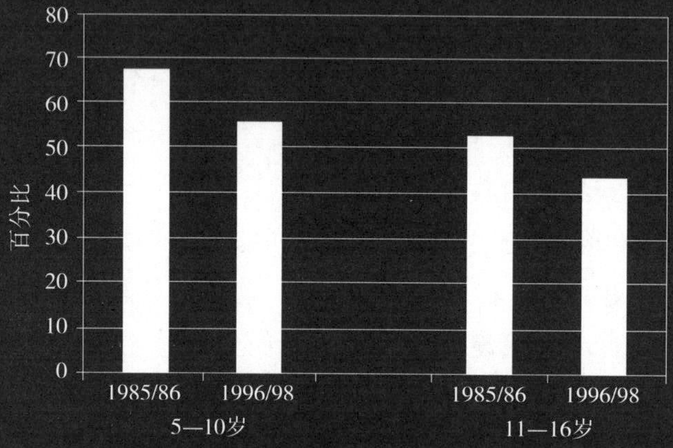

◀图4.1：1985到1998年5-16岁儿童步行上学的变化
来源：环境交通与区域部(1999i)

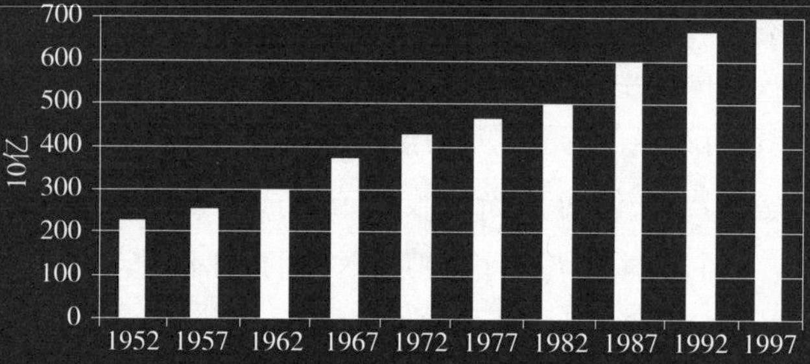

◀图4.2a：旅行的乘客公里总数（以10亿计）
来源：环境交通与区域部(1998f)

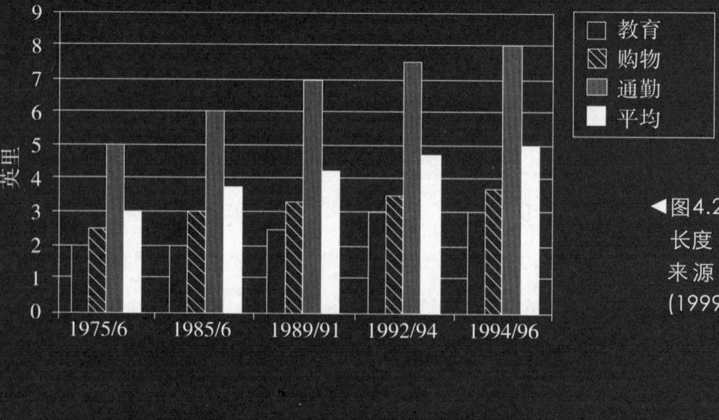

◀图4.2b：英国的平均旅行长度
来源：城市特别工作组(1999)

会关系。我们在本章将探讨交通与拥挤、公共交通、步行与骑车对城市的影响。

交通问题的紧迫始于铁路与公路对郊区开发的鼓励并导致 95
了这样的幻想：我们的移动区域越来越广泛，能够永远支持城市的放射性发展——这是只有收益而无需成本之举。实际上我们大错而特错了。自1950年代以来，我们的旅行数几乎翻了一番，所旅行的距离则增加了三倍多（图4.2a和b）。旅行的长度在持续增加，虽然大多数仍在两英里之内。[156]我们现在所导致的交通量似乎要失控了。我们上学、购物、上班走的路越来越远。

我们乘用小汽车所作的旅行比例急剧上升，从1950年占所有旅行的1/4多一点增长到今天的2/3。公共汽车在1950年代所提供的乘客英里数是小汽车的两倍，到1997年只有1/12（图4.3）。

交通的便利性

英国的城市吸引了来自越来越遥远地区的交通，从而使城里的流动人口越来越多。结果，市中心的交通总是过度集中，我们因此总在试图扩展道路的容量。许多城市被快速穿城而过的道路一分为二。布拉德福德就是最糟糕的一个例子，因此，其市中心的各种功能几乎难以衔接到一起。城市的核心活动——街道生活、社会与商业交流——被交通阻塞。贫穷的内城区陷入孤岛般的境地。

外城就业的发展极大地增加了城市周围与城内的旅行。环

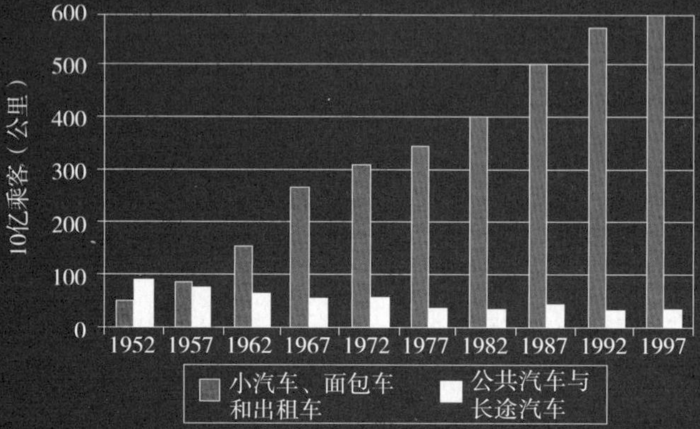

◀图4.3：小汽车、面包车、出租车和公共汽车的旅客公里数比例
来源：环境交通与区域部(1998a；1999f)

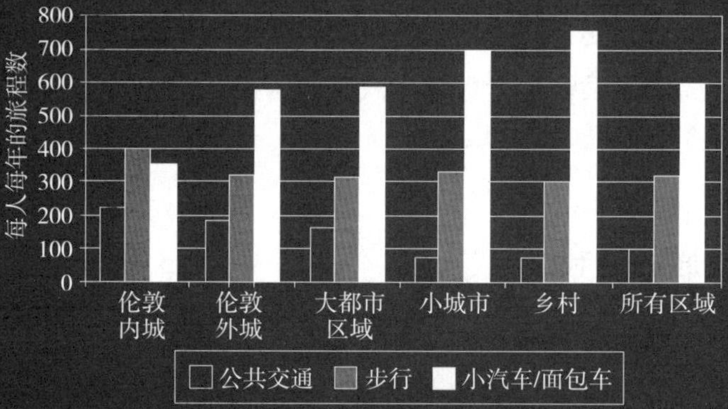

◀图4.4：交通类型与区域类型的旅程(1994/96)
来源：环境交通与区域部(1998m)

绕伦敦的M25环行路完工后数月内就出现堵塞，主要就因为这个原因。伯明翰周围的公路是全国最大的一个瓶颈。修造更多的道路并非解决问题之道。这样使随之而来的更多的交通塞满新增的空间。[157]城市的密度越低，交通问题越严重，因为人们 97
出门做事活动的范围更广。美国的城市就出现这种情形。[158]城市越来越空荡，乡村的限速区域越来越大，我们被卡在两地之间的交通阻塞了。城市里人们使用小汽车的频率是乘公共汽车的三倍，是步行的将近两倍——在小镇和乡村这一数字则为十倍。由此产生的交通迫使我们进一步外逃。

更具活力的城市密度更高、经济活动更频繁，这样就得减少对小汽车的依赖，不然就得陷入交通瘫痪中。当今伦敦小汽车的行速与1880年的马车速度差不多——在市中心大约每小时8英里。自行车比这快，有时步行也比这快！在伦敦内城，人们步行的时候多于乘小汽车，但使用公共汽车的频次还是少于小汽车；图4.4就说明了一点。伦敦之外的城镇使用小汽车的频次几乎比这多一倍。

汽车与危险

汽车损害健康、环境与街道。汽车也很危险——其危险性远大于其他交通形式。英国在1998年有3 421人死于车祸，40 832人重伤。每年有6 000个儿童死于道路事故或受重伤。在城市的交通事故中，乘汽车的死一人，就有两名行人、骑自行车或骑摩托的人死亡。速度是主要的罪魁祸首：行人被时速为40英里/小时的汽车撞倒后，85%的人死亡。时速为20英里/小时，死亡率下降到5%。然而，很少住宅区域里有20英里/小时的限速，而司机常常都会超过30英里/小时的时速限制。[159]

大多数人都拥有汽车。他们离不了车，似乎也都爱车。在未来15年里，随着拥有车的人和开车旅行的增加，预计道
98 路堵塞状况会再增加2/3。可供使用的土地有限，从政治方面而言也不可能修更多的路，因此交通堵塞不可避免。汽车就像城市的蔓延一样，来势汹汹，不可抵挡。在当今汽车奇迹方兴未艾之际，全世界的人都感到一筹莫展。尽管问题重重，能买得起车的人照买不误。因此，英国正出现快速的转变：从没有车到有一辆车、从一家一车到一家两车。[160]

美国93%的旅行都以开车的方式从家门口开始。欧洲人——包括英国人——不像美国人那么依赖汽车，因为城市生活更为集中，城市之间的距离也较短。但欧洲大陆汽车的使用要低于英国，因为那里公共交通比英国好。[161]即使这样，西欧也平均每两人一辆车。从全世界而言，自1980年以来汽车数翻了一番，已增加到七亿多辆（图4.5a和b）。

全世界汽车的快速增加所产生的二氧化碳排放在很大程度上导致了全球变暖。气候变化的威胁已非常严重，所以我们才达成了限制排放的国际性协议。[162]政府陷于两难的境地：既要限制汽车又不能使人们怨声载道；既要鼓励公共交通，又不能采取极端措施，因此也不会抑制汽车的增加；既要支持步行与骑车，又不能花多少钱给这两者提供方便。人们现在担心持续的自由选择潮流将会受到限制，同时又担心英国竞争不过那些土地压力较小、道路与公共交通状况更好的国家。

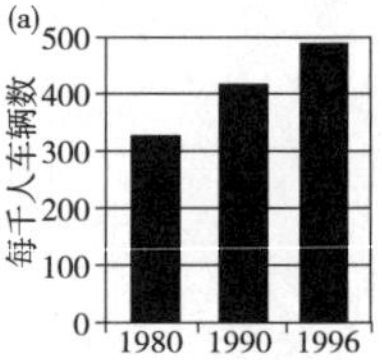

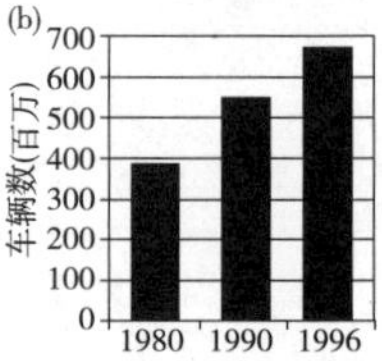

▲图4.5a：西欧车辆的增长
来源：联合国环境规划署(UNEP)（2000）

▲图4.5b：全世界的车辆增长
来源：联合国环境规划署(2000)

修更多的路吗？

开发每一片绿地时将近一半的土地得留给汽车：包括道路、车库、私人车道、交叉口、转弯空间等。扩建道路需要土 99
地，而且往往是漂亮的地方、注重环境的区域或者已经修建好的区域。每一条新道路方案出台时，会招致越来越强烈、越来越联合一致的抗议。我们的人口稠密，尤其是英格兰南部，修路时所引发的争议已不仅是占用空间问题。现在要再修路几乎很难赢得人们的同意，即使是为了缓解城市交通流量或为了保护历史性中心区域而修建旁道。为了使我们所拥有的汽车**一个挨一个地**有地方可停，也需要280平方公里的空间，大小足可以容纳140万个新的独门独户家庭。给人们提供住房、提供工作并使人们流动起来，这之间已经形成了冲突——流动与活动之间的拔河赛。

如图4.6所示，我们已经失去英格兰的大多数安静区域了。各种各样的开发——住房、就业、公路和航空建设——导致了这种结果。而道路对于其他方面而言都是必不可少的。

1997年即将上台的工党政府所做的第一件事就是停止所有正在修建和将要修建的道路。不幸的是，政府并没有为这一大胆的行动出台任何实际的替代办法，同时又担心这样做会孤立拥有汽车的选民，因此也只是虚张声势而已。自2000年7月以来，道路维修、改善与扩建又花了许多钱。但最近的一项“英国社会态度调查”表明，人们已经深刻意识到交通问题，并且都感到需要改善公共交通（图4.7a和b）。

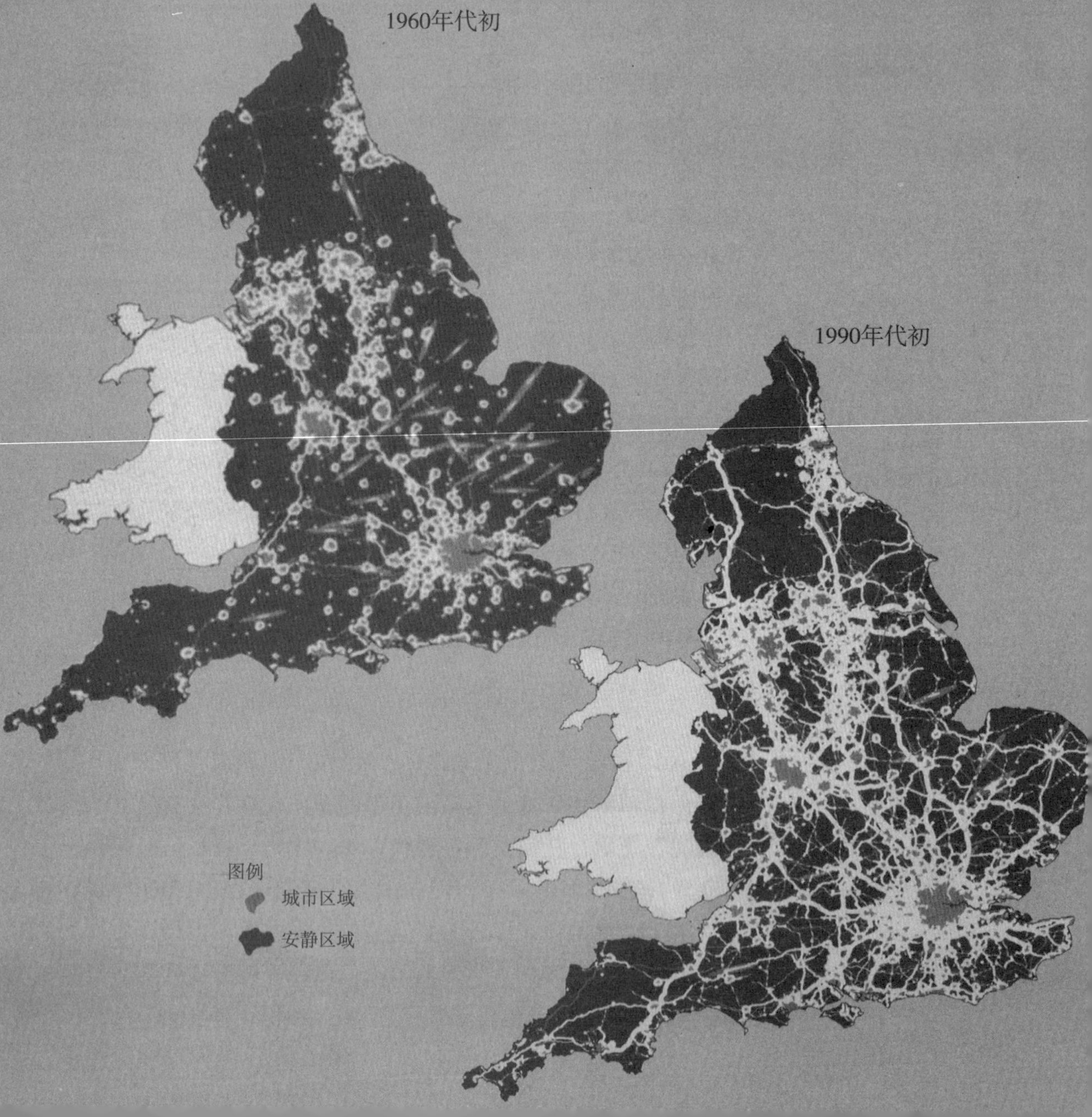
1960年代初
1990年代初
图例
城市区域
安静区域

◀图4.6：英格兰安静的乡村持续受到侵蚀
来源：英格兰乡村保护委员会(CPRE)（1994）

▶图4.7a：交通问题
来源：乔威尔等(Jowell,R et al.)(1999)

▶图4.7b：英国改善公共交通、减少汽车数的重要性
来源：乔威尔等(Jowell,R et al.)(1999)

▼分割开的社区：宽阔的马路、载重卡车、废气
保罗•赫曼/图片社

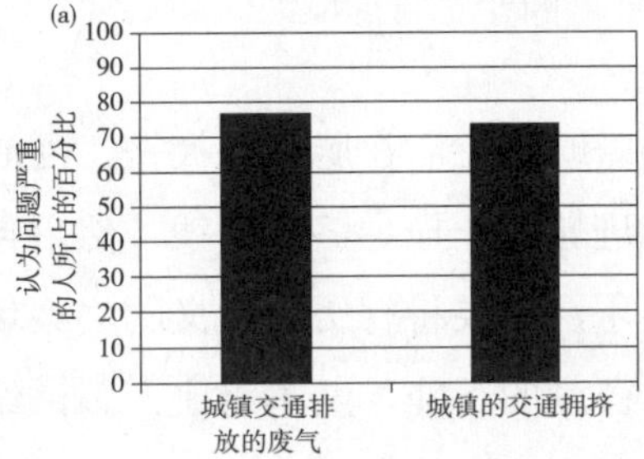

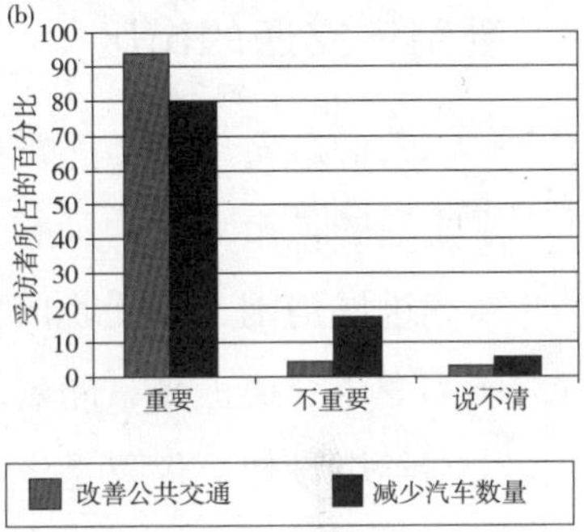

受制于交通的街区

人们总希望鱼与熊掌兼得：既想生活在肮脏、拥挤、受制于交通的城市之外，又想开车进城工作挣足够多的钱，然后再驾车进城消闲、享受晚间的娱乐，结果将有历史意义的集聚场
102 所都变成交通孤岛。随着城市密度的下降，汽车将比人多，结果则不堪设想。仅仅是汽车使用空间，就会出现破坏公物、垃圾与肮脏等现象。汽车本身会增加尘土、废气、污染颗粒，甚至香烟头和糖果包装纸。如果你不住在开车的地方，当然就不会在乎。每天开车上班的人把城市的街道当做免费的停车场。因此贫穷的社区只好忍受外来者强加于它们的空气污染、噪音和打乱的秩序等。

城市街区的交通不利于家庭生活。孩子们不能安全地玩耍，不敢过马路。唐•阿普尔亚德(Don Appleyard)早在1976年所作的一项著名调查显示，随着城市交通的增加，交友的密度与人们的睦邻感就会下降（可参见图4.8a和b）。英国迟迟未能出台行人优先的交通方案。但是，德国、斯堪的纳维亚国家与荷兰在城市里实行交通限制、修建玩耍区、礼让行人、提倡公共交通的经验证明，人们在交通流量低的街道上感到更加安全、社会的相容性更强。[163]哥本哈根的例子说明，限制不必要的交通是变革之关键。

交通也会对健康造成严重影响。城市的空气污染比乡村厉害得多。而污染主要是交通造成的。空气污染会加重呼吸问题。儿童因为害怕车辆而缺乏锻炼，就会导致肥胖、骨质疏松、脊椎发育脆弱和普遍的狂躁不安。[164]交通也会影响工作者

的健康。美国与欧洲的许多城市在空气污染超过一定标准时就会阻止驾车。因此，城市——尤其是市中心——要承担普遍驾车所导致的环境成本。这还会导致另一种两极分化问题，因为空气污染既源于城市人的外逃，也导致了城市人的外逃。交通问题与土地的短缺正使人们重返高密度的生活方式，从而要求我们寻求替代汽车的办法。

公共交通是一个巨大的均衡器，因为它可以给低收入群体 103
提供相互联系的渠道。但人们认为，随着汽车越来越便宜，它们终将取代公共交通。因此，我们已经减少了对公共交通的投资。在发展中国家这种想法是不可思议的，但在经济发达国家拥有汽车现象早已波及低收入阶层。因此我们往往忽视了这一事实：英国还有1/5的人口没有自己的汽车或者无法使用汽车。在许多内城区这一比例会高达一半以上。有些群体尤其处于劣势：老年人、单身家长、年轻的单身家庭、住市建房屋的人、生活在内城区和外城住宅区的人。[165]生活在更加贫穷街区的更穷的人则经受三重的惩罚，因为公共交通既不完善，相对于他们的收入而言又很昂贵，同时又往往买不起汽车。因为没有汽车的人多方受制，从而对就业、流动与社会排斥产生严重影响。汽车也是社会地位的明显象征。尤其对于年轻人而言，汽车代表了社会所看重的一切东西：独立、成功与支配能力。而替代汽车的东西则被视为低劣、缓慢、落伍，显得自己比较无能。大量的盗车行为和用偷来的车疯狂兜风,充分说明为什么人们都想有自己的车。[166]

如果我们不能为每个社区建立一个快速、干净与可靠的公交系统，人们将继续被迫拥有汽车，因为他们别无选择，而且

交通量小
每天2 000辆车
高峰时刻每小时200辆车

人均3.0个朋友和6.3个熟人

交通量居中
每天8 000辆车
高峰时刻每小时550辆车

人均1.3个朋友和4.1个熟人

交通量大
每天16 000辆车
高峰时刻每小时1 900辆车

人均0.9个朋友和3.1个熟人

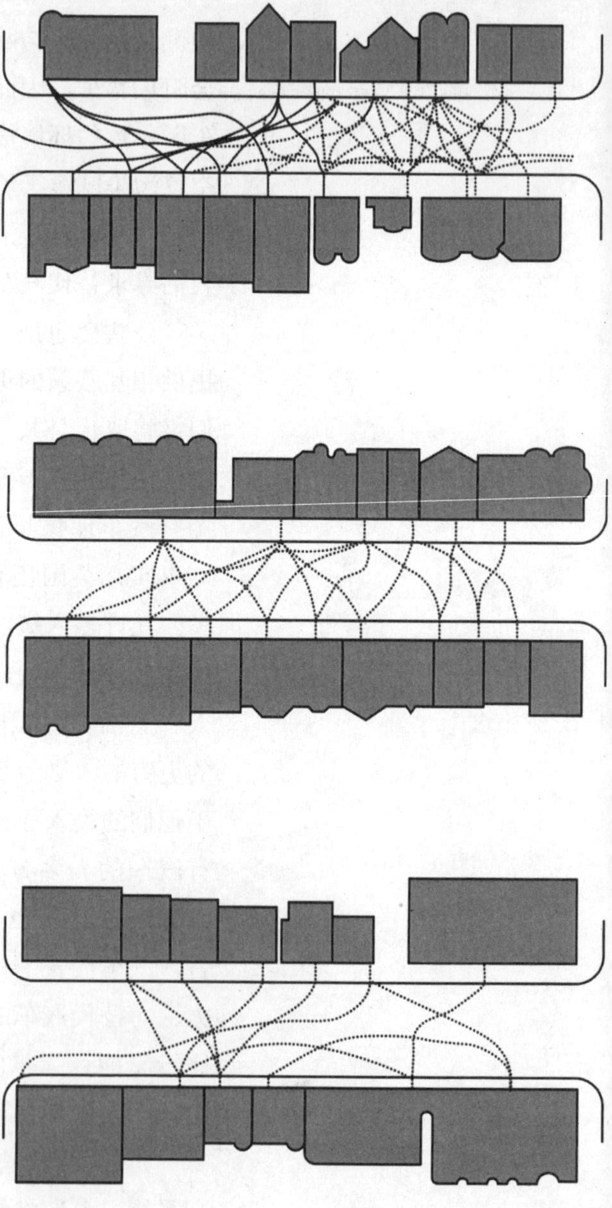

► 图4.8a：随着交通的增加，社会接触会减少
来源：阿普尔亚德（1981）
说明：点 = 户外活动的频率；
线 = 与朋友和熟人的接触

交通量小
每天2 000辆车
高峰时刻每小时200辆车

交通量居中
每天8 000辆车
高峰时刻每小时550辆车

交通量大
每天16 000辆车
高峰时刻每小时1 900辆车

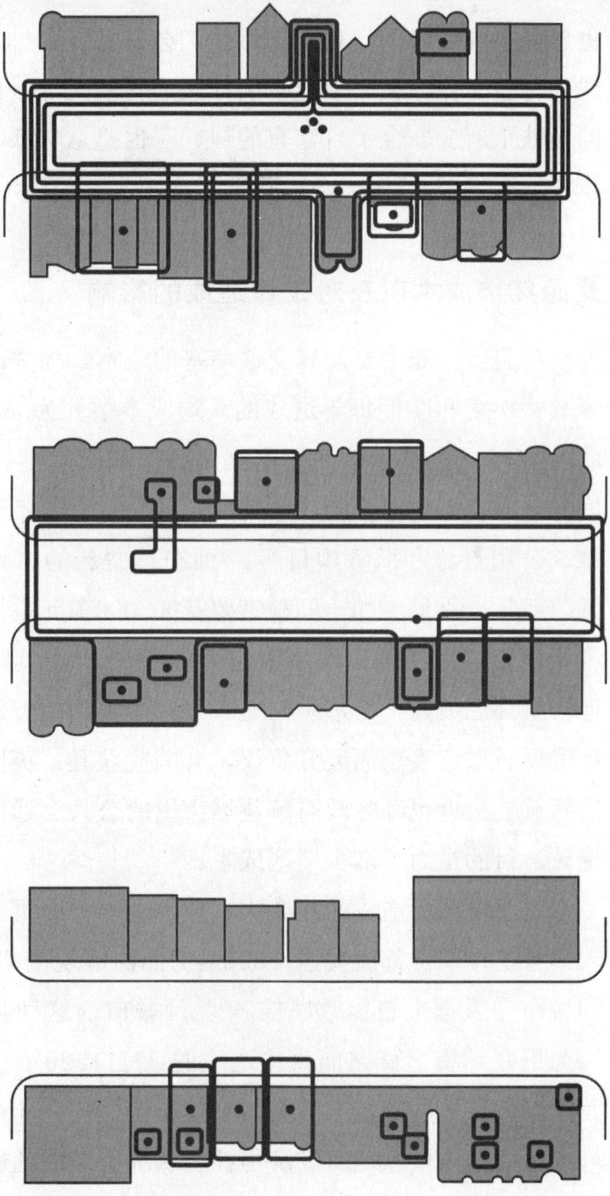

►图4.8b：家庭区域观念也受到交通的影响
来源：阿普尔亚德(1981)

也想加入成功者的行列。不然他们会感觉受到排斥。而公共交通要有效运作，就必须能吸引社区的各色人等。1990年代纽约的地铁重新变安全了，富有的银行家也愿意与低收入的大众工作者一起坐车了。

106 交通拥挤成本以及对工作造成的影响

在美国，雇主要计算交通堵塞的成本。损失的工作时间、事故、疾病和耽搁每年造成的人均成本估算为385美元。[167]联邦政府给每一个“分散性”家庭——住在现有居民点之外的家庭——的补贴估计为25 000美元，补贴内容包括道路、基础设施、公用设施和服务项目等。[168]而在这些新的、相距遥远的社区的新学校里每增加一间教室要花90 000美元，这主要靠地方税收出资，现在则引发越来越大的争议。[169]在英国和美国，交通堵塞都已成为一个选举问题。1999年美国的一场地方选举首次就反对城市蔓延而展开争议，并因此获胜；英国工业联合会的新首脑最近也呼吁政府解决城市里的公共交通问题，尤其是伦敦，目的是为了减少堵塞成本。[170]

交通堵塞所造成的社会成本至少也同样严重。美国的城市人口与工作职位都流失了，85%最穷的街区现在都在城市。70%的城市穷人都来自少数民族。[171]美国城市的这种强烈的隔离是因为用联邦资金修路而直接造成的。[172]自1990年代中期以来，美国城市聚居区的极端贫穷与衰败、这些问题向越来越广泛区域的传播、内城倾圮对经济与社会状况所造成的影响等，导致了人们态度的逆转。美国的雇主与投资者现在都把目光投向内城区，将其作为新的机会集中地。这一变革的部分动因在于，他们无法在日益蔓延的郊区找到足够的工作者，而且运送工作者的距离越来越远。内城的失业率正在快速下降，对城区公交系统的投资也在增长。[173]

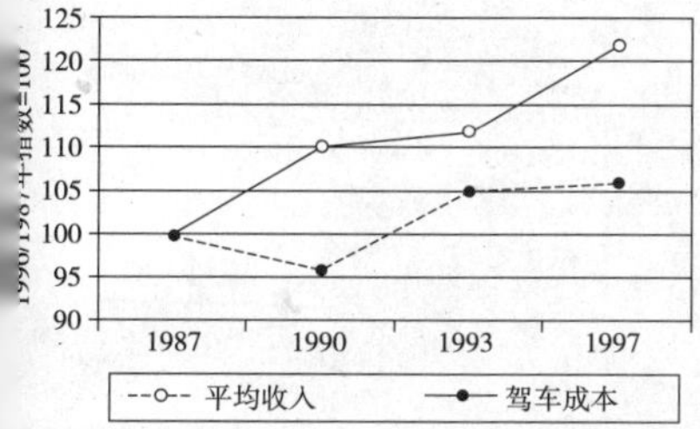

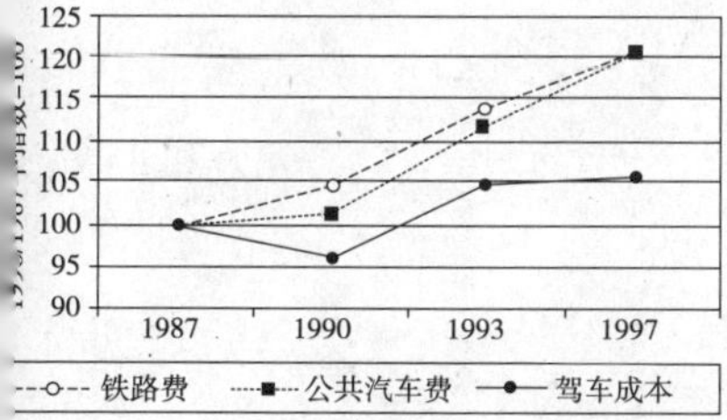

▲图4.9：收入与驾车成本比较
来源：环境交通与区域部(1998a，1999f)

▲图4.10：相对的旅行成本(按实际情形)
来源：环境交通与区域部(1998a，1999f)

然而，在外城区域进行经济投资的习惯已根深蒂固，工作职位的产生仍然要快于内城，如本书第2章所示。城内的交通 107
与堵塞成本使大投资商和雇主望而却步。城镇里行走不便与停车问题促使人们在城外兴建购物中心。绿地商业停车场的修建部分而言也是因为城市公共交通差的缘故。流动与繁荣之间的平衡至关重要。交通所导致的环境与社会成本已开始影响经济发展，促使雇主、政府与市民质疑是否应该继续向外扩展（见第五章）。分散化与城市密度化之间的成本平衡可能会发生重大转变。

成本对我们的驾车量产生重大影响。一旦我们支付了购车费，驾车往往比其他选择更为便宜，特别是几个人开一辆车的话。相对于收入，驾车比十年前便宜了，尽管燃油税很高，还有道路税、停车费和保险等（图4.9）。因此，政府已决定每年提高燃油税。

与公共交通相比，驾车的成本在过去十年也有所下降，从而导致公共汽车使用的大幅度减少，如图4.3所示。公共交通成本随平均收入的增加而上升（图4.10），从而极大地加重了收入没有得到同等增长的人的负担。

还有其他许多成本。交通污染对城市建筑的侵蚀导致的成本为GDP的3%。[174]医院、医生、警察、保险公司、雇主和雇员都要承受道路事故成本，每年高达数亿英镑。这些成本既有直

接的也有间接的，既对经济造成影响也对环境与社会造成影响，既要由旅行者自己掏腰包也需要财政部的补贴。有更便宜的选择吗？

公共交通

城市内部及周围的流动从来都很重要。在当今的服务与知 109
识经济中，城市是全世界通讯与交流网络的指挥中心。[175]“网状的”通讯不但没有使城市成为多余的东西，反而加强了城市的作用。[176]虽然说没有交流城市就会消亡，而交通是这种交流不可或缺的部分，但交通也可能会促使城市的消亡。因此，我们的公共交通基础设施应起到何种有益的作用呢？

大约2/3的旅行都在5英里之内，一半在两英里以内——这种距离骑自行车或坐公共汽车往往更快些。只要能吸引这些旅行的一小部分，大多数局部线路上就值得开通公共汽车。

为了遏制汽车，人们都非常支持在伦敦内城——但别的城市不是这样——实行拥堵收费。[177]现在要在首都的中心区泊车，不是找不着地方就是很昂贵——这一重要的遏制办法已经实施。像伦敦这种规模的城市没有一个综合的相互连接的交通体系的确是不行的。

越来越多的人支持采取激进的办法解决公共交通问题。但在一个孤岛般的拥挤区域，要提供集体服务就得在一定程度上牺牲个人自由。必须实施一些真正的替代办法。我们现在要应对三个问题：将公众从自己的车里吸引出来，让他们坐公共汽车和火车；优先考虑公共交通，使其经济、可靠、舒适；使步行与骑车既安全又令人愉快。

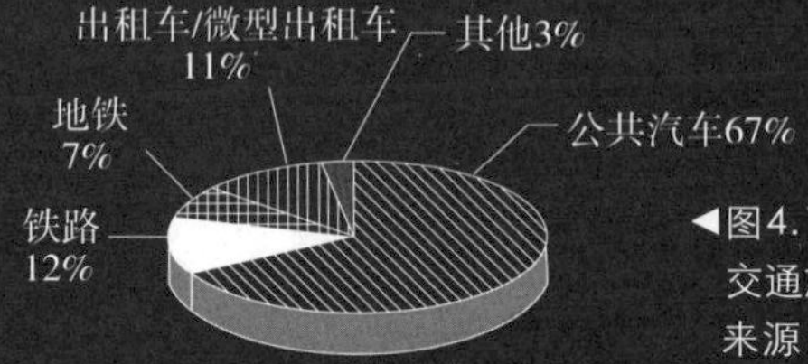

◀图4.11：公共汽车占公共交通旅行的比例
来源：环境交通与区域部(1998a；1999f)

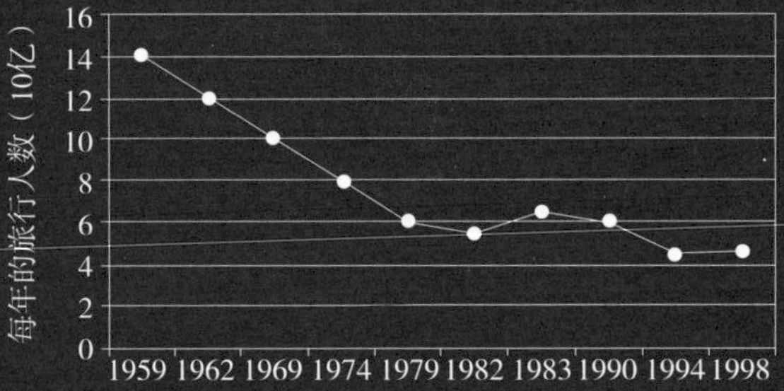

◀图4.12a：市内公共汽车乘客旅行数
来源：国家统计署(2000)

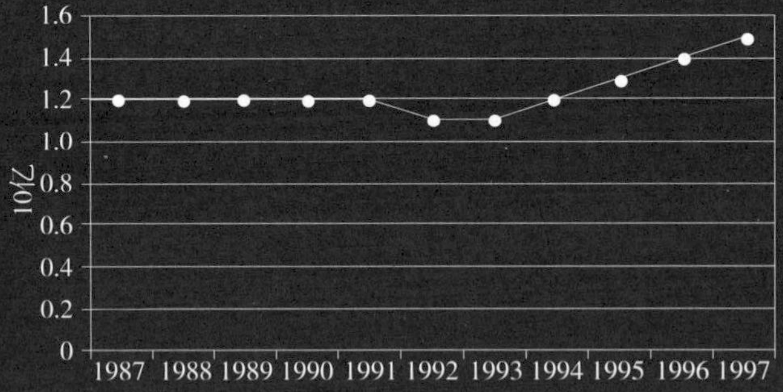

◀图4.12b：伦敦的市内公共汽车乘客旅行数
来源：环境交通与区域部(1999f)

公共汽车

最简单、最便宜和最灵活的公交形式就是公共汽车，将近占公交旅行的70%。超级巴士能够提供便利、舒适、速度、连接与可靠性。这种车可以在大多数路面行驶。它们可以取代汽车，又无需花昂贵的钱修隧道、轨道或搞工程建设。[178]已有地方做过先锋派试验了：库里蒂巴(Curitiba)、哥本哈根、斯特拉斯堡和牛津等城市都通过扩大公共交通而减少了汽车旅行。图4.11显示了公共交通所占的主导地位。 111

尽管如此，从1959到1998年，公共汽车旅行仍减少了2/3。随着交通状况的恶化，这种下降有所减缓，但仍在所有地区继续下去，除了伦敦：与1993年相比，伦敦现在的公共汽车旅行趟数增加了400万。图4.12a和b显示了全国公共汽车使用的下降和伦敦近些年的急剧增长，后者归因于特许经营制度和公交车道与新的信息体系的实施。

投资于快速的公交车道很快就可以得到回报。爱丁堡至利斯(Leith)的专用快速公交车线路节省了20分钟，第一年的乘客量就增加了60%。[179]我们只有取缔小汽车、严格实施公交车专用道，才能使公交车得到发展。令人意想不到的是，据说希思罗机场的快速公交车道既减少了公共汽车、也减少了小汽车旅行时间，因为许多交通瓶颈“舒缓了”。

▲前页
斯特拉斯堡：设计完善的公共交通
*TRANSDEV*交通公司

轻轨与有轨电车

英国的每个大城市都拥有维多利亚时代建造的广泛的郊区铁路网。这些铁路将我们大都市范围内的许多小镇都联系在一起，我们于1960年代关闭那些“无效用的”线路与车站以

前，几乎每个居民点附近都有个车站。而且，城市与工业小镇都有纵横交错的电车和无轨电车，它们各走各路，保障了建筑
112 区域内旅行的快速与安全。这些系统为世界其他地方提供了样板，我们的技术因此得到广泛利用。布鲁塞尔、阿姆斯特丹和欧洲其他许多城市仍然依赖有轨电车。而我们到1962年就挖光了有轨电车线路——除了布莱克浦(Blackpool)与布莱顿(Brighton)面海区域留下的一两英里。[180]

郊区与地方铁路线能使人们以便宜、方便的方式上班、购物、享受城里的休闲设施。英国铁路公司曾试图关闭这些线路，但公共抗议以及这些线路的重要性终于使许多线路得以保留，它们现在能为专用线路上发展高速运输系统提供巨大的潜力。伦敦北部的环形铁路线一直在运行，有些被关闭的线路现在可能要重新开通。

遗憾的是，我们的许多郊区和分支线路都十分破旧、缓慢、无效率。它们的机车没有更新，有些已使用40年了；车站陈旧，服务设施落后，有些已有一百多年的历史了。信号与安全系统的落后已难以满足新的需求。[181]这些线路使用的是直通轨道，会减缓城市之间的火车，同时自己也会被延误。[182]全国铁路系统1/10强的延误都是由地方线路导致的。从我们的所有大都市通出去的郊区线路上的旅行都缓慢、靠不住、令人不舒适——往往需要公交车的连接才能合理运行。

伯明翰位于跨越全国的铁路网的中心，12%的火车延误与中断都是由其不良的连接处所导致的。而该城是一个巨大都市的枢纽，经常出现远近皆知的公路堵塞，这一事实恰恰说明非

常需要用铁路来旅行。然而，这里只有一条短短的通往城里的铁路线，而城市之间的、跨越全国的和郊区的火车都在竞争运营权，结果使得全国与地方的系统都陷入堵塞。投资不足、缺乏现代化的代价便是车次的取消、延误以及铁路和公路上都出现堵塞。

许多城市正试图将其年久的铁路网改造成综合的“地铁系 113
统”，将现有的郊区铁路与新的轻轨系统结合起来，使用相同的或者可交替的轨道，并且与公共汽车线路相连接。曼彻斯特已经在市中心重新铺设了电车线路，纽卡斯尔、牛津和利兹正在率先实施综合的运输系统。其他主要城市紧随其后。这种做法会产生矛盾的效果。人们越是能够容易地从诺森布里亚区、柴郡或苏格兰海岸抵达纽卡斯尔、曼彻斯特或格拉斯哥，就越不愿意生活在日益衰落的内城。改善郊区地铁与铁路线能够减少从郊区到城市里的道路交通，并且吸引新的投资与就业，但如果城市持续衰败，这种做法也会鼓励较为富裕的人和工作者逃往外围郊区附近的市镇。因此，新的郊区运输必须与就业和环境与社会的复兴相挂钩。

城市区间火车

城市内部存在的交通问题也常见于城市之间：汽车的过量使用、事故、延误、污染、对村庄、小镇和乡村的破坏等。要想增加投资、使内城的人口多起来，一种办法就是修建快速的轨道连接。法国的里昂与其他城市现在已经用高速火车(TGV)连接起来，从而导致经济的增长。[183]

火车的主要优点在于，能提供城市中心之间的直接连

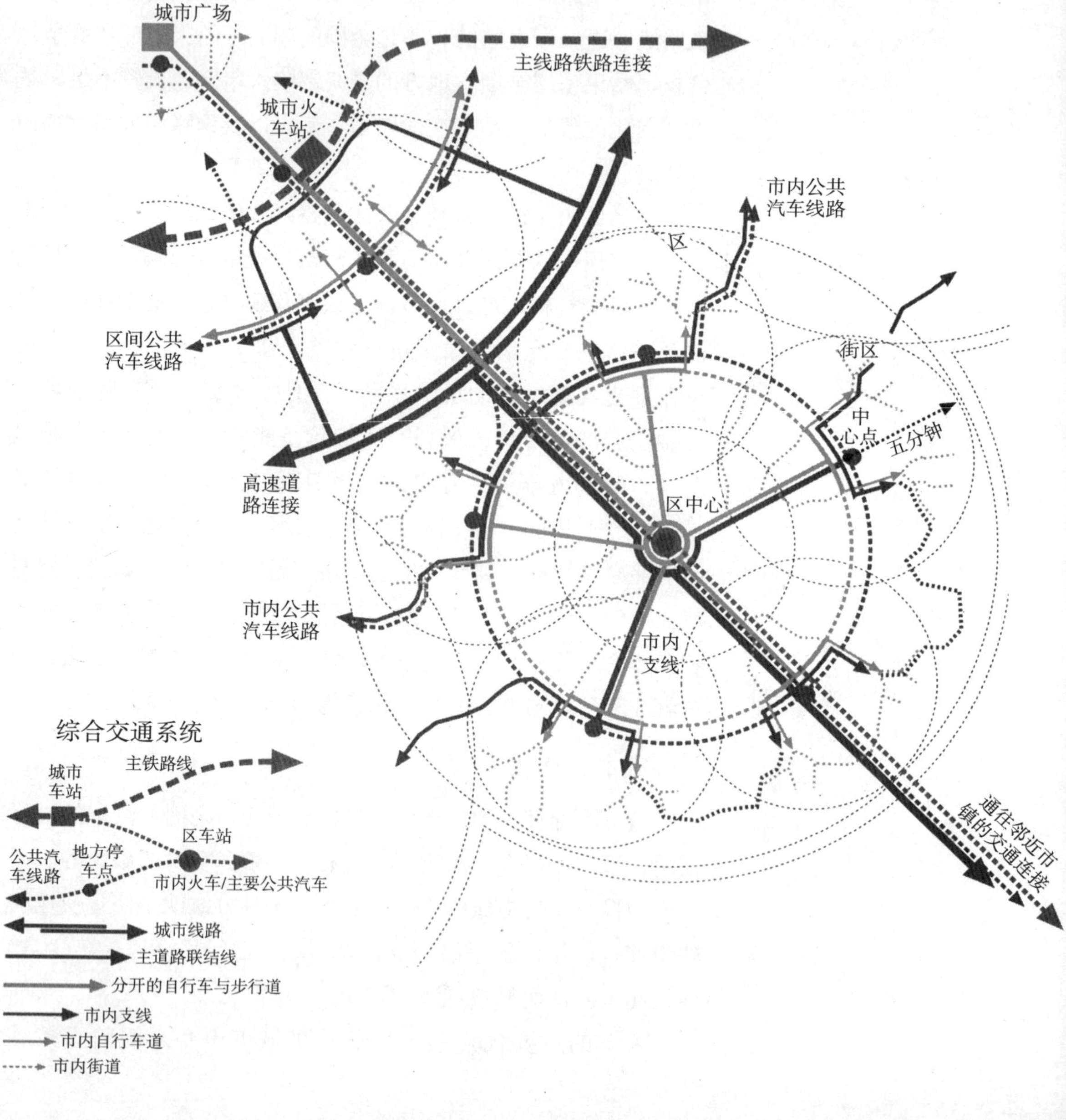
城市广场
主线路铁路连接
城市火
车站
市内公共
汽车线路
区
区间公共
汽车线路
街区
中
心点
五分钟
高速道
路连接
区中心
市内公共
汽车线路
市内
支线
通往邻近市
镇的交通连接
综合交通系统
城市
车站
主铁路线
区车站
公共汽
车线路
地方停
车点
市内火车/主要公共汽车
城市线路
主道路联结线
分开的自行车与步行道
市内支线
市内自行车道
市内街道

接，旅行时间更具预测性，所带来的压力与污染小，能降低能源与环境成本。火车每乘客英里所消耗的能量不及汽车的1/3，就运送重物而言，所耗能量远低于大卡车。[184]现在，除 115
了英国南部繁荣的区域之外，慢速的交通连接已妨碍了所有地区的经济发展，因此，火车所提供的速度与可靠性具有关键意义。

企业作投资决定时，要考虑交通堵塞与火车延误的成本。中部地区和西北地区的城市空间大、环境美，有发展潜力，但铁路基础设施陈旧。伯明翰、曼彻斯特、利物浦和格拉斯哥都由西海岸主铁路线(West Coast Main Line)提供服务，而这是新近私有化的铁路网中最差的运营者（主要因为基本的现代化过程在私营化之前受阻）。因此，伦敦之外的三个最大都市没有得到有效连接，从而阻碍了新发展向北部的转移。

◀综合交通系统安德鲁•赖特及合伙人为城市特别工作组设计

新经济正在脱离旧的工业中心，与此同时，与欧洲的联系日益重要，因此，许多公司认为迁移到北方风险太大。英国全国铁路连接的发达程度远低于欧洲。但投资可以改变这种局面，如理查德•布兰森（Richard Branson，英国商界巨头，主要从事旅游、娱乐等行业——译者）所竭力要证明的：佛金公司(Virgin)对新的倾斜式列车(tilting train，又称摆式列车——译者)的大规模投资将于2002年开始营运，到时会将旅行时间缩短25%，从而极大地提高旅行次数和质量。[185]从伦敦到爱丁堡的东部电气化线路是在私有化之前建造的，它已经带来了重大的经济效益：沿东海岸的所有城市——纽卡斯尔则例外——都比西部线路上的城市繁荣，而经过改造的铁路显然起了一定的作用。欧洲的铁路地图（图4.13）显示了我们的铁路连接。

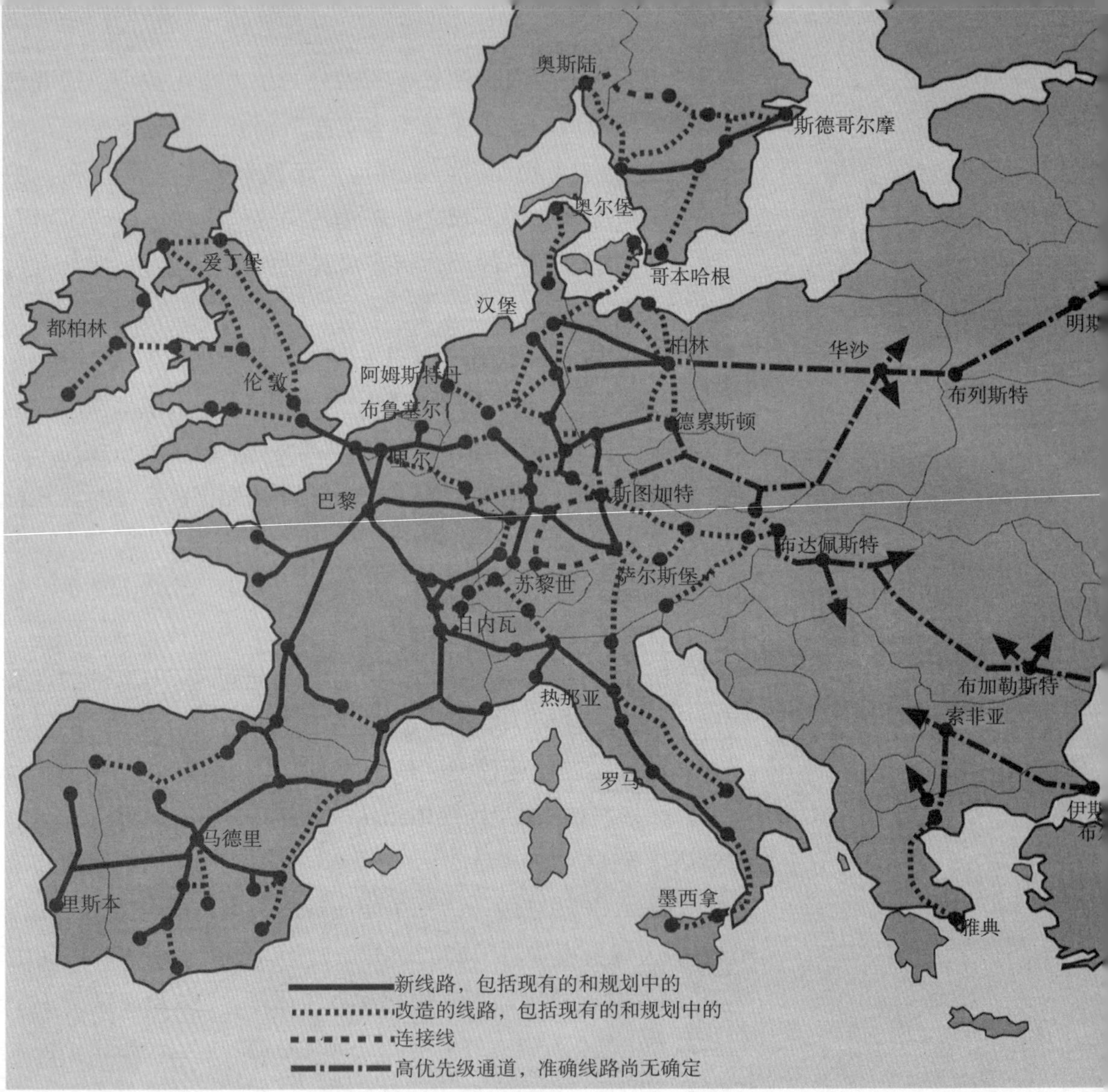

▲图4.13：连接欧洲主要都市的高速铁路
来源：科学美国人(Scientific American)（1997）

不幸的是，铁路私有化意在减少政府补贴，从而使服务只
着眼于盈利，而服务则各自为政，没有可靠性。1993年的一揽
子私有化方案使特许经营主管(Franchising Director)对24家没能
准时运行的营运公司进行处罚，但却无法促进对轨道、信号与
机车的投资。火车晚点数目大增：1999年有50万次，比前一 117
年上升了1/4——虽然在帕丁顿火车相撞事件后减少了10%，因
为管理更加精心了。佛京公司的火车有1/5晚点，使人们无法
计划重要的旅行。部分原因是想增加火车的次数，但也因为
投资太少。所以，我们的铁路系统已落后于欧洲的高速铁路
网，而我们应该是其中的一个重要组成部分。

尽管如此，过去三年中铁路乘客数还是上升了1/4，现在每天的火车数也比私有化之前多1 500辆。[186]乘客数的激增让政府不知所措。而公路上的堵塞预计还会使铁路旅行在未来十年上升50%。[187]增加车辆就要求更加现代化的信号设备、更加训练有素的职员、更多的机车以及公司之间进一步的协调。这一切需要多年的投资：根据铁道公司(Railtrack)老总的说法，还缺大约460亿英镑的资金。政府现在打算提供其中的一多半。[188]

除非我们能将交通运输的方方面面——铁路、公共汽车、公路以及未来的电车——连接成一个天衣无缝的网络，不然还是难以顺利抵达城市。而我们近年来陷入一团糟的公交系统仍然能够提供一个帮助城市经济发展的框架。图4.14概括了铁路对城市提供的好处。

步行与骑车

城市之间的连接很重要，但城市内部的联结也同样不可或

118 缺，因为人们要进行众多的局部性旅程。就在不久前，城里的大多数人外出时基本上还是步行。没车的人走路至少要比有车的人多2/3。如图4.5所示，自1985年后走路的人明显下降；拥有汽车人数的上升是一个重要原因。

如果步行更快、更方便、令人愉快和安全，或者涉及的是短途，或者是为了消闲，那么人们都喜欢步行。在伦敦，交通拥挤迫使人们走路比英国其他任何城市都要多。但如果工作单位、商店、银行、餐馆和公共交通相互之间的距离更近的话，人们就更喜欢步行。人们一般不愿意花15分钟以上的时间——3/4英里的路途——步行去商店、交通连接点或参加社交活动。但1/4以上的旅程都在一英里以内。要是步行安全、令人愉快，而不是危险、令人不快，需要短途去附近商店与学校的人就会使用城市的人行道。如果城市优先考虑公共汽车和自行车，那么，50%的两英里以下的旅程就可以用步行加乘公共汽车或骑车完成。

步行像骑车一样并没有与交通融为一体，因此许多小街、小路和巷道已经不安全、人烟稀少。英国的汽车事故率低于欧洲其他国家，但**汽车导致的**行人事故则高得可怕。[189]在汽车受控制、速度限制减低、有小道与人行道的地方，人们就愿意使用后两者。哥本哈根花了20年的时间才使交通偏重于行人与骑车者，因此我们也应该刻不容缓了。[190]

依靠快速单行道系统、将行人像羊那样圈在交通安全岛上、为开车者节省几秒钟却危及行人的生命，这都不是正确的办法。许多欧洲城市面对新的减少温室气体排放量的压力，都在扩展行人与骑车者优先的区域。斯特拉斯堡已经使其颇受欢

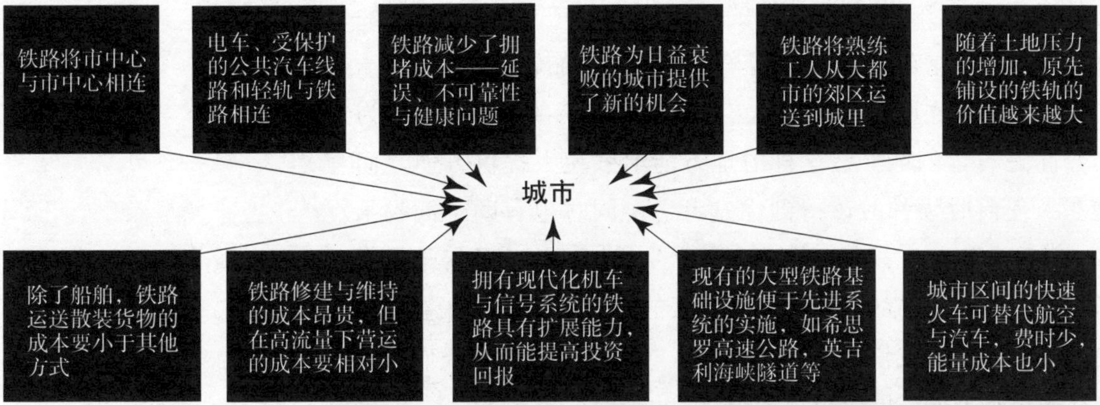

▲图4.14：铁路给城市、经济与环境带来的好处

►在英国城镇骑车很危险
理查德•汤森德

迎的现代化电车与一系列新的交通方式连在一起，包括船只、行人与自行车。[191]城里的骑车现象迅速增加。

120 城市里那些适宜步行、骑车、有公共交通的区域都能成为社会性磁石。创造一些这样的地方能给残疾人提供方便，而这些人任何时候都应该得到优先考虑；同时也有助于低收入者、儿童与老年人。限制汽车在日常生活地区进出就等于优先考虑行人。而目前的全局考虑是错误的。既然我们现在被迫转向低能耗体系，我们就应该考虑基本的需求，从而使我们的城市往来更加方便，同时也更绿色化。

骑车现象的下降比步行还要明显。1950年代有1/4的人口骑车上班，而现在不到2%。但一般自行车的价格已经从原来每周平均工资的20倍猛降到周工资的一半以下。即使没汽车的人骑车的频率比有汽车的人高70%，自行车的使用率还是非常低。[192]这种下降不仅仅是由于越来越多的人喜欢汽车，因为许多低收入者仍然没有自己的车，也没机会蹭别人的车。真正原因是，较为富裕的人开车走的路途越来越远，结果把穷人都从自行车上挤下来了。如图4.16所示，骑车的旅程和所覆盖的距离都大幅度下降。

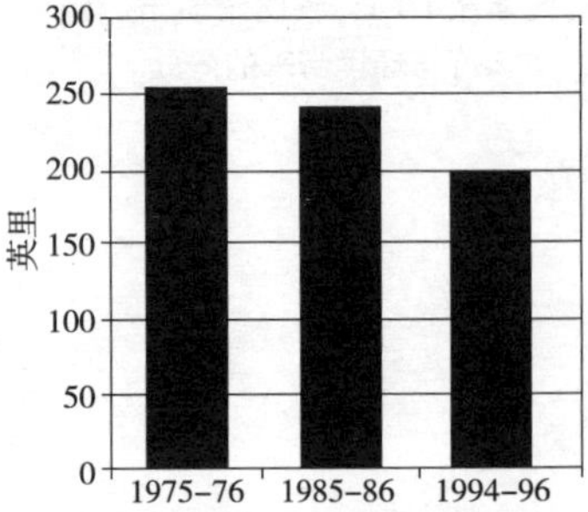

▲图4.15：每人的年平均步行距离
来源：环境交通与区域部(1998m)

人们显然都喜欢自行车，也都想使用自行车。虽然自行车旅程减少，购买自行车现象则大规模增加。大约40%的家庭现在都有一辆自行车，即使很少使用。图4.17显示了自行车销售量的增加。

骑车和步行都很危险。行人得过马路，许多事故就在这时发生。骑自行车者出事故、死亡或严重受伤的可能性比实际数字显示的要高三倍。步行、骑车和驾车根本无法在同一空间里安全地融合，而对于绝大多数的自行车旅程而言，公共道路是唯一的选择。我们虽然试图将自行车与汽车分开，但这样做分割性太大，因而行不通。纯粹的生存本能告诉人们，无论怎么喜欢自行车，都不要去骑车。

骑车的最大障碍是，缺乏专用自行车道，汽车速度太快、烟尘太大，再就是我们现在这种懒惰的、倾向于汽车的文化。如果骑车者能得到更好的保护、城市领导更加积极地提倡骑车，自行车就会轻而易举地占据旅行的一大份额。在城市里，自行车能提供与汽车一样的自由与灵活性，但成本却微不足道，对环境的影响也几近于无。年轻人与身体健康的人都喜欢自行车。阿姆斯特丹、哥本哈根、戈森堡（Guthenburg，瑞典港口与第二大城市——译者）、弗莱堡（Freiburg，德国城市——译者）、斯特拉斯堡等城市过去十年间自行车旅程翻了一番，说明骑自行车很容易扩展、得到保护、向大众推广。德国骑自行车现象在十年间从5%上升到10%。如图4.18所示，欧洲其他城市的自行车使用率都远远高于英国。

牛津、剑桥和约克可能是英国支持骑车者的力度和欧洲相同的城市；其1/4的居民都骑车上班。[193]牛津是英国的一个特例：通过实施公共汽车、自行车与步行之间的相互连接而逆转了汽车的增加。2000年6月，苏斯特兰(Sustran，英国交通方面的慈善机构——译者)所修建的跨越全英国的5 000英里专用自行车道为未来提供了出路。[194]

步行与骑车似乎都是简单之举。人们都喜欢运动，路边的步行与骑车活动的增加就说明了这一点。[195]人们之所以作出这种选择，是因为交通拥堵时步行、骑车更受人欢迎，而且也因

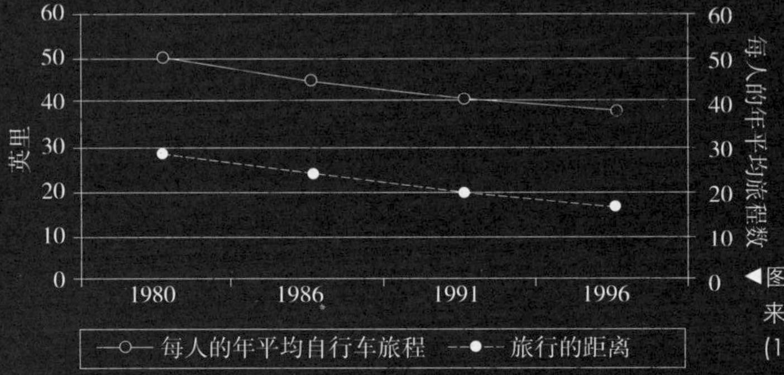

◀图4.16：骑车现象的下降
来源：环境交通与区域部(1999e)

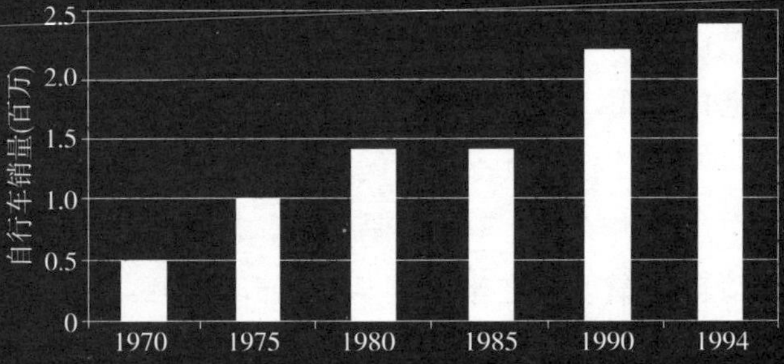

◀图4.17：每年的自行车销量
来源：交通运输部(DoT)(1996)

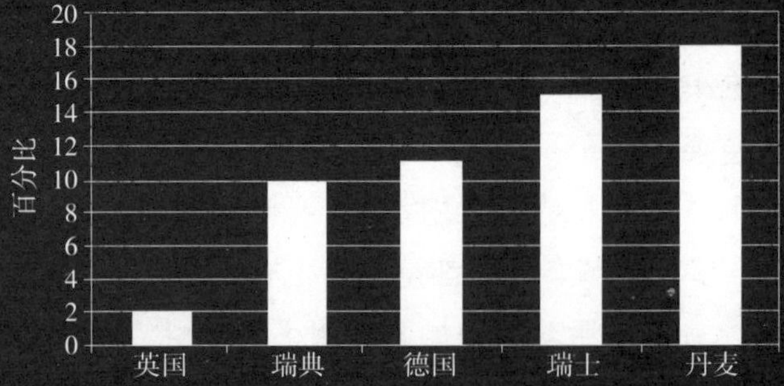

◀图4.18：欧洲的自行车使用率
来源：交通运输部(1996)

为路程短，或者令人感到愉快。推广行人区域和自行车路
线、限制交通的城市都取得了经济方面的收益——服务、游
客、基础设施的投资、艺术与文化生活都出现了增长。这些变 123
化都会导致就业的增长。

国际上发展的局限

全世界的建造区域都面临交通问题。在贫穷的城市，发展受到严重制约：为了修建新的道路，非正规的居民点被迁置；城市稀缺土地上停车场与交通的需求将穷人都赶到外围区域，使他们远离上班的地方，最终导致进一步的堵塞与不平等。全世界范围内交通的爆炸式发展威胁到正处境维艰的生态系统。

欧洲城市人口密度是美国城市的四倍。因此，欧洲的城市交通量比美国少1/4——虽然这并不足以阻止我们的城市被汽车窒息。美国汽车的广泛使用与汽油消耗所造成的极端效应与能源消耗低得多的欧洲与亚洲国家形成鲜明对照。这种差别在一定程度上是因为美国的汽油成本低、城市与郊区之间的距离远。政治派别都极力支持低价汽油与低价汽车的做法。因此道路方面投资巨大。[196]

在英国，人们的态度正在改变。越来越少的人认为“开车方便，舍不得放弃”。1999年只有1/3的人同意这一说法，比1994年的40%的比例有所下降。还有将近1/3人对此问题的态度是说不上，多于原来的1/4（图4.19）。

意大利已在大多数城市中心区把星期天定为无车日。有些美国城市正在拆除城市快速公路。斯特拉斯堡重新铺设电车线

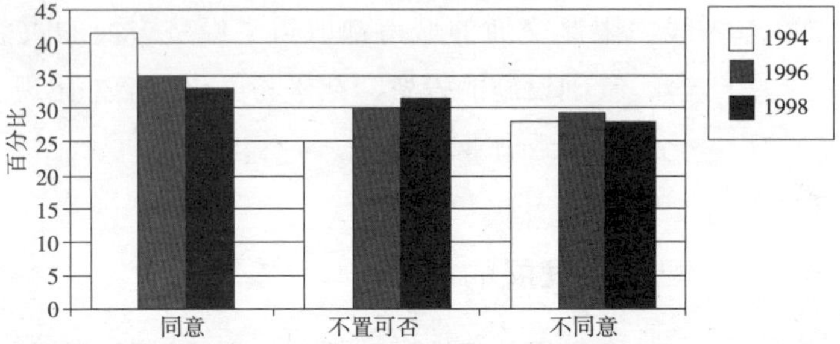

45
40
35
30
25
20
15
10
5
0
百分比
同意
不置可否
不同意
1994
1996
1998

Croydons
Croydons
EASTERN ELECTRICITY
MAN HARDY WILLIS

◀图4.19：即使为了环境因素，汽车也太方便了，令人无法放弃
来源：乔威尔等（1999）

▼骑车与公园——步行化的集市广场
马丁•邦德/环境图片社

路，而许多英国城市也打算这么做。荷兰的家园地带(Home Zones)现在将住宅区的街道扩展为“人行横道”。牛津的一些公共汽车可在行人招手时停下来。连接性的交通决策可以将不 125
同城市联结起来，从而增强其经济前景。

我们都讨厌被汽车塞满的街道。我们都喜欢快速、有效率、相互连接的交通、行人与自行车线路。但从政治的角度而言，从我们的现状到我们大多数人想要达到的状态是一大飞跃。城市公共交通网现已枯竭，很难提供复杂的连接以及汽车所能提供的那种方便与个人控制。我们已被自己的各种选择所包围。真是这样吗？我们既然能很快适应小型家庭以及对汽车的依赖，那么也可以使我们的生活与旅行模式适应现代的城市状况。良好的公共交通就可以实现这一点。但我们需要互补的规划政策，这样才能使居民点适宜于公共交通——紧凑而不是杂乱地堆在一起，相互连接而不是相互分割。只要我们更加谨慎地使用各种东西、增强其“紧凑性”，我们就能够改善交通连接、环境状况以及现有居民点的活力。

交通问题可能是21世纪最大的问题。在所有城市问题中，这可能是最有争议的问题，因为它会对其他人的生活质量造成无可估量的成本。我们的目标是明确的：减少交通、减少拥堵、改善流通、使流动更为容易、使公共空间更加以人为本。但实现这一目标的过程是很痛苦的。因为我们已经成为一个高度流动的、郊区化的低密度社会。因此，我们的城市与环境受到越来越大的破坏——但并非不可逆转。我们将在本书的后半部分更加仔细地审视我们为什么要改变城市，如何使城市有效地运作起来。

Saida
9607

第五章　城市与环境——我们为什么必须变革？

库里蒂巴
捕捞鲱鱼
过度开发——环境风险
人类的足迹
为什么态度在转变？
过度供应与曼彻斯特综合征
供应导致需求
家庭的缩小导致新的生活方式
问题带来的成本
棕色地带开发的障碍
商业的拓展
对土地的压力

巴西的库里蒂巴(Kuritiba)是个独特的城市。这个第三世界的城市人口激增、不平等与环境压力严重，但它在过去30年中已成为一个生态实验场，现在拥有世界上最为先进的城市公共交通服务系统，实现了诸多社会与环境目标，同时还拥有公园、树木和一个历史悠久的只准许行人出入的市中心，这一切都让富裕国家备感汗颜。

库里蒂巴是个不可能成功但却成功了的例子。其人口从二战后的15万增加到今天的220万。1971年，中央政府的压制导致了一个激进的地方政府的诞生。库里蒂巴选出了一个具有进步精神的市长贾默•莱纳(Jaime Lerner)。原来规划的拆除历史性市中心的大部分、实行“以汽车为主的”城市，不久就被废除了。库里蒂巴使市中心行人化，赢得了学校、商界与居民的支持。反拆毁政策保护了居家与就业，城市的有限资源集中用于一些简单与快捷的解决方案。例如，垃圾车无法进入低收入群体居住的狭窄巷道，解决办法是说服人们将垃圾带到收集点，这样就可以换取免费的蔬菜。

▲前页
库里蒂巴：搭载乘客形式多样化的公共汽车站缩短了等车时间
赫伯特•吉拉德特(*Herbert Girardet*)

将市中心行人化只是交通改革的第一步。市中心区的街道也必须在短期内迅速改造，以防充满敌意的驾车者进行破坏。库里蒂巴因此成为世界上第一个“公共汽车化”城市，有了专用的快速公共汽车道、三节车厢式的公共汽车、多种搭载乘客形式、横穿城市的连接线路等。车票结构有利于穷人，外围街区的劣势群体享受统一费率的车票。1972年开通了第一条公共汽车线路，覆盖20公里，花了两年的时间建成，几乎没有拆毁任何地方。从此之后，这一融合性的交通网逐年扩展，增加了许多类似的全城公共汽车线路，使连接线路达到500公

130 里。因为公共汽车线路上都有中转站，人们只需买一张票就可以从一辆车换乘到另一辆车。快速线路由几百辆区域公共汽车连接起来。

库里蒂巴制定了强有力的社会福利项目，来适应其爆炸性人口增长，包括日托与儿童看护、学校、培训、投资激励、环境保护与废物回收等。其有些最具创新性的思想实际上很简单。

儿童每个星期天来到已经行人化的主街上来，在人行道上铺上纸作画——这样保证不会有汽车通过，也保证社区所有人口的参与。

为了提高环境标准，所有街道上种植了成千上万棵树，然后让居民看护；绿地从1970年的人均半平方米增加到1996年的50平方米。

垃圾收集、处理与回收成为所有市民的一项重要事务，从而强化了城市所要传达的生态保护信息。库里蒂巴还清理了河流，建设了污水处理系统，将洪泛地变成了大公园。

城市工程师设计了能提供最大舒适度和速度的专用公交车。

像其他发展中国家一样，库里蒂巴周围也遍布违章居民点。市里决定不拆除住家、也不让人们搬走，而是采取改善其居住状况这一更省钱、更具普遍意义的做法。

库里蒂巴有成千上万无家可归的儿童。政府因此开设了一些日间照看中心、收养所和随便入住的旅馆，以保护这些儿童、使他们重新融入社会。市里也将报废的公共汽车回收改造成流动的成人教育场所，由数百名志愿者管理。

5/136

131 巴西是世界上最不平等的社会之一。库里蒂巴作为其第五大城市，已经打破了这种格局，因为它优先发展成诱人的、绿色的、充满经济活力的城市，使穷人与富人一块儿生活与奋斗。其精巧的设计起到关键作用。贾默•莱纳这个三次当选的市长自己就是个建筑师和工程师。他的开发小组为寻求最佳设计思想而走遍全世界，到处都无答案可寻时便自己创新。

是什么在驱动这些变革？只有营造可持续的城市环境，城市才能有效运行。布朗德兰委员会(Brundtland Commission，联合国有关环境与发展的委员会，以其主席布兰德兰的名字命名——译者)的环境可持续性的定义是有远见的：“既要满足这一代人的需求，又不能损伤后代人满足其需求的能力。”在地方社区内部、国家与地区之间解决贫困与不平等问题必须成为这种规划的一部分。[197]

城市尤其会对环境造成破坏，因为城市产生全世界75%的废物、消耗世界75%的能源。虽然城市只占2%的土地面积，却需要从广袤的内地集积资源，而后又将废物散布到这广袤的土地上。环境压力加重了城市问题。但城市也加重了环境压力。由于城市及其蔓延性扩展和所制造的废物，我们的资源配置现在极不平等，如图5.1所示。

欧洲和北美只有世界人口的1/10，却消耗世界一半以上的能源，如图5.2a和b所示。

根据令人尊敬的联合国环境项目主任克劳斯•托佛(Klaus Töffer)的说法，发达国家需要将资源消耗减少十倍，才可使发展中国家有足够的资源可用。[198]这一势在必行之举是1990年代里约和京都环境峰会上所探讨的话题，得到全世界环境机构的广泛支持。但要实现这一目标，在资源的使用、分配与生活 132

方式方面都需要实施一些比我们目前所提出的变革激进得多的变革。在英国和欧洲其他国家，土地已成为一个危机性问题，它迫使我们重新审视自己对环境的态度。为了满足目前与未来的需求，我们也许应该比过去更加谨慎地使用我们的土地。[199]

英国是世界上人口密度最高的国家之一。其人口最为稠密的地区存在着严重的土地压力。[200]英国也是欧盟第二个森林砍伐最为严重的国家，因为我们为了经济目的而长期对自然环境加以掠夺——砍伐树木最多的国家是爱尔兰。[201]而在北环路——环绕伦敦的交通堵塞的一条路——的有些路段，污染已非常严重，有环境意识的地方政府所种的树已难生长。库里蒂巴的例子说明，城市可以做到能源方面更有效率、环境更为友善，但英国刚刚开始这么做。

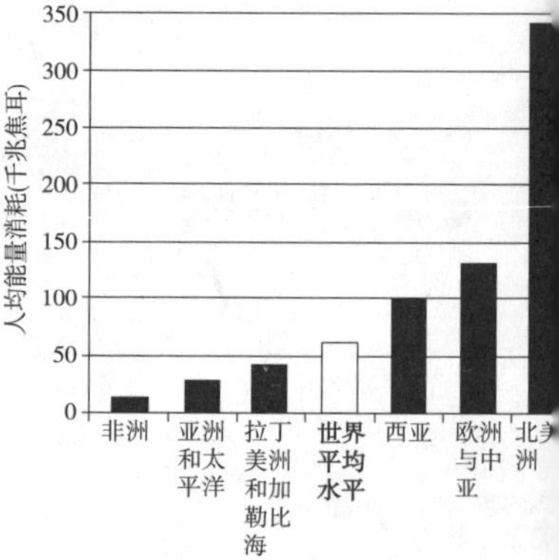

▲图5.1：城市发展所导致的不平等能源使用，1995年
来源：联合国环境开发署(2000)

例如，英国地方当局现在只能回收8%的废物，尽管五年前就将目标定为25%。政府现在要通过立法强制实施25%的目标，因为人们纷纷抱怨造成污染的焚烧炉、非法的垃圾倾倒行为以及4 000家官方垃圾填埋点所造成的污染。我们没有合适的办法制裁垃圾行业的“牛仔”，因为我们无法对我们所产生的东西进行处理，而我们的垃圾填埋点也快用完了。[202]土地压力已迫使怀特岛(Isle of Wight，英国南部的一个小岛，为一独立郡——译者)回收其40%以上的废物。通过将有机物分开再进行堆肥，该岛已成为一个发展迅速的地方和盈利的有机蔬菜产地，而且也是英国回收垃圾成效最好的一个地方政府。[203]而城市的做法远不如这里。

到目前为止，可持续发展原则尚未应用于土地和建筑，因

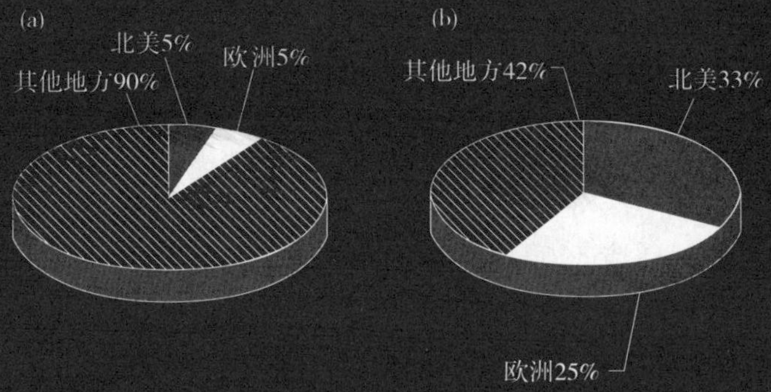

▶图5.2a：世界人口的比例
来源：联合国环境开发署(2000)

▶图5.2b：世界二氧化碳——主要的温室气体——的排放比例
来源：联合国环境开发署(2000)

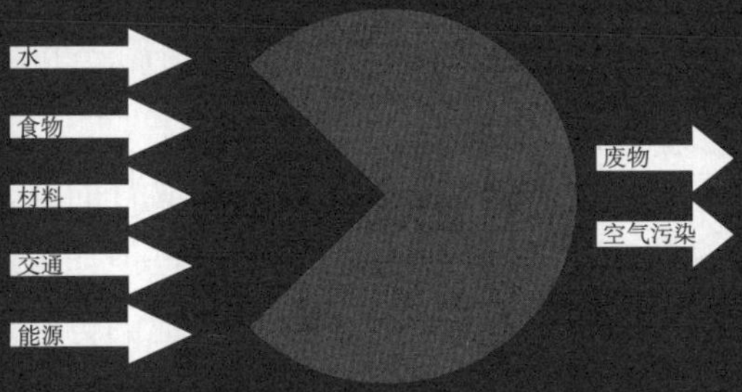

▶作为消费者的城市
英国的大多数城市的资源消耗无效率（线性新陈代谢[linear metabolism]）
里查德•罗杰斯与安德鲁•莱特合伙公司

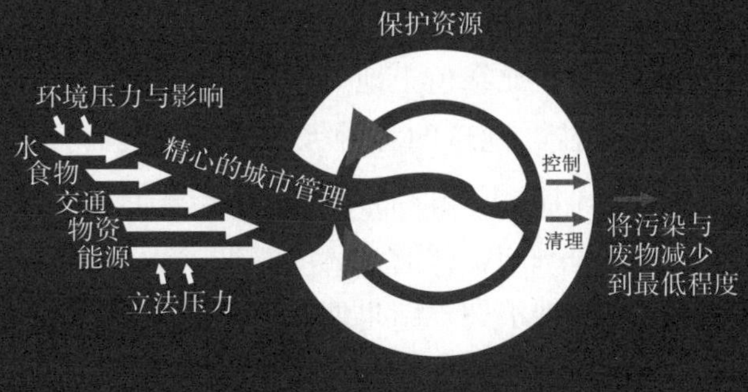

▶保护城市资源
城市可以通过回收资源而得到持续发展（环形新陈代谢[circular metabolism]）
里查德•罗杰斯与安德鲁•莱特合伙公司

为人们向来认为，只要有土地就可以使用。经济成本不能反映环境成本。[204]因此，我们——尤其在城市里——将建筑物、使用过的土地、工业废物和其他成千上万毁坏的、使用过的产品丢弃到城市环境里和广袤的土地上。实际上在多数情况下是不必这么做的。对土地、建筑物和废物谨慎地再利用不但可以使我们的环境改观，使我们的城镇发挥效用，而且可以改变我们对城市的普遍态度。只要精心照料，建筑物的生命可以比预期的长两倍或三倍。皮博迪基金会(Peabody Trust)仍然在反复使用其密集的街区，虽然这些地方已有150年的历史，但都住满了人并且受人喜欢。伦敦的巴恩斯伯里区(Barnsbury)和纽卡斯尔的杰斯蒙德区(Jesmond)有200年历史的排屋说明，对土地和土地上的城市加以再利用是可行的。

政府的目标是，把60%的新家建在棕色地带或现有的建筑区内，因为我们需要对建筑密集的土地加以再利用，但如果不对城市再利用的话，这一目标是不会实现的。对土地的再利用只不过是更为广泛地再利用能源、材料和建筑物的一部分。我们还需要减少温室气体排放、削减取暖与加工方面的能源浪费，创造有效的公共交通，这样才能形成一个有利于城市的、环境方面可持续的战略。

▶对土地和建筑的再利用：利兹市罗斯码头运河边的货舱(建筑师：凯里•琼斯[Carey Jones]；开发商：卡迪克斯[Caddicks])
威克费尔德的保罗•怀特图片社(*Paul White Photography of Wakefield*)

城市的棕色地带往往比绿色土地更值钱，使用得当的话可以产生广泛的社会效益。地球的各种系统有赖于再循环与更新。从传统上讲，人们由于交通、采掘和生产手段方面的限制，一直不得不进行再利用。我们一味地发展，极度地增加大规模生产的物资，尽情地消费，结果使我们都忘掉了再利用的习惯。我们的废物堆积越来越多，我们耗费资源的速度比其再

FRAGILE

生的速度要快得多。[205]

138 捕捞鲱鱼

我们因过度消费和浪费土地而造成的环境风险与过度捕鱼有许多类似之处。开发商对土地所做的事情就如同1970年代渔民对爱尔兰海的鲱鱼的所作所为。随着鲱鱼的储量与捕获量的急剧下降，禁止捕捞鲱鱼势在必行。渔民的反应则是更加使劲地捕捞，因为他们知道过不了多久一切都得停止。科克郡(County Cork)的克利尔岛(Clear Island)上世代捕鱼的人把海洋捕捞个精光，因为他们无法阻止外国的拖网把剩下的鲱鱼群连窝端掉。然后政府强制实施了禁捕，科克郡的一代人开始遭受严重损害。后来储量开始恢复，但掠夺式和无控制的竞争所造成的过量捕捞又成为一大威胁。到现在鲱鱼仍然没有恢复其作为“穷人的美味”这一地位。过多捕捞的状况需要采取更为广泛的行动。不然的话，一个渔民的生活会因为其他许多人而陷入困境。[206]

同克利尔岛上的渔民一样，开发商也都知道现在的风气是越来越反对绿地开发。他们明白土地是会用光的。他们知道环境压力已不堪忍受。因为无法阻止其他人从事绿地开发，但开发商们可以限制其他人的“开发量”，不然就像渔民那样大家都完蛋。在这种形势下，政府建议将60%的住家建在回收的土地上，安置在再利用的建筑里，目的是试图维持城市平衡。这一过程中的关键运作者就是地方当局，因为它们控制规划。纽卡斯尔的大开发商们已经请求在内城复兴中起更大的作用，并且在减少绿地建设。他们已经看到风在朝哪个方向刮了。[207]

▲前页
城市废物——经济成本无法反映环境成本，纽约
尤金•理查兹/马格纳姆
(*Eugene Richards/Magnum*)

可持续发展是人人都想要的目标，却是没人愿意做的事情。我们城市的严重问题越积越多，说不定哪一天就会到达突 139
然失控的临界状态。我们也许已别无选择，唯有更为严格地实施棕色地带开发目标。正因为绿地建设，我们的内城被废弃的速度在加快。人口日益减少的街区的居民谈论着废弃这一“癌症”，说“传染从街对面蹦了过来”，因为他们眼睁睁看着自己财产的价值在暴跌。[208]

过度开发——环境风险

不仅英国、欧洲和北美面临城市与环境的双重问题，而且这种变化正横扫全世界，影响到所有地方的城镇。图5.3显示了目前世界人口与城市人口的增长情况。随着西半球与北半球向去城市化方向发展，城市人口增长主要出现在南半球的发展中国家中。这种变化幅度之大，环境后果之严重，已使得“可持续”一词到处成为人们的口头禅。

过度开发的危险同开发不足的危险一样严重。过度消耗和过度浪费与四种主要变化相关：全球经济变化、不平等、人口迁移和环境威胁。

全球经济变化的效应前所未有。我们现在的生产能力、富裕程度、流动水平和相互联系的程度比20年前要大得多。技术已经取代了从前的许多低技能工作，工业生产越来越转向更新的经济领域。但是，全球经济除了给我们带来富裕和自由，还导致了空前的不平等和混乱现象。[209]它们给西方城市中的最贫穷街区带来了一些极为严重的后果。[210]我们现在才刚刚开始意识

◀伦敦街头洗车的儿童
EPL/乔•劳伯里(*Jo Lawbuary*)
环境图片社

到我们需要多么谨慎地朝前迈步。

国际人口迁移的增加——尤其是穷人——加重了发展的不 141
平等。世界上5/6以上的人生活在发展中国家，这些地方人口快速增长、城市规模激增、极度贫穷随处可见。人们为了寻求工作而横跨全球。每年有大约100万新移民抵达欧盟，另有100万前去美国。大多数人都来自发展中国家，[211]其中1/3至一半为非法入境者。发达的城市吸纳了这些合法与非法的移民，而他们则在凄惨的境况中奋力与西方被裁减的工人竞争越来越少的低技能工作职位。与此同时，这些城市的拥挤与高成本问题日益将制造、计算与高技术工作从西方发达国家挤出去，迁往发展中国家。人口与投资的这种双向流动将问题都集中到城市，使城市不堪重负。1990年代末，西班牙、法国、德国与丹麦等国的骚乱就是由移民导致的民族关系紧张引发的。[212]

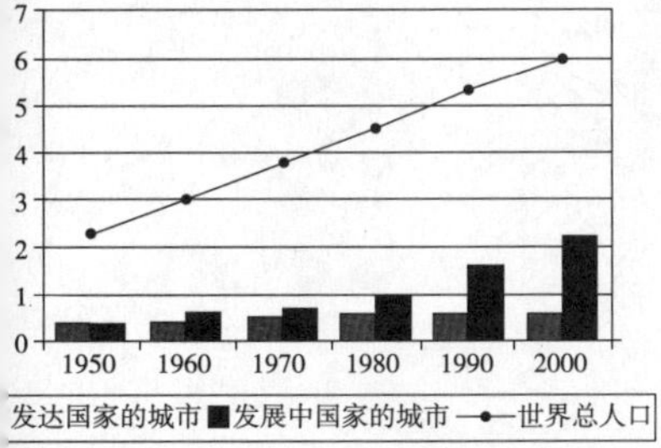

▲图5.3：世界人口与发展中国家和发达国家的城市人口
来源：世界银行（2000）

如我们在第二和第三章所说，城市人口的向外迁移部分是由于穷人的向内流动导致的。这种社会与种族的两极化及其导致的不平等影响到我们所有人。我们都依赖城市，即使我们不生活在其中。保持城市的健康与正常运作，对经济的继续发展与可持续性至关重要。由于这些原因，欧洲国家——包括英国——的政府大量投资于城市的环境、经济与社会复兴。美国经济繁荣，其城市则在激烈的种族分裂中萎缩，而社会与环境成本则尚未计算。美国的处女地用之不尽，所以美国人可以丢弃他们的城市。然而，他们现在也试图使城市“再成长起来”。[213]

城市与市镇能够成为最有效率的、对生态最敏感的、起到 142
最大平等作用的环境。过去一直是这样。[214]我们可以使城镇适应21世纪的人口与消费压力。如果我们紧密地生活在一起，我们就可以容纳更多的世界人口，使用更少的能源，集中物资与服务，设计出对生态敏感的建筑，更为有效地四处流动。[215]但是，城市对资源无控制的消耗和对废物的大量生产已成为全世界当今两个最大的环境威胁。这些行为大规模导致的全球变暖已是所有科学家所承认的现实。我们已意识到必须改变我们的行为方式。[216]

这四种趋势——全球经济压力、不平等、人口迁移和环境威胁——使得英国政府所制定的目标——将至少60%的新住房建在棕色地带——成为绝对的最低限度目标。即使我们将绿地建设削减至40%、提高土地使用的密度，我们仍然在侵蚀有限的土地供应。政府这一目标的制定等于承认有些新的住房将继续建在绿地上，但我们必须扭转我们对城市的态度，面向更具持续性的未来。这为我们的工作提供了一个基线，而不是一道遥远的彩虹。

要弥补我们所造成的破坏，不仅仅是清理与回收土地，使其变得适用。城市还需要天然的再加工，以恢复空气、水与动植物生活的平衡。如果没有广袤的陆地来恢复城市环境的平衡，空气与土地污染和“水压力”——水短缺、洪水与水污染——等问题就会更加严重。[217]过度消费所造成的许多效应要花很长的时间纠正。多瑙河流经11个国家，其两岸现在建设得密密麻麻，工业废物的污染如此严重，已不再能起到生态净化
143 器的作用了。更为糟糕的是，巨大的水坝引发用水方面的争议，同时引起淤塞和黑海鱼类的减少。其后果已极为严重，因此，世界银行、欧盟和联合国正合力寻求解决办法，以恢复环境平衡。[218]只有绿地不被占用，恢复才能进行，而保障绿地的

唯一之道就是去保护它。

我们既需要保护土地，也需要再利用土地。1993和1998年的里约与京都高峰会议使许多政府——包括我们的政府——都得到启示。作为对京都会议的反应，日本正在改变其建筑条例，使其房屋不像目前那样只能维持20年，而要像我们的房屋能维持70年。为了支持其短寿命的建房方式，日本已成为世界上最大的热带雨林木材购买者。[219]发达世界需要对能源与土地使用采取更为爱惜的、计算实际成本的方式，这样才可能实现可持续发展。目前存在着一种各自为政的严重局面。我们知道，城市、社区与国家在社会、物理、经济与环境障碍方面能通力合作的话，才能有效运作。各大洲之间也越来越面临这种抉择，[220]因为气候变化导致的自然灾害增加，而气候变化又由能源的过度消费——主要是西方国家——所导致。[221]

要使人们意识到我们必须再利用土地，也许就得动员那些更具雄心的人到城里去，就得扩展和再融合人口，创造更多的财富，弥合阻碍各种机会的种族分裂，就得向这种传统的智慧挑战：我们可以过度使用城市，然后再把它们废弃。社会生存原理与环境问题是互相关联的。华盛顿布鲁金斯研究所的布鲁斯·卡茨(Bruce Katz)是美国政府有关城市问题的顾问，他提出三条停止城市扩展、改变城市平衡的理由。首先，穷人都集中在城市里，只有通过人口的更加融合才能提供更多的机会让穷人进步；第二，经济受到老龄化人口的影响，郊区现在日益缺乏劳动力；第三，自由联系才会导致城市生活，而自由联系要 144
求城市中心及其周围的机构与公共空间能提高人们接触的密度。而第三个理由是前两个的基础。[222]

人类的足迹

许多环保主义者认为我们所造成的破坏已经够大的了，因此，现在每做一件事情都应是恢复性的，即所有方面都要避免进一步发展。极端分子甚至愿意为经济的零增长而战，甚至为了实现这一目标而试图打破全球的资本主义体系。[223]但没有多少人希望停滞不前。人们也不愿意让时光倒流。因为虽然环境已使发展受到限制，经济与社会方面的因素也制约了我们为扭转现代社会滚滚向前发展而作的努力，因为现在消费主义盛行，人们普遍对国际竞争感到担心。我们要生存下去，就需要成千上万的工作职位，这一切都须臾离不了现代经济、令人满意的劳动力和比较自由的市场。冲突导致了政治僵局，在此状况下每一个发展性决策都成为零星之举，目的是想同时改善我们的环境与经济运作，结果却使我们更加接近有限资源与无休止扩展之间所造成的不可避免的冲撞。然而，从长远意义上讲，发达的后工业经济国家的就业，既取决于自由流动与扩展，也在很大程度上取决于高水平的技能，取决于环境保护，取决于一切的邻近性，取决于良好的公共服务与优美的环境。而环境的保护则是至关重要的。

开发与建筑所造成的影响无处不在。现代活动——包括精耕细作的农业——所产生的噪音、气味和废物弥漫到英国的每一片地势低的地方。我们的许多城镇与乡村之所以仍然迷
145 人，是因为受到大力的保护。这说明我们应该限制不必要的开发，保护我们的城镇，同时为满足新的需求和实现紧迫的环境目标而重新塑造我们的城镇。

现在的主要争议，不再是我们是否需要减少城市对乡村的

破坏，而是我们还能走多远。以前也出现过种种警告，而世界并没有因此崩溃。[224]但科学家现在认为，全球变暖明确无疑，我们得花半个世纪的时间才可能使破坏开始出现逆转。像政府的首席科学顾问罗伯特•梅爵士(Sir Robert May)这样的杰出科学家警告说，变化正在加速，其影响日趋严重。[225]

许多最令人不安的破坏迹象包括英国燕雀的消失，阿尔卑斯山冰冻岩床温度快速上升，格陵兰岛海岸附近冰架的不再形成，灌溉土地盐分的过度化以及由此造成的生长力的下降[226]，等等，其原因不为外行人所明白，其后果将祸及我们这一代之后的许多代人。除非我们从许多小处加以改变，不然上述现象难以治理。

我们等于在数百万年的自然资本上赊账花钱呢，根本不知道啥时会把这笔钱花光，也不知道我们的生态系统陷入赤字后会出现何种情形。[227]我们在使用资源时不付成本，就是因为我们不知道我们的贷款余额或债务到底有多大；因此，我们的做事方式就好像我们的环境系统——尤其是土地——是一个可以不断扩大的资源。如果我们的设计与组织方式，能够有利于实现紧凑的而不是分散的目标，这一资源就能够支撑密度更高的发展。本书第6章将进一步讨论这点。

许多人将土地看做是现在可以利用的资源，无需为不可预
知的未来加以保护。正因为我们没有很认真地监控我们所造成 146
的破坏，也没有用我们现有的知识去改变做事方式，所以我们是以不可持续的方式使用土地。因为人类的需求极无组织性、贪得无厌并且会引发冲突，所以我们对城市的管理与使用方式也是不可持续的。我们本来是一起到城市的，现在却容许

不同的群体分散开。[228]但是，如图5.4所示，预防环境破坏的成本要小于事后清理所花的成本。

为什么态度在转变？

因为一览无余的地平线——没有建筑物、公路、铁路、路标塔、电站和其他发展的堆积物——越来越罕见，所以英国与欧洲其他国家的态度正开始发生转变。在英格兰，只有一些国家公园和为数不多受保护的风景区得以幸免，而即使在这些地方，开发与交通压力也可能很大。[229]在城市区域随处可见用临时围篱圈起来的空荡的工地，窗户破碎、门面破败、没人愿意要的建筑，关闭的商店、工厂与库房，还有废弃土地上大片大片的停车场，以及使人们相形见绌的柏油路和往来的交通(图5.5)。因此，我们的建筑区域看上去无人料理，而我们的乡村则开发过度。

与此同时，居民点无论大小，周围都在建新楼。新的住房不断矗立起来，往往150或200家为一群，占满了土地也破坏了土地。这些住家一般是独立式的，邻里之间有几英尺的空间；家家有很宽的车道、双车库和大面积的转弯区。新的私人住宅能提供许多家庭喜欢的住房。儿童可以在路的尽头玩耍；人们很快相互熟悉起来；如果有车的话，这种郊区住房就是保险的投资。但如果密度能比现在大一半的话，就会占地
148 更少、耗能更小并能减少对汽车的依赖，也就会更让人喜欢（见第六章）。丹麦人现在竭力反对独立式住房。[230]我们也可以这么做。

▶图5.4：清洁生产经济学
来源：拉伯银行(Rabobank，荷兰的一个银行联合机构——译者)（1998）
注：清洁生产的成本会逐渐下降，而控制污染、事后清理的成本越来越高，因为实行了新的管理条例。所以现代工业正转向清洁的生产。

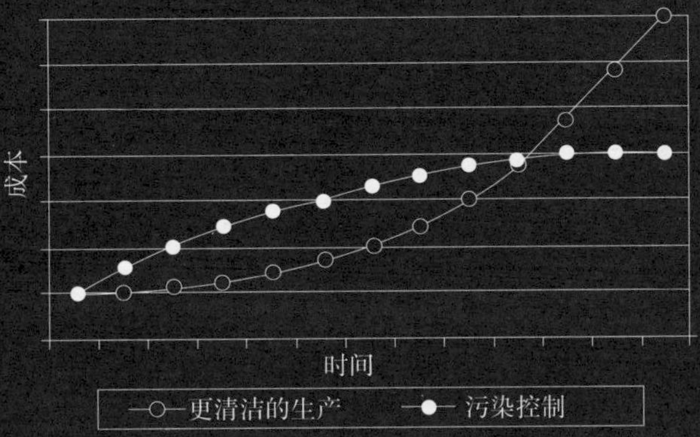

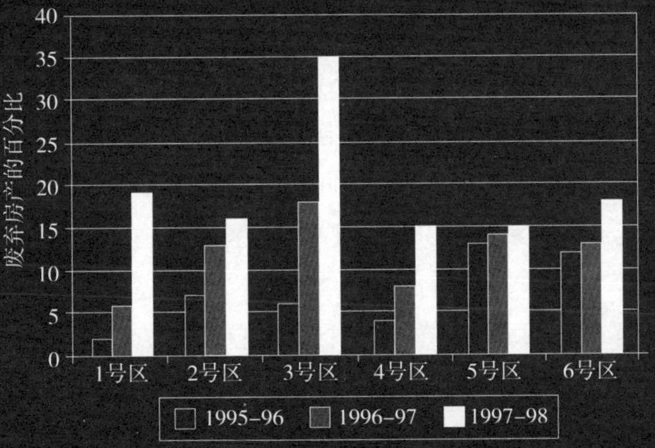

▶图5.5：1995—1998年间纽卡斯尔和曼彻斯特六个小区内废弃房产比例的快速变化
来源：鲍尔和芒福德(Power, A and Mumford,K)(1999)

过去20多年中，大约有200万个家庭搬进了郊区的新家。这意味着，平均而言，全国的每个街区增添了三个新住宅区，每个住宅区的家庭数为100～200，这些街区一般有3 000个家庭，居民有7 000到9 000人。这等于每个社区每隔七年开发出一片新的地方。到处搞建设的现象的确不是虚言。但是，建筑区域的分布并不均匀，绝大多数都使用了绿色土地。

我们使用土地颇为慷慨——为了使投机者、开发商和最终住在这些土地上的人得到好处，结果用这种麻木不仁的侵蚀方式扼杀了乡村的宁静。1900年的问题是过度拥挤，现在的问题则是空间利用不足。但许多新房屋修建在人们不想要的区域；有些在空置、卖不出去或租不出去。北方与中部的一些内城街区房价的暴跌说明了城镇与乡村这种竞争的荒谬性，因为它将人们从日益空荡的城区中质量好的住房中吸引走了。[231]两年来我们眼看着这种典型的恶性循环在曼彻斯特和纽卡斯尔展开，在住家数为35到50户的街区和街道上展开。

我们攫取绿色田野时，等于在犯一个有违自己初衷的错误，即忽视了闲置的建筑物和棕色地带。在全国大多数地方，我们还远远没有实现利用60%棕色地带的目标。伦敦实现了85%的利用率，只不过是因为再没有绿地可用了。但这也说
149 明现代城市有巨大的潜能。[232]新的规划导向是可以改变这种处境的，因为只要还有棕色地带可用，地方当局就不应该发放使用绿地的许可（见第六章）。

过度供应与曼彻斯特综合征

带花园的房屋的合适密度应该是每公顷40到60家，这可以从人们购买旧一点的、更靠近市中心的房屋的价格中反映出来，因为其密度正是这样。第二次世界大战后我们的标准是每公顷40到60家，到1980年代成为每公顷25家。因为我们的规划体系降低了建筑密度，发放了更多的土地，郊区政府竞相吸引开发项目。[233]西北地区的经验就说明了绿地发放过多的后果，因为这里可用的棕色地带最多、需求最低、空置的房产数量最大。规划体系发放土地的速度快于对住家所作的预测；开发商建造新房的速度快于新家庭的形成；现有空置的房屋数目之大，既说明我们所预测的需求很小，也说明所预测的新供应很小。这一地区的一些重要的地方政府表示，预测出现——不是实际会有的——每一个新的家庭，就会有大约20个房产的**剩余**。[234]因此，西北地区——英国最大的都市区——的每一个城市与工业镇便理所当然地出现了大片围圈起来但质量完好的住房，以及大规模的拆除，对贫穷内城街区的废弃，对城市景致的大破坏。图5.6清楚地显示了住房的过度供应，它们大多建造在绿地上。这是社会排斥部(Social Exclusion Unit)的行动小组在调查不受人欢迎的住房后所披露的最重要的一个证据。

曼彻斯特、索尔福德、普赖斯顿、利物浦和伯肯黑德(Birkenhead)的大片地区以及这些城市之间的许多镇都受到了这种影响。在绿地的过度供应、低密度的建筑与城市的废弃三者共同作用下，人们越来越想搬出去，也使人们越来越有能力 151 这么做。西北地区大都市区的房屋价格是全国最低的。[235]从城市流向新郊区的动力要比流向南方大得多，艾伦•霍耳曼(Alan

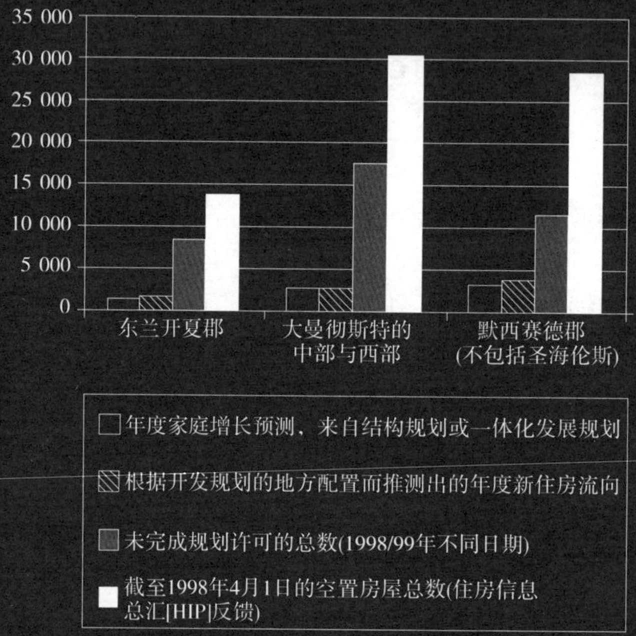

◀图5.6：西北地区的住房提供说明了新房屋、土地与空置住房的过度供应
来源：环境交通与区域部(1999n)

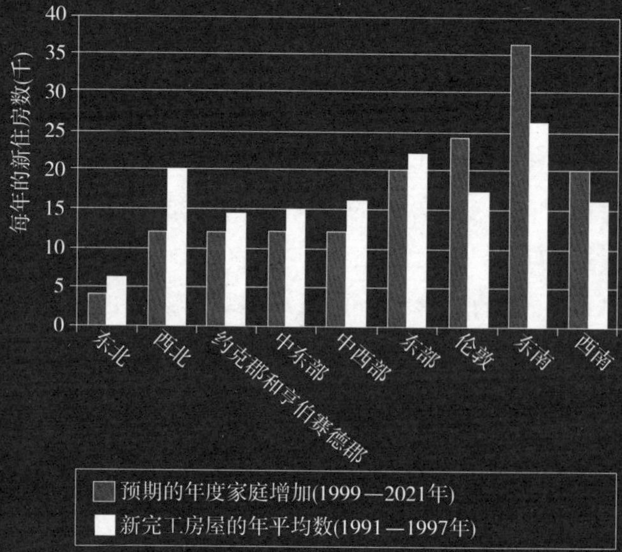

◀图5.7：预测的年度家庭增长率与住房建设完工的过去趋势的比较
来源：城市工作特别组(1999)

Holman)在剑桥房产所(Cambridge Property Unit)所作的研究证明了这一点。[236]

城市里空荡的、未使用的空间会招来麻烦：破坏行为、火灾、非法活动等。[237]极端的社会两极分化、反社会行为和无法管理的城市状况使内城街区陷入困境，它们在面对有大量补贴的新绿色地带住房的隐性竞争时，只能努力实施一些力不从心的复兴工程。伯恩利(Burnley)、博尔顿(Bolton)、彭德尔(Pendle)和科恩(Colne)是兰开夏郡以前的四个纺织镇，靠近曼彻斯特，现在正与几个大型的绿地开发项目作斗争，因为这些项目不但会破坏它们的乡村景致，而且会使这几个镇遭殃。

除了西北地区，其他地方也开发了更多的土地，建造了更多不需要的房屋；如泰恩赛德(Tyneside)和蒂赛德(Teeside)、约克郡和亨伯赛德郡、中西部与中东部。这些地区的政府必须提高棕色地带的使用目标。图5.7显示了最近的房屋建设速度和预测的家庭增长率的比较。只有伦敦、东南部和西南部的建造速度低于家庭形成的速度。

我们在无可奈何的情况下才会进行再利用，而不是自愿这么做。对待垃圾与垃圾填埋点是这样，对待纽卡斯尔与北泰恩赛德的住房也是这样。只要有土地供应，从零开始和从零建设总是容易些。购买房屋的人愿意选择可预知的新的城外住房，而不愿选择没有明确性的旧的内城住房。回收利用牵扯到精心的计划与操作；要求社区的参与和支持；既需要较低收入的人，也需要更为富裕的人；涉及复杂的合伙关系及土地准备
工作（参见第六章有关处理内城旧址的内容）。只有当回收利 152
用的成本低于建新房的成本时，人们的习惯才会发生决定性的

改变。

供应导致需求

政府认为目前的这种事态应归咎于土地使用方面的“预测与提供”方式。政府根据目前的趋势预测未来25年里会有多少新的家庭诞生。根据这些“预测”，政府要求地方当局为建设开发预先准备足够的土地，以满足未来的——但尚未形成的——需求。但住房需求随经济状况波动。预测的家庭数目中至少有1/4也许根本不会形成，因为这要取决于社会与经济条件。[238]例如，现在分手的两口子找到新伙伴的速度要快于预测的速度，从而会减少需求。失去助学金又会使更多的学生住到家里。相反，有些家庭的形成只是因为有房屋可住，特别是在一些低需求区域。

在高需求区域，对住房的竞争将房价抬高到低收入家庭无力购买的地步。房屋短缺问题会鼓励人们共住，同时则会造成压力，尤其对低收入工作者和贫穷家庭而言。这一模式在全国呈现出不均匀状态，从而使人们难以作出准确预测，会使计算的误差达到成千上万的数量。[239]

因为我们的体系允许使用的土地要多于满足未来需求所需要的土地，开发商就会制造一些“土地银行”，这样就可以进行若干年的规划，以满足未来的需求。[240]这种情形有利于绿地开发而不利于棕色地带开发，因为绿地的使用更便于预测、
153 更容易开发，而且在许多情况下已被“储蓄起来”。如果政府因为担心住房短缺——这种情况的确反复出现——而鼓励建房，规划者就会四处寻找土地，然后纳入他们的开发计划

中，建筑商就会在上面建房，而不会设法从事更为麻烦的回收利用工作。规划体系中的多余土地会鼓励低密度建房，就是因为有土地可用。[241]此外，规划许可会改变农业用地的价值，因此它使农民们越来越急于出售土地。投机者仅仅因为土地价值的提高就可以获取暴利。

棕色地带除了会增加成本，还有内在的不利因素与风险。纽克斯尔的发展战略是，将企业管理人员的住家建在城北以前的绿色地带，因为这里更能吸引开发商，也因为他们担心高收入的人不愿意搬回到日益空荡的城里。但是，仅仅通过从市中心开始向外回收利用内城不一定就会导致实际的发展。因为周边的开发已经破坏了城市。如果我们设计出一个“可持续的”资产负债表，棕色地带开发的收益就会大大高于其成本。参见图5.8。

家庭的缩小导致新的生活方式

家庭规模的缩小使得棕色地带的建设更为可行、更有吸引力、更加有必要。这样市中心因为有更多的人生活在其中而愈加诱人。郊区那种长长的、一排排几乎没有任何区别的“家庭住房”就不太吸引人了。这样做还可以改变密度的含义。我们现在的人口增长十分缓慢，但自1970年代以来，按每公顷土地上的家庭数算，我们建房的密度却减少了一半，同时每公顷的人数则减到原来的1/4。我们预测未来25年里需要再建造将近400万套房，但这些新增的家庭即使真会形成，其中几乎3/4也将是单身家庭。

成本/障碍	收益/好处
• 使用复杂、所有权复杂	• 相互连接的、有联系的位置
• 需要与已经存在的东西匹配	• 是历史性城市框架的构成部分
• 存在着废弃的、遭破坏的基础设施	• 可以对许多现有结构进行再使用 — 土地 — 道路 — 环境 — 建筑材料
• 地点的大小与形状难以处理	• 更加令人感兴趣、更有挑战性的地址
• 难以到达、交通不便	• 更加接近其他活动
• 要求更为严格、更加复杂的规划——两者都费时间	• 有利于城市的再建
• 由于周围东西距离近，设计与使用受到限制	• 设计有挑战性和潜力——需要想象力
• 污染问题——程度或低或高	• 有克服大多数污染的手段
• 成本高、缺乏积极性	• 有实施领先性能源与交通规划的潜力
• 因环境问题售价不确定	• 销路很好的产品——还能有一些存储
• 不优惠的补贴与税收	• 可得到城市复兴资金

▲图5.8：棕色地带开发的成本与收益

预测出现的单身家庭中将近一半是买不起房子的，这说明 155
我们也许得寻求新的方式建房和改造现有住房。[242]伦敦的经验表明，出于社会与经济原因，许多单身者实际都在共住房屋。

这一变化模式使建筑物密度与人口密度之间相差悬殊。由一百个住户构成的一个私人住宅区原本是为了在其三居室房屋中容纳300人，而现在也许只会住220人。无论是私人还是公共住宅区，人口密度的下降造成一种空荡而了无生气的感觉。从另一方面说，如果住宅区是为有孩子的家庭建造的——这实际上是郊区开发商的主要市场——那么，就会充满年轻的生机，100所房屋也许会有150到200名儿童；总人口会有400人。有学龄儿童的家庭喜欢这种住宅区，但老年人和年轻的无孩子的家庭则不喜欢。或许有孩子家庭与无孩子家庭的需求差距越来越大。

然而，有孩子家庭现在只占家庭的一小部分。我们从现在开始所需要的住房是为了满足正在形成的新的更小的家庭。开发商已经在市中心四处寻找合适的位置，因为这也许正是大多数新的单身家庭想要的地方，也是单身年轻人自然聚会、结识新伙伴的地方。虽然大多数人在某些时候都需要独处，但大家都需要与人接触、需要他人的支持。孤身生活的人尤其是这样，而我们大多数人在一生中的某个时候都可能会独居。我们分离到一定地步就会破坏相互之间的联系。需要有一定规模的人数才能够支撑各项服务，因此，就需要诱使老年人和年轻人生活在更为紧凑的街区上的基本设施附近。鉴于这些变化趋势，有些开发商将一些新的住家建成“奶奶”和“学生”公
寓。德国的一些研究也发现了类似的变化。[243] 157

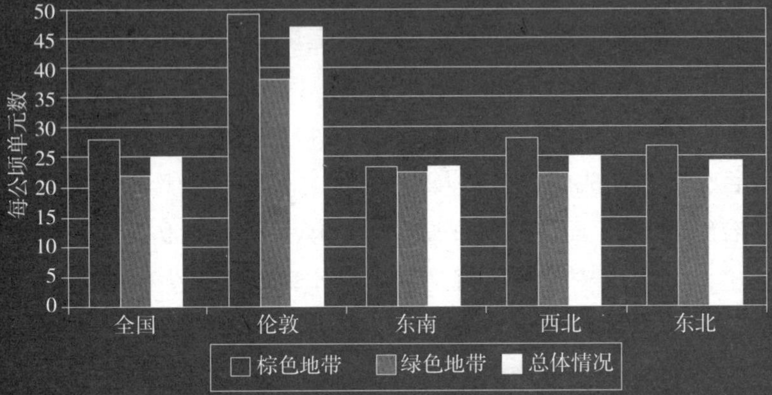

◀图5.9a：新住房开发的平均密度（根据1998年之前的趋势）
来源：城市特别工作组(1999)

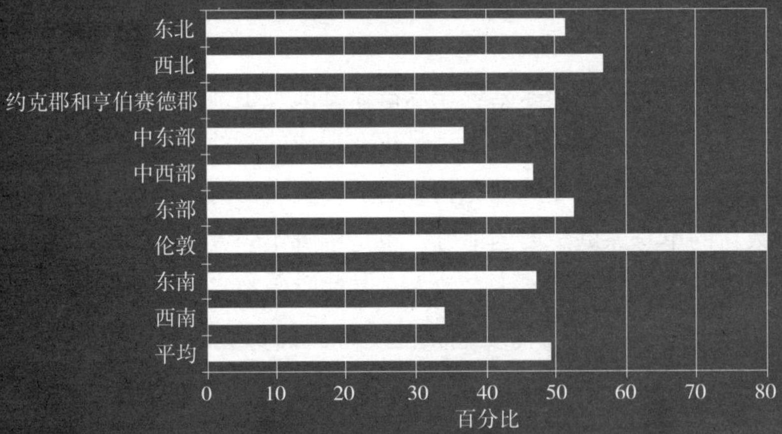

◀图5.9b：1994年回收土地上的新房屋比例
来源：城市特别工作组(1999)
注：自1994年以来棕色地带建房的比例有所上升，但仍然低于60%的目标。伦敦则远远超过了这一目标。伦敦规划顾问委员会提出的证据表明，伦敦可继续维持很高的棕色地带建设比例

但是，我们解决城市铺展问题的速度太慢。从1991到1996年，只有40%的新房屋是建在城市棕色地带上的。转化为住宅用地的绿色土地有1/10来自于“城市绿地”，即城镇里宝贵的、以前没有被建设占用的空间。建设区域之外的密度非常低，60%的绿地只产生了不到50%的新住房。[244]所使用的乡间绿地中有大约40%被柏油路和车库占了。

这种分散型的新开发，再加上乡间的汽车文化，对城市与乡间的各项服务都造成了不利影响，使公共汽车、医疗服务和商店等或停或关，因为更加富裕的人可以开车去购物中心、保健中心和通勤火车站。在分散的居民点提供传统的地方服务——如商店、学校和邮局——是无利可图的。图5.9a显示了伦敦城外建设极低的密度，而绿地上的建设密度更低。图5.9b显示，根据最新数字，除了伦敦，其他地区都没有实现棕色地带的建设目标。

许多人认为，没有足够的棕色地带可满足需求，我们的许多旧工业场所已被回收利用，回收成本太高或者这些地址都不在合适的地方。但即使一个小岛也有许多地方可派上用场；良好的交通可将大多数区域连在一起。土地和建筑以前的用途消失后还可以反复使用许多次。回收利用的潜力是巨大的，政府新近对泰晤士河口感兴趣就说明了这一点。[245]东南部许多大型的废弃场所都位于泰晤士河入海口区域、离伦敦只有几英里的地方（图5.10）。我们已经为这一地区提出了一个宏伟的交通方案。[246]潜力是巨大的，但要实现这一潜力，则需要大胆的构想：将紧凑而融合性的新开发方式移植到旧的地方。[247]

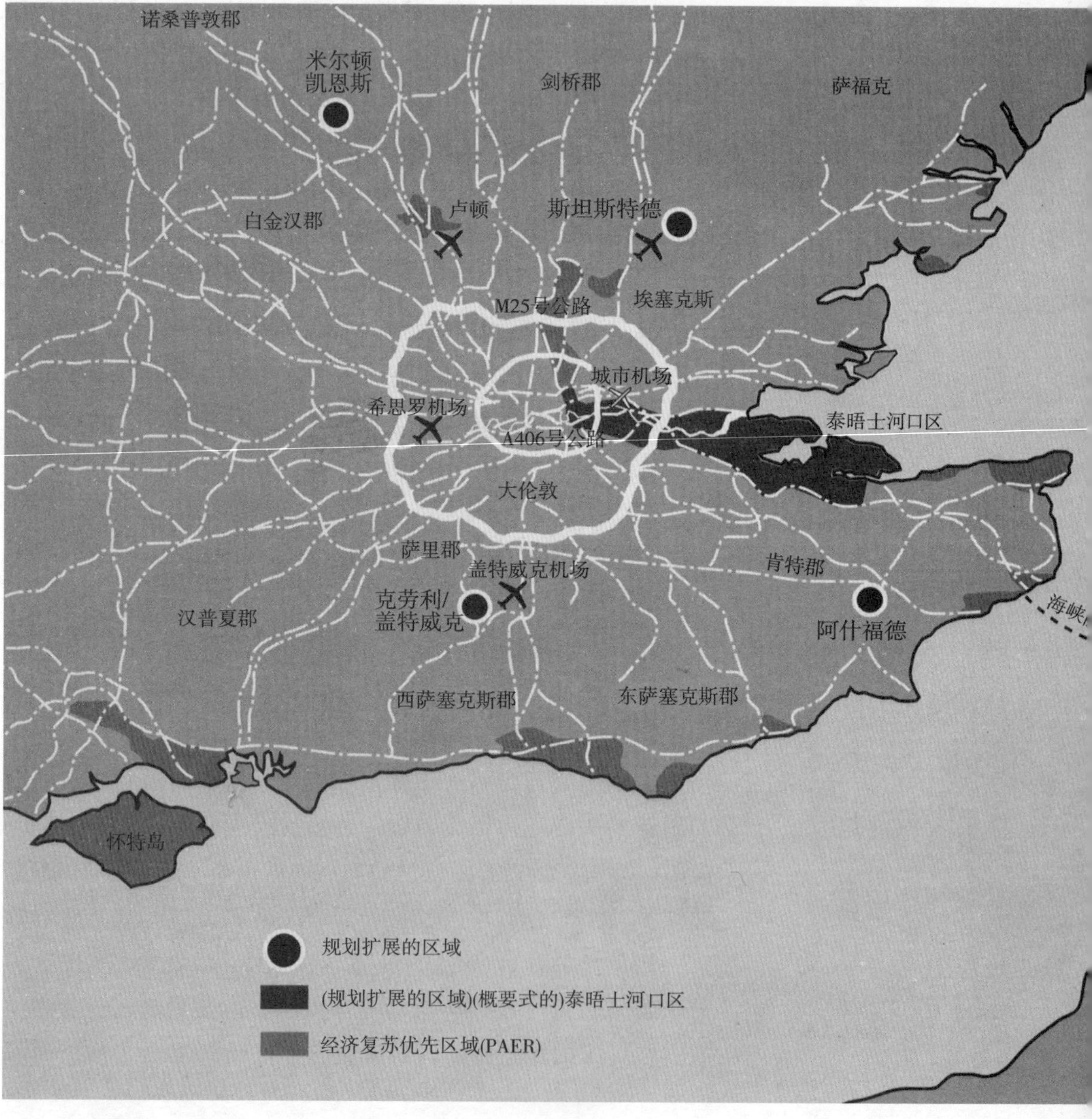
诺桑普敦郡
米尔顿
凯恩斯
剑桥郡
萨福克
卢顿
白金汉郡
斯坦斯特德
埃塞克斯
M25号公路
城市机场
希思罗机场
泰晤士河口区
A406号公路
大伦敦
萨里郡
盖特威克机场
肯特郡
克劳利/
盖特威克
汉普夏郡
阿什福德
海峡
西萨塞克斯郡
东萨塞克斯郡
怀特岛
规划扩展的区域
(规划扩展的区域)(概要式的)泰晤士河口区
经济复苏优先区域(PAER)

问题带来的成本

公共机构与新近私有化的公用事业机构需要提供新开发所需的大多数重要基础设施，并为其出钱，从而将新的住家与基本的服务项目联接起来：道路、下水道、路灯、水、煤气等；还得提供学校、保健中心、警察局与其他标准的服务内容。虽然开发商经常能够负担场所开发的直接成本，并且会为社区的设施支付一定费用，但他们不会负担更为广泛的和长期的成本。学校与交通就是两个明显的例子。广大的社区必须为城市蔓延扩展的许多项成本出资。

在大多数情况下，开发商在其私营方案里回避提供便宜住房的要求。他们往往会交换场所，或一次性支付费用，或者在别处提供社区设施，从而将公共住房分隔开了，建在人们最不喜欢的地方。规划当局应该像荷兰的同行那样，坚决要求在开发项目中纳入一部分协商达成的便宜住房。新镇的经验表明这样做是可行的。[248]

◀图5.10：泰晤士河口区：城市的巨大潜力
来源：环境部（1995）

有充足的理由说明，我们应该对棕色地带旧址进行复合和多用途的再利用，这种做法能将新开发与更广泛的环境联系起来，使开发商意识到如果他们想成功地销售住房的话，就应该将目光放长远些——包括恢复现有基础设施与服务项目的活力。厄本•斯普莱什(Urban Splash)是北方的一位有创意的开发商，他正在曼彻斯特、利物浦和纽卡斯尔回收利用前工业时代的那些庞大的建筑。这种做法是可行的，因为开发商汤姆•布劳克斯汉姆(Tom Bloxham)一心要实践更为广泛的城市复兴思想，要恢复运河、提供新居民所要求的各项服务与安全感。[249]

政府部门里没有任何人能弄清楚对绿地开发的隐性补贴到底是多少。财政部的官员并不监督直接或间接成本，地方当局或环境交通与区域部似乎也没这么做。但是，美国对每一个“铺展性住房(sprawl home)”的补贴数字是25 000美元，说明我们这里的数字至少同样大，因为我们对基础服务的公共支持力度要大得多。同时我们又要付出这样的成本：让贫穷的城市街区维持下去，尽管其人口日益减少、其贫穷程度日益加深。最为贫穷的内城区域的教育成本要比全国平均数高得多。[250]甚至这里的社会服务与社会保障的行政管理成本也要高些。[251]但主要成本源于城市贫困的集中以及我们必须在越来越分散的新区域里提供相同的服务项目。街区越贫穷，成本差额越大。[252]因此，我们在为所需的公共基础设施付出双重的代价。

如果开发商与房屋购买者不再获得对绿地开发的隐性补贴，对棕色地带的再开发就会更受欢迎。其成本也就少于绿地上同类开发项目的更为真实的成本。当然，有些绿地位置的开发比其他地方更为昂贵，而随着土地越来越稀缺，这类问题只会增加。尽管如此，在绿地被用光之前，其吸引力将继续存在。

阻碍回收利用建筑的一个荒谬事实是，开发商搞建设时可以不用缴纳增值税——这是所剩不多的完全免税的商业活动之一，而对现有住房进行维修与翻新则要缴纳17.5%的税。如果新建筑同其他商业活动一样须缴纳增值税，就会起到抑制作
5/166 用。政府不愿这么做，因为这会增加新房的成本，从而会对所有房屋的价格产生连锁效应。但如果维修与翻新活动不需缴纳任何增值税，就能更加鼓励对现有住房进行维护与改善。也许

可采取的一种选择是，无论是搞新建设还是搞维修，对所有的开发商一律征收较低的增值税。应该对此税率加以精心计算，这样既能保证财政的收入，也不会影响房屋售价。将改善与维修工程的增值税降低5%，就可以鼓励人们回收利用许多即将被遗弃的旧房屋。因此只需付出最低的成本就会有双重的收益。人们越来越支持征收环境费或“绿色税”。[253]但平衡增值税是一个简单的预备性步骤。这样的话，至少双方的竞争更为均等，对回收利用的激励也就更大。曼岛（Isle of Man，英国与爱尔兰之间的一个自治岛，属英国管辖但不属于英国——译者）已经从欧盟获得了这种特许。[254]英国本土会紧随其后吗？

翻新工程可以提高漂亮的传统街道、历史性设计和非同寻常的地面景致的密度。多项调查表明，人们都非常喜欢翻新的房产。[255]只要主体结构依然结实，翻新的实际成本往往低于拆除与新建成本——这样做可以在很大程度上平衡激励因素，而不是像现在那样对城市里的开发商加以惩罚。要挽救伦敦城内半空的、不安全的、倾圮的但结构牢固的高层建筑，每幢公寓的成本大约为50 000英镑。但要建造同等的新楼，每个单元至少要花100 000英镑，而且还要多占地。只要安全问题、能源效率、环境管理和维护等方面得到改善，即使租金提高，得到挽救的高层建筑也受人喜欢。[256]年轻的“城市闯荡者”都喜欢住回收利用的房屋，这样做也有助于保护现存的社区。废弃的建筑能提供令人兴奋的机会，新居民可以将阁楼和仓库营造成适合自己居住的公寓。这样既可以重新树立我们对城市的信心，又可以让想待下来的人不必搬家。当然我们也需要建造新的东西。

棕色地带的建设场所自然有其复杂性，因为有以前使用的痕迹，且往往位于限制性建筑格局的范围内，被交通和打乱的体系所包围，包括关闭的车站、淤塞的运河、挖掘掉的电车线路、杂草丛生的土地、废弃的机器等。棕色土地的自身问题、其状况与成本都构成了变革的障碍。正因为开发这些场所的风险很高，才有码头区域工程之举，才使得撒切尔政府成立了十个得到大幅度补贴的城市开发公司（见第六章）。有些场所受到几十年甚至几百年工业污染的破坏：包括铅、硫、气体生成物、油与其他化工废物等，其中有些是有毒的、易燃的或爆炸性的。因此，我们需要更加系统地为土地的回收利用出资。[257]

泰晤士米德(Thamesmead，伦敦的一个新镇——译者)是1960年代在一个旧的武器试验场上建成的，因靠近污染地带，所以在新镇建成之后20年里没有投资者愿意去那里搞开发。但人们以为存在的风险远远大于实际风险。泰晤士米德镇紧靠河流、有火车线连接伦敦市中心、拥有大片棕色土地，其经历说明，棕色地址的挑战与巨大潜力并存。随着泰晤士河入海口工程的展开、海峡隧道铁路线与新的跨河桥梁的修建，这一片地方将越来越值钱。1983年，泰晤士米德成为第一个成立了独立镇公司(town company)的政府住宅区，将居民动员起来、实施不同的租房制、在棕色带上搞建设。其做法为类似的地方指出了一条未来发展之道。[258]

清理棕色土地可能涉及将受污染的土壤倾倒到其他地方，
5/168 但我们现在正在快速研究处理土壤的办法。然而，这些办法现在用起来往往不经济。我们的记录要比欧洲和美国糟糕得多。[259]我们需要保障棕色场地不受过度的健康与投资风险威胁，又不

能让其他地方受污染。这就要求我们在未来20年内成立一个重 163
要的打前阵委员会(up-front committee)。对待废物的新战略暴露了这方面的许多问题，因此，也许会促使许多地方当局行动起来。在城市特别工作组的报告发表之后，英国终于开始推行一个单一的、简化的土地状况许可法，以帮助开发商跨过由各种有关废物、水、土地、污染和资源等问题的条例、法律与实施不力的管理办法所构成的雷区。[260]

棕色土地下面往往埋着大量的残渣瓦砾、旧的基础设施与其他废物，必须将这些东西清除、清理、堆放到别处之后，才可以打新的基础，建造新的基础设施。有些旧的基础设施可以得到再使用或加以改造，但大多数都已过时，如主体管道、旧电缆等。许多旧场址都存在着复杂的问题，但一般并不会出现不可逾越的开发障碍。棕色开发能够适应——并且在必要时还能保护——建筑的景致、布局及其门面。将富有想象力的新开发项目融入城市里，有助于对城市的基础设施进行再估价。这就需要精心规划及灵活地再使用现有的建筑，以实现其最大的历史性价值。[261]

商业的拓展

人们往往忘记，棕色地带目标既涉及住房，也涉及就业与商业活动，不然的话，开发干脆是行不通的。工作与住房是相联系的。值得注意的是，有些商业活动开始反对“投资的蔓延性扩展”。[262]因为这种做法导致诸多交通问题，增加雇用新工人的困难。而随着城市的复兴，城市的吸引力将更为明显。曾经容纳大企业的维多利亚时代建筑现在越来越吸引人，能提供空间、新颖性、气派，最重要的是与周围的联系。在这些建筑内部往往可以形成新企业所需要的多项服务。

▲格林尼治半岛：受污染的土地清理后可供再使用
英国合伙公司(*English Partnerships*)

◀格林尼治半岛：大圆顶周围混合的用途及交通连线
艾里森•桑普森、里查德•罗杰斯合伙公司(*Alison Sampson,Richard Rogers Partnerships*)

▶城市回收土地上的可持续发展
格林尼治半岛总体设计（1996）/理查德•罗杰斯合伙公司

问题	1987年	1994年	1997年	1998年
这里的建筑已经够多的了			62	70
还想多建一些房屋			28	21
应该放宽规划法，让人们生活在乡村	34	28		23
应该保护乡村，即使有时会造成工作的减少	60	71		77
即使导致价格上涨，也不能让工业受到破坏	83	89		92

不同年份表示同意的人的百分比

◄图5.11：英国人对城市空间和城市堵塞的社会态度
来源：R. 乔埃尔等(1999)

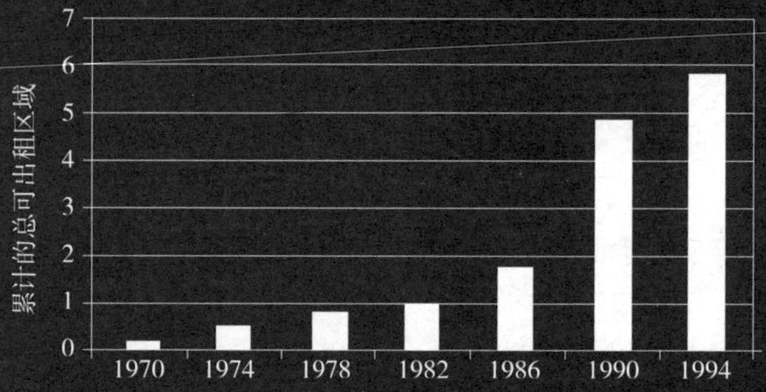

◄图5.12a：1970—1994年镇外零售业提供的增长
来源：城市特别工作组(1999)

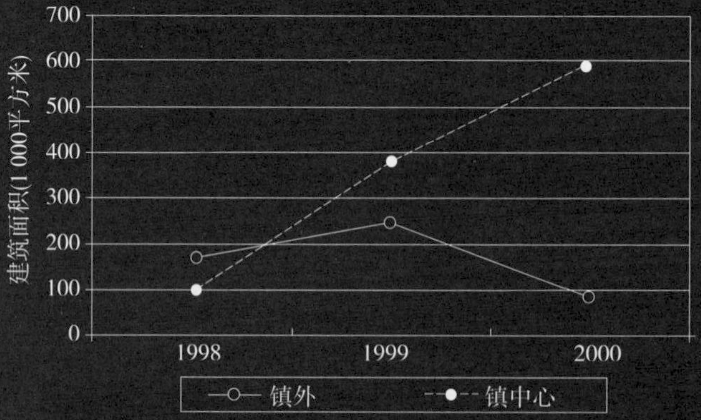

◄图5.12b：正在奏效的政策：预测的购物中心开张情形
来源：城市特别工作组(1999)

绿色地带的就业与绿色地带的住房有相同的吸引力和相同 167
的不利之处。各种新的低密度工厂、库房、商业园区和贸易区、超市和超级商店等在土地上贪婪地延伸，导致了新的绕行道、巨大的停车场和更多的混凝土场地，既占了空间，又对绿色空间造成极碍观瞻的影响。只要不需为环境后果付出代价，企业就认为这种方法更能省钱。然而，在增长最为迅速的区域里，随着土地的日益稀缺，企业就得改变其做法，即将商业活动集中到公共交通连线周围、加强镇中心区的投资、复苏城市里的老商业区——这些现象已经开始出现。这一趋势强调了传统的劳动力掌握新技术的重要性，也强调了漂亮的城市环境对于商业的重要性。

“英国社会态度”调查发现，绝大多数人反对在其所住地方的绿地上继续搞建设，除非只增添几幢房屋（图5.11）。人们说，即使牺牲就业也要反对这么做。就全国而言，2/3以上的人认为我们搞的建设已经够多了。3/4的人认为必须阻止城市周围的绿色地带上再建新房。总体上说，78%的人支持使用棕色土地，而不是绿地。

前一届保守党政府禁止在镇外建造新的购物中心，除非镇里边没有此类设施。许多评论者认为，这一举措的推行有点晚了，但它还是对全英国破坏漂亮的镇中心、吞噬绿地的做法有所减缓。在建造购物中心时采纳这种“先镇内后镇外”的做法，迫使规划者先得在镇内寻找现有的场所，然后才允许在镇外开发。同样的做法——优先考虑棕色地带场所和现有建筑物——现在也被用于住房建设方面。图5.12a和b显示了这种购物中心建造顺序法所产生的影响。

如果规划者现在坚持对棕色场所的再使用，然后才允许搞 168

新的绿地建设，那么，在有棕色土地剩余的地方，棕色地带使用的潜力就可以提高到70%或更高。如果这种顺序法也应用于商业投资，就会极大地加快城市的复兴，进一步减少对绿色建设用地的需求。由于大多数新的工作职位都在服务行业和“干净的”工业领域，那么，在大多数情况下，认为住房建设会减少就业的看法也就不存在了。由于新的高科技工业更加密集，因此就更容易纳入到棕色场所里。[263]只要交通、公共空间、学校与更宽泛的环境问题能得到解决，这一政策的实施就会使北方那些拥有许多内城场所的城市充满吸引力。

东南部地区的各大公司因为高成本而感到焦头烂额。随着这些压力的增加，它们也许不会再那么计较中部地区、北部、甚至伦敦东部棕色的内城场所那种不良形象与不良状况。目前，企业与房屋开发商同样能得到一笔隐性的绿地基础设施补贴。如果这种补贴被影响费所取代——如城市特别工作组所建议的那样——平衡就会发生变化。

有些公司正开始改变思维。法律与大众公司(Legal and General)是一家大型的保险公司，已经将其大部分业务搬迁到加的夫(Cardiff，威尔士首府——译者)，因为这里的复兴激励因素和可供使用的土地、住房、工人等使内城要比充满压力的东南部更加吸引人。该公司的总经理本身就是威尔士人。[264]搬迁后的经历很令人满意：拥挤减少、住房改善、成本降低、劳动力市场扩大。图5.13显示了棕色土地供应从繁荣的东南部向别处转移的情形。

就业导致了各种拉锯战：或是在不同区域之间，尤其是在内城与郊区之间；或是在不同地区之间，尤其是工作职位最为

► 图5.13：英国的废弃土地与住房需求
来源：议会科学与技术办公室(Parliamentary Office of Science and Technology)（1998）：《令人喜欢的棕色土地：在英格兰的棕色地带上满足住房增长的需求》

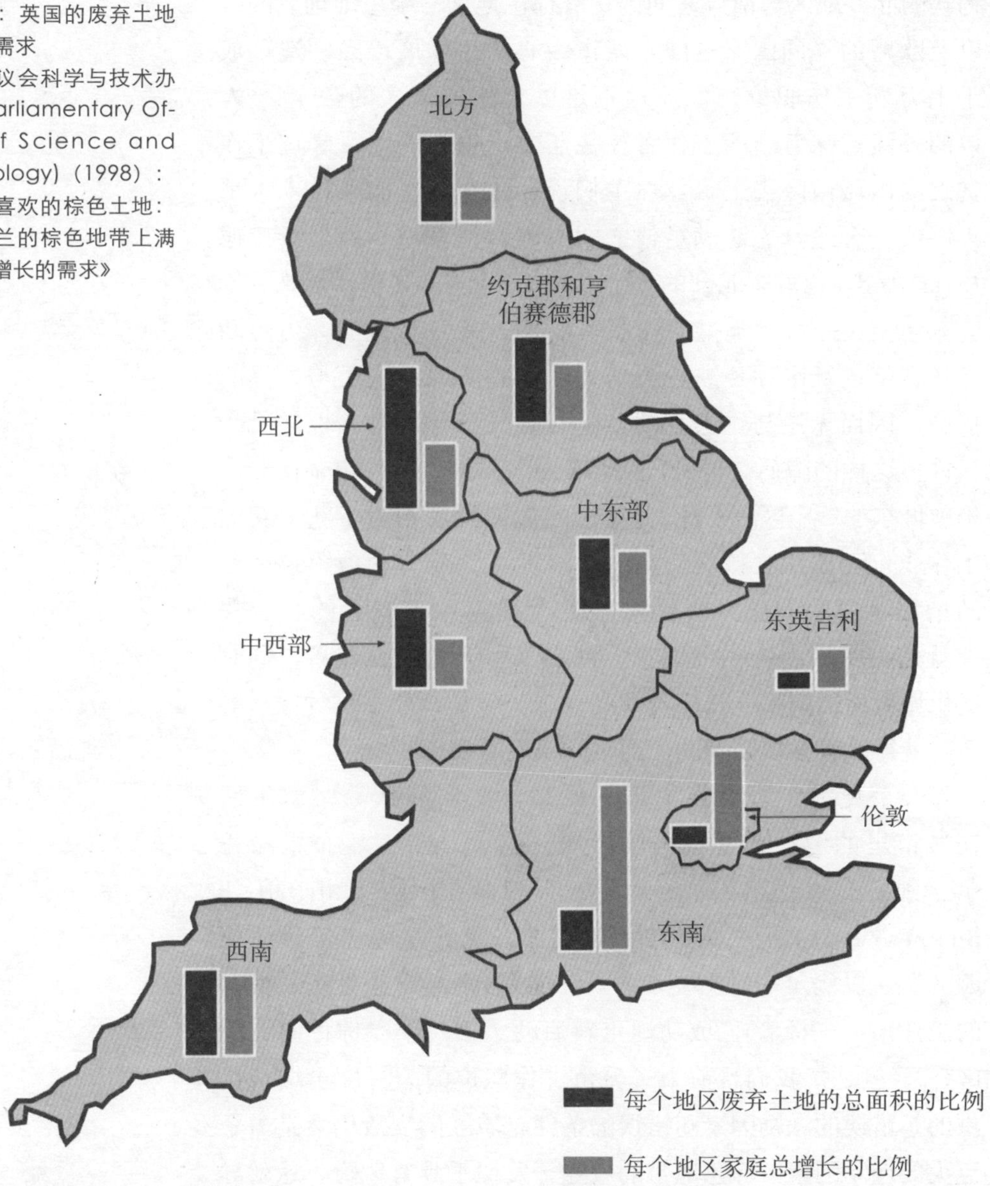

稀缺的北方地区与南方之间；还有棕色地址与绿色地址之间；
170 以及欧盟的不同国家之间。城市中心的再发展已经创造了成千上万新工作职位，但还远不足以替代所失去的数量。[265]人口的外流意味着新的工作者往往需要走很长的路、穿过工作贫乏的内城街区去上班。雇主们说，留在城里的人技术水平不够或不合适，无法满足他们的需求。伦敦城和斯坦斯特德(Stansted，伦敦东北部的一个机场——译者)则说，很难从伦敦东区招工，尽管那里的失业率很高。[266]受过传统的体力劳动工作训练的社区往往缺乏再培训的信心，或者缺乏与外界的接触，因而无法与过去割断。新长成的一代人身上也都沿袭了许多这样的障碍。但是，陶尔哈姆莱茨(Tower Hamlets，伦敦城东的一个区——译者)年轻的孟加拉人则为了获得新的工作职位而纷纷去接受信息技术培训。随着劳动力短缺现象的增加，雇主们也许会更为开明。[267]提高城市就业的一个关键就是，在城内的棕色地带上创造吸引人的商业位置，同时提供城市所需的基本资产与便利设施。但是，要使这种做法奏效，就得改善学校的状况，同时降低犯罪率。[268]

一个更为年轻、技术水平更高、更加活跃、愿意生活在城市里的劳动大军已再度移居到伦敦、雷丁、布里斯托尔、剑桥、约克和利兹等地方。英国商业园区集团(British Business Parks)正在从事创新性试验，意在复苏“棕色商业园区”，以满足这种新需求。沃尔索尔(Walsall，英格兰中部的工业城——译者)已成功地重新启动了第一个“棕色商业园区”。[269]但是，我们目前为了城市工作职位的大幅度再增长提供的是错误的激励因素和错误的条件。城区的衰败仍然是一个巨大的遏制因素，棕色地带的就业开发似乎具有风险。这就导致规划者低估了城市旧场所的潜力，结果无论是工业、商业还是住家方面，都增加了对城外土地的需求。就业职位的创造是实现棕色地带目标的关键。

对土地的压力 171

城市与乡村是互为依存的。在英国这样的小岛上，我们不能让城市及其周围的废墟长期荒置。我们修建的地域已如此广阔，从市中心无限地蔓延出去，那么，要想给后代留下任何土地，就必须对目前的废墟加以回收——因为我们不可能再生成土地了。棕色土地目标虽难以坚持，但我们应该加强这一目标而不是削弱它。

对这一问题的争论是激烈的。许多人认为英国仍然是一个绿色宜人的地方。认为我们已经没有空间可拓展是自私而大错特错的想法。我们可以目前的速度再继续开发50年，那时还有70%的土地没有被建设所覆盖。关心社会境况的人就是这么认为的，他们说我们应该建造更好的住房、提供更好的生活状况。开发商与提倡自由市场的经济学家认为，我们要发展、要满足人们所作出的理性选择，就需要尽可能不受限制地利用空间[270]（见第6章）。规划者认为我们可以在现有城市外面规划新的居民点、提供我们所需的重要社会与环境条件，从而能够为21世纪的城市生活提供更佳的模式——即彼得•豪尔(Peter Hall)和科林•沃德(Colin Ward)所说的“交际性城市”(social cities)。[271]

有人建议，米尔顿凯恩斯、斯坦斯特德、克劳利(Crawley)和阿什福德应该成为下一代扩展性城镇，但我们必须权衡这种发展所带来的环境与社会影响。这并不是说不应再搞发展，而是说应该将环境影响打入成本，应该通过仔细的设计来提高土地的使用率，应该采纳前面所说的“顺序发展法”。重点应该是填补空间、实施改造、提高密度、加强混合格局、巧妙设计、最大限度地依赖公共交通。当务之急是回收利用现有的
172 棕色土地。更为理性的做法是，实施更加渐进的、更加集中的开发，因为这种做法可以更为有效地利用现有的基础设施，并促使我们更加精心地开发附近的棕色场所。在这些扩展的城镇里实施精心的开发就可以减少柏油路的面积。可以肯定地说，米尔顿凯恩斯和克劳利两地还可以各自再吸纳五万个家庭，而不必损失多少绿色空间，只需更加仔细地利用现有的基础设施与废弃土地。如果以可持续的密度更加细心地规划新建筑，并使其与便利设施和公共交通相联接，我们就可以容纳相当规模的增长与新开发，同时将新土地的使用降低到最小限度。我们将在第6章讨论这一点。

西南部改变习惯的速度最快。伦敦的建设密度迅速提高，中心区域有的新开发项目已达到每公顷400套公寓的超常密度。自1980年以来修建公寓的比例翻了一番，其中许多都是针对更高的收入群体的。[272]

我们要减少环境压力、加强城市的吸引力，就必须面对三种现实情况。第一，我们规划体系中所使用的绿地超过了实际需求，比如，北方出现了严重的过度供应，南部之外的全国所有地方的建设也都超过了对家庭增长的预测。第二，我们现在各处建设的密度极低——除了伦敦和其他城市的最中心区域，可以证明土地供应过度，并且强调了这一事实：我们不再以可持续的方式搞建设。第三，西北与东北部急剧增加的大量房产空置现象已经波及每个城市与大多城镇。甚至伦敦也存在严重的房产空置问题。[273]这说明对绿地建设实施了隐性补贴，

对城市现有房地产的再使用征收了隐性税，对土地的供应则过于慷慨。土地是问题之关键。土地资源是有限的，从一定意义上说土地属于大家。我们必须为了后代而保护土地，必须以尽可能减少破坏的方式使用土地。我们要支持有条件的人往外移动，就得付出巨大的社会与环境代价。随着越来越多的人富裕起来，这种外流现象将继续下去，除非我们向人们征收对环境与城市所造成的真正成本。要想使城市有效运作，我们就得提高建筑密度、减少能源使用、回收废物、保护土地。我们将在第六章讨论怎样改变目前的做事方式。

▼土地资源经常被滥用，莱斯特城
英格兰合伙公司

SEEDLESS GRAPE
Happy Tree
SALAD TOMATOES
CONFERENCE PEARS
MANGO

第六章　恢复市中心——反其道而行之

城市的肌理
受人欢迎的适中密度
把家庭容纳进来
城市的再利用
市中心
历史性市中心
废弃的码头区域
规划
影响
内城街区
重塑城市空间
城市的优点

克赖斯特切奇(Christchurch)是一个理想的海边养老城镇。古老的修道院、埃文河(Avon)及其沼泽地、亨吉斯特伯利海角(Hengistbury Head)——一块岩石海角，在怀特岛(Isle of Wight)的对面，是候鸟的栖息地——宽阔的淤泥滩、海滩、一溜溜排屋构成的镇中心，等等，都使得这个地方十分怡人。但这里也随处可见低密度建筑无序地蔓延、绿地建筑和汽车过多的迹象。镇外新修了一个大面积的地方叫塞恩斯伯里(Sainsbury)，有一条宽阔、繁忙的双车道通往那里，也可以在镇外绕个大圈子到那里。规模小些、更具地方色彩的商店——包括镇中心的商店——在与这个新地方抗衡。残存的水边草地上、沼泽地和淤泥滩边新建了一幢幢独立式房屋，使老镇与海边连接起来。而海边的建设几乎一直延续到伯恩茅斯(Bournemouth，英格兰南部的海边城市——译者)。亨吉斯特伯利海角原本是一个自然保护区，现在则布满条条小道，因为一群群人驱车前来，并且在大型的柏油铺成的停车场练车。有一个告示牌上说，此处曾是一片净土，正在努力保护野生动植物。镇中心新修了一个单层购物中心，有别于传统的购物街，正在努力与镇外的商店竞争，但不太成功。

▲前页
街道生活——让城市空间活跃起来
克丽斯塔•施泰特勒/多能图片社(*Christa Stadtler/Photofusion*)

镇政府刚在镇中心附近建成了几座办公处，前面是一个难看的、规模过大的停车场，其设计与周围环境格格不入，打破了街道的格局，也使人无法实施任何富有想象力的混合使用方法，不然的话，可以将所剩不多的沼泽地与水边草地留下来。这里本来可以容纳更多的住家。过去一二十年里搬到这些淤泥滩边新开发区的人不喜欢正在发生的变化，但他们不知道如何阻止这种情形。他们感到无能为力——并且因为自身利益而默不作声。因此他们只有眼看着自己当初跑来享用的又一片乡村景致沦为推土机下之物。树木、树篱、野花、鸟和动物纷纷消失，取而代之的是砖、混凝土和沥青路面。实际上正在消失的是他们的后院。

178 谁从开发中获益？南部海岸正经受巨大压力。我们难道得一味地满足需求吗？显然，这是一种不可持续的需求，会彻底毁掉人们本来追求的东西——因此是一种自我毁灭过程。另一种办法就是以更加密集的形式利用现存城镇内的棕色土地，遵循传统的小镇街道、排屋、直接面向人行道、将花园放在后面的模式。镇里的绿色空间与河岸同远处的绿色区域一样，需要大力保护。但是，即使在这种令人向往的、价值高的地方，商店的上面、后面和商店之间也有许多空置的、未使用的房产。看到这种景象，居民们既伤心又生气。修一条微型绿化带也许会有助于未来的规划。

克赖斯特切奇的问题严重，但严重程度赶不上曼彻斯特。该市北边与东边的大面积街区有两万多个住户，现在都面临房产遭弃置、土地废弃、财产贬值、环境被忽视等问题。因为周围的几个小镇与乡村提供了过量的新住房，城内的社区一幅凄惨景象。毫无疑问，未来两代人所需的新家都可以安置在现有的城市框架里。几乎可以说，工业革命的一切都诞生于曼彻斯特。曼彻斯特的北面与东面都是从离市中心不到半英里的地方开始发展的，到19世纪前半叶已成为世界知名的地方，但到了20世纪的后半叶都一下子衰败了。运河、公园与河流穿过这些古老的街区。19世纪的工业建筑亟待改造。我们眼睁睁地看着这些真正的都市村庄走向死亡，因为曼彻斯特已成为一个分裂的城市，无法阻止蔓延的趋势。城市的绿化带无济于事，因为它没有将城市本身围裹在内。大曼彻斯特由十个大都市政府和相邻的许多小镇构成。在整个都市区的周围建一条大绿化带也许能奏效。

我们**可以**按照城市的肌理行事，我们**可以**恢复城市的紧凑 179
性。后工业时代正在改变西方世界的城市。城市自1960年代开始衰落，现在对商业、人口和政府而言却越来越重要。城市已成为地区与国家经济的神经中枢。商业与工作者也许可以跨地域交流，但他们都位于特定的地方，而且不在城镇附近就在城镇里边。从这个意义上说，技术时代的城市同政府与企业一样是经济健康发展的必要条件。城市将如何适应国际化经济？城市是否能够争取回来足够的资源、技能和地位，以改善自己的状况？

变革的政治环境要求我们就改善城市达成明确的共识。虽然现在只有少数人居住在城市的核心，但我们大多数人都生活在城镇及其郊区的范围内。因此，城市的复兴会关系到我们大多数人。许多活动只能在建造的社区内进行，因为这里的空间紧密联系在一起，人们能方便地接触。我们不可能一家一家建立独自的生存维持系统。我们是集体性、社会性动物，无法在完全个体化的状态下生存。众所周知，人们通过经常更换伙伴寻求友谊与支持。要做到这一点就需要一个社会纽带。因此，家庭与住家的零散化会使我们许多人都更加向往城市生活。事实上，这种情形可能已经发生。

这种不可避免的有利于城市的转变会导致冲突。一方面，有些人说我们应该进一步提高棕色地带的开发目标；另一方面，有的人则认为应该继续搞建设，或者态度模棱两可。但双方恐怕都会同意这一观点：如果城市更具效用、更加漂亮，就会有更多的人愿意生活在城市。大多数开发商原则上都支持城
182 市的复兴；如果条件与成本都合适的话，大概都会听从劝告的。我们需要新式的开发商，他们能以更为混合的方式对待棕色与绿色建设，而不像目前的那种标准的房屋建造者。已经出现了朝这一方向的明显转变。[274]图6.1列出了棕色地带辩论双方所包含的群体。

受人欢迎的适中密度

许多人担心被赶回到城市，或者强迫住到高层公寓中。但我们所要做的是，复兴各种规模与形态聚集在一起的、密度更高的居民点，包括小镇与村庄，这种格局受人欢迎。密度**本身**从来就不是一个主要问题，爱丁堡的新城与伦敦的肯辛顿(Kensington)就说明了这一点。两个地方至少都达到每公顷250套住房，其中许多是公寓，价格涨到全国平均房价的五倍。人们——如埃布尼泽•霍华德(Ebenezer Howard，英国著名的城市规划者——译者)——所不愿意接受的是收入低、机会缺乏、贫穷家庭过度拥挤、环境劣质集于一体的地方。精心的设计可以在已经建设的区域造就漂亮的、密度高的、混合型的、紧凑格局的住宅。但是，要想让人们轻而易举地混合到一起，就必须先消灭贫困。托尼•布莱尔的一个关键性目标就是在未来20年里消除儿童贫困。[275]

城市以外，一个村子中心的典型密度应该是每公顷大约50
家，即新建住宅的两倍。如果我们当今按这个密度建房，即使
不增加棕色地带的开发，也可以将所需要的农村土地减少一
半。新开发区也就不会显得那么格格不入，而是更加诱人、更
为“典型”。最漂亮的村庄与集镇——在德文郡(Devon)、科
茨沃尔德区(the Cotswolds)、柴郡、约克郡等地——都拥有紧
凑而密集的中心，各式各样的住房、花园、商店、小企业和空
间混合在一起。正是这些聚集在老社区中心、密度更高的旧宅
子使房价达到前所未有的高度，其吸引人的地方就是年久、风 185
格独特、具有“混合”色彩、靠近中心区域、密度更高。村子
的许多人家就住在店铺上面。阁楼都得到使用。房屋靠近人行
道。通往后花园的侧道狭窄，通常紧挨另一家的房子。有的人
家侧道上也建了屋子，充分利用了可用空间。很少见到传统街
道上的车库和车道——只有大型的庄园才有这些东西。这里的
汽车不是藏在哪个角落就是停在街上。这种更加紧凑、更为密
集但不显拥挤的格局使得汽车不那么显眼，住房的风格则更引
人注目。

土地也许是最具争议的问题，但从长远考虑，我们应该使街区和社区一样具有效用。生活在密度更高的地方，遵循传统的模式，就可以使新的社区更具效用与可持续性。如果每公顷的住家不到50个，就很难使商店、公共汽车、医生，甚至幼儿园与学校位于人人都可步行到的距离内。正如城市特别工作组所表明的，这是衡量效用的一个关键标准。

人人都想住在乡间，拥有汽车、车库与车道，不想住一家挨一家的便宜房，不想受输出的城市问题的威胁——所有这些

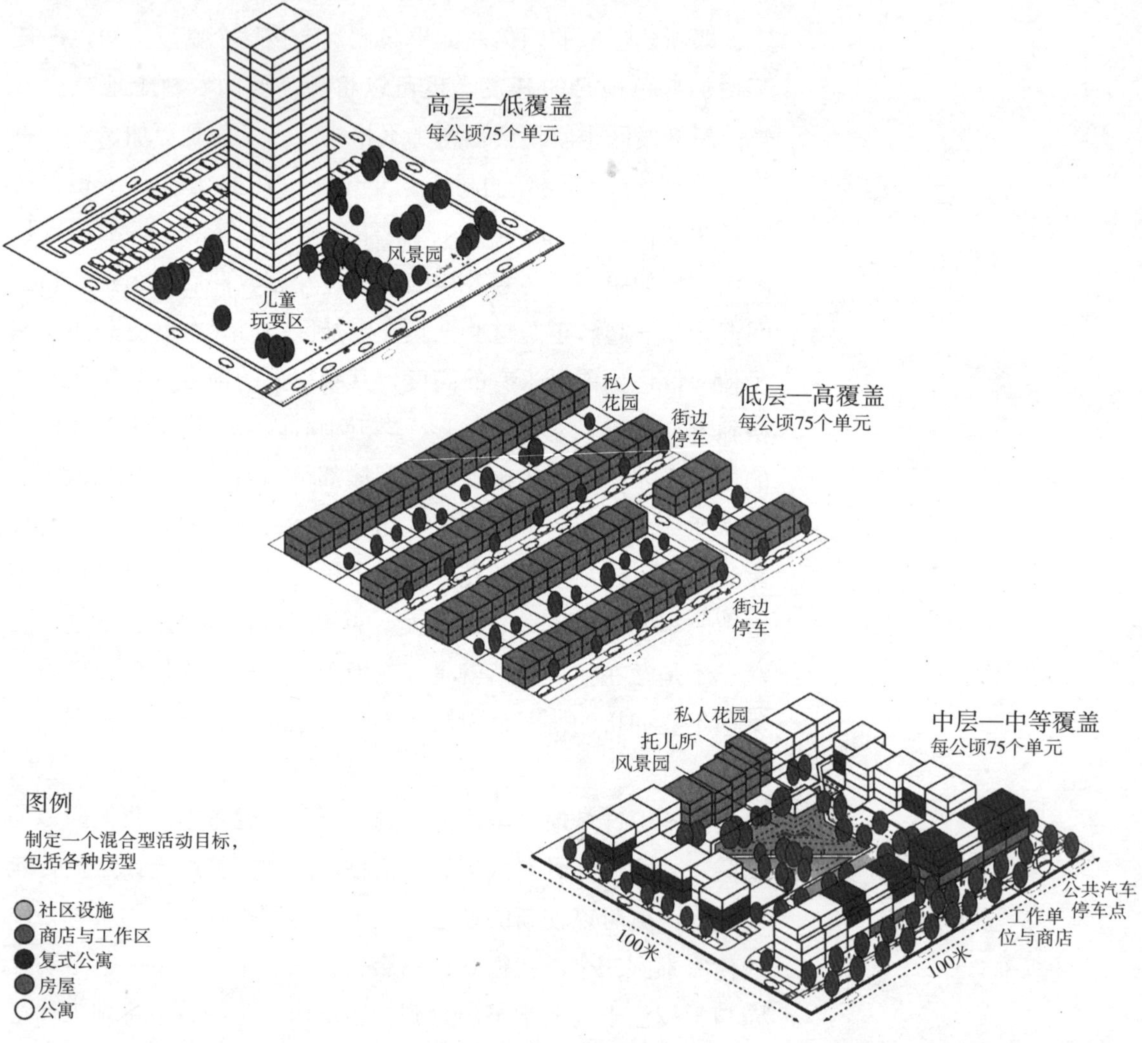

▲实现密度的三种方式
安德鲁•赖特城市特别工
作组合伙公司

支持继续搞绿地建设

- **建筑商**想获得更多的土地，以备未来建设之需。绿地上开发更容易、更便宜、获利更大，而且此前政治上也一直受欢迎。他们希望只要还有绿地，就应该继续发放许可。绿地最终会用光的。

- **“经济实惠型住房”游说团**希望人人有房住，希望所有社区都有一部分经济实惠住房。新的绿地住宅区应包含此类住房。

- **“买得起房屋的搬家者”**无法获得受人欢迎的内城街区的合理住房。他们拒绝去更为贫穷与廉价的城市街区，这里住房便宜，但社会状况不佳。绿地开发能为人提供低成本的优质选择。

- **较小的城市与镇**以及小规模的**非城市地方当局**往往支持一定程度的绿地开发，这样就不会阻碍发展，也不会将投资者赶走。

支持加大棕色地址开发的力度

- **“宁闭们”**(NIMBYs = not in my backyard，反对在自己家园后院搞建设的人——译者)认为建设会破坏乡村，不但对乡村居住者而言，对城市移民也是如此。他们反对继续搞绿地开发。

- **拥护城市、拥护城区游说团**认为乡村与城市都遭到目前模式的破坏，主张使用现有建设区域内的所有间隙与空间。

- **环保主义者**认为我们的首要责任是保护自然环境。绿地开发偏向汽车文化，会破坏更广泛的环境。我们如果回收利用土地和建筑，所需的绿地就少得多。环境更为友善、交通较少的城市能吸引人口。

- **社会环保主义者**支持有利于城市的政策，认为这是扭转社会两极化的唯一之途，并且可以使城市环境再度吸引广泛的人口群体。

▲图6.1：在哪里建设?

都造成了向低密度居住方式的转变。土地越占越多，建造的房屋却越来越少，从而使每个住家的成本上涨。这样做等于直截了当地限制那些只能买得起“政府住房”的人外流。当然，有财力的人都想购买专用区域内空间颇为充裕的大房子。但低密度建房会增加对土地的总体需求，因为这种做法限制了房屋的供应。开发商往往想多建几座房屋，但政客们和规划者往往坚持少建。[276]人们往往想把廉价的开发项目拒之门外，从而影响了更为富裕的城外区域地方性规划的政治氛围。但是，正如克赖斯特切奇的榜样所表明的，低密度解决办法是会弄巧成拙的。

186 许多人赞成街道与居民点更为密集些。但别人往往对我们说，新的低密度开发是“受市场驱动的”。更可能是规划方面对密度有所限制，因为有证据表明，建筑商一旦获得规划许可后会试图提高建筑密度。有些最佳的城市开发项目没有受规划者的影响，建筑师与开发商即使面对争议还是争取提高密度，加强设施的混合功能，推出更为大胆的街面样式，使环境显得更为紧凑。对旧的库房、工厂、企业总部、医院等进行拯救与改造原本并不是规划的；实际上，正是因为上一届政府宣布在市中心成立城市开发公司，中止了规划部门对这些地方的权力，这些项目才得以实施（参照原文第197-198页）。

规划者在土地使用和开发项目的布局方面起着重要作用。[277]因此，我们必须确定一些简单明了的、大家都支持的核心目标，这样就可以避免目前的这种循环：开发商指责规划者，规划者又指责开发商。两者都指责政客们，都认为自己是“受需求驱动的”。但我们已经说过，需求、土地供应、绿色补贴、

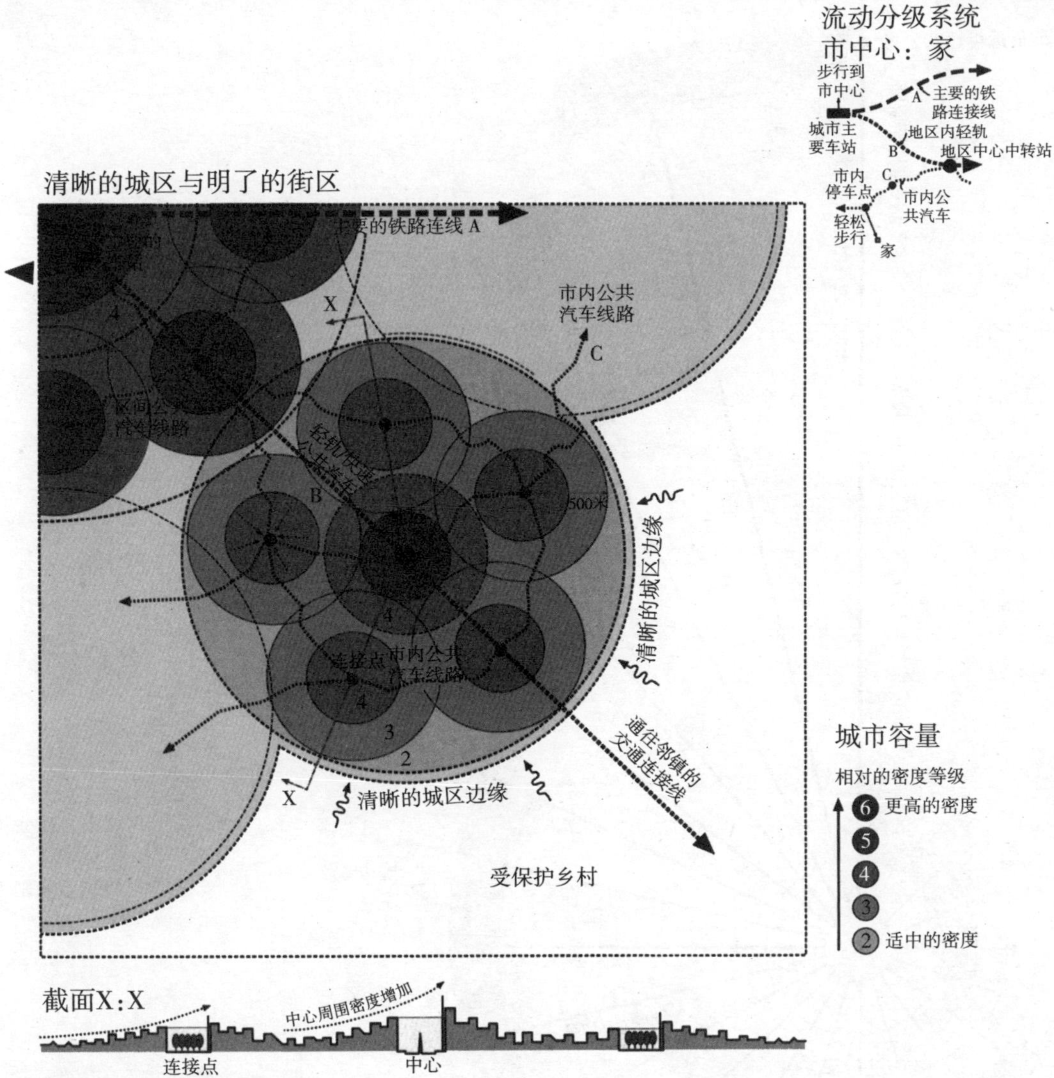

▲在可持续发展的城市里，密度最高的区域围绕着交通枢纽
安德鲁•赖特城市特别工作组合伙公司

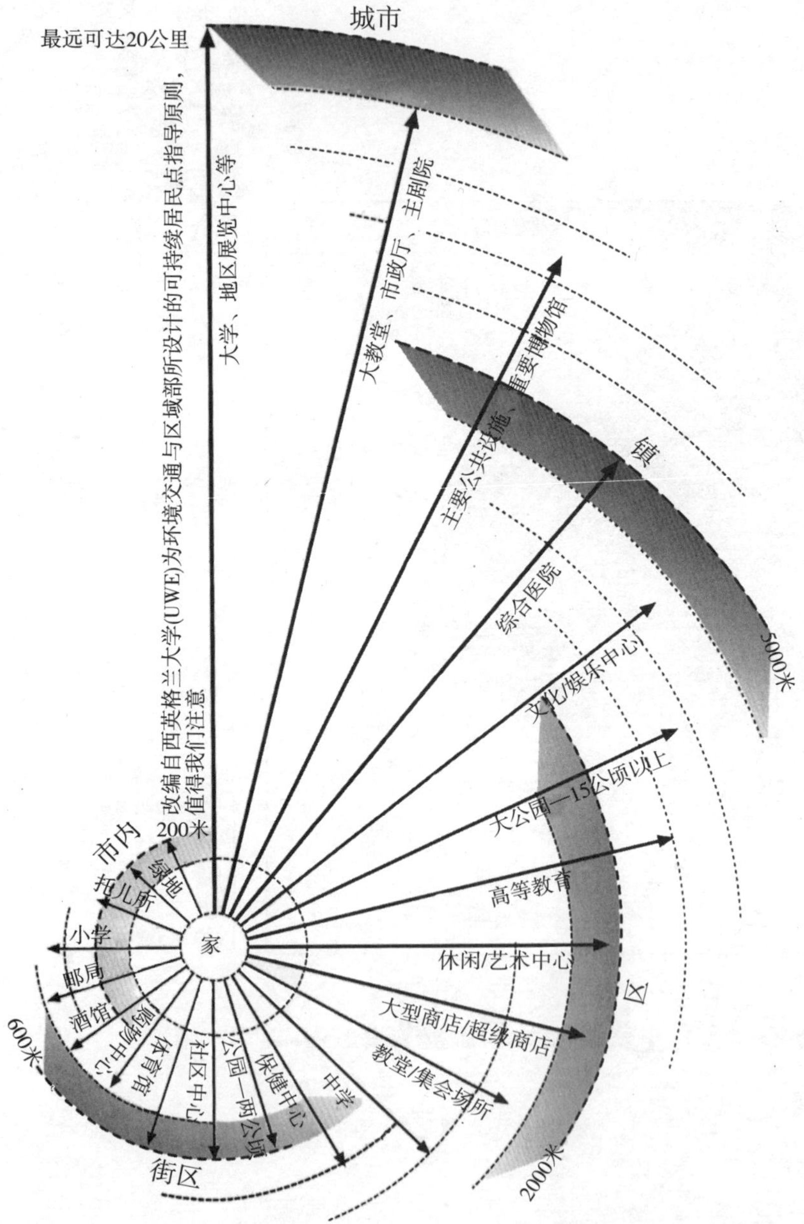

◀从街区到城市：社会生活的基本成分
安德鲁•赖特城市特别工作组合伙公司

棕色障碍和发展或衰败所造成的压力都起了一定作用。在如此受制的环境下，并不存在明确的市场。

老城市树木稠密的地方遍布小公园、广场和紧靠在一起的大花园，但这些地方的密度至少是现代的私人开发项目的两倍。曼彻斯特、利物浦、纽卡斯尔和伯明翰都有漂亮的地方：维多利亚公园、塞夫顿(Sefton)、戈斯夫斯(Gosforth)、埃奇巴斯顿(Edgbaston)。社区花园、绿荫蔽日的树木、儿童游乐场所、宽阔的人行道、街道与广场都会鼓励户外社会活动。如果认为这种密度太大，真是不可思议！我们喜欢的所有漂亮空间都是按每公顷50家的密度建造的。这应该是我们城市建设的最低密度。进一步限制绿地的供应、实现每公顷50幢住房的城市密度，才能更快地加强城市街区的吸引力。政府在2000年3月 187
将此作为首要目标，与以前的每公顷25家相比，这是一大进步。图6.2显示了官方所规定的密度。

传统的欧洲南部村镇通常是英国一般村镇密度的两倍、三倍或四倍。欧洲大陆的城市——从布鲁塞尔到罗马，从里斯本到柏林——的建设密度也高得多。它们的魅力在于，乘公共交通可随便去镇中心，一家家挨在一起，因此人们的关系密切，商店也都在家门口。这种风格有一定的文化色彩。人们喜欢这样的密度。这些城市使人们有归属感。它们是人为的环境，与周围的景致有明显的区别。它们使人们更有安全感，街道生活更丰富，更方便去休憩场所。因此，它们能为我们未来的规划提供一个可用模式。英国不但比欧洲更缺乏土地，而且社会不平等也更严重，内城也更为残败。因此，我们可以向欧洲学习。[278]

英国新的城市方案正在采纳欧洲大陆模式：建筑物集中，用途混合，通往街道的出口清楚明了，街面漂亮，公共空间经过规划，各种活动聚集在一起，密度比英国高得多，到处有人的踪影。[279]伯明翰、诺丁汉、利兹、利物浦、格拉斯哥和曼彻斯特市中心的新住房和商业开发项目都遵循这种密集的城市格局，效果受到人们的欢迎。紧挨伦敦城周围的南河岸、运河与街区也正在形成这种混合的模式。密度高不再意味着过度拥挤，因为家庭的平均人数已急剧减少。

188 **把家庭容纳进来**

如果把每公顷平均50幢住房的标准应用到所有的建设区域（包括村庄）和所有的新开发项目，那么，我们在未来20年里对绿色土地的需求实际上已经得到满足，即使我们所预测的单身家庭将会形成并且需要分立单元(separate units)。[280]当然我们也需要开发一家、两家式房屋，而且一般情形中也会有差异。尽管如此，将住房密度提高到每公顷30到50家——像政府现在所做的那样——就会将我们另外需要的绿地从43%减少到零，如图6.3a所示。无孩家庭与单身家庭比例的大量增加意味着，即使拥护低密度居住方式的人也会认为每公顷50家的布局能够提供空间、隐私、花园和单一家庭式住房。图6.3a显示，将密度增加到适中的程度会如何影响我们所说的60%棕色地带目标和40%绿色地带目标。图中的总体数字没有反映地区性变化。然而，提高全国其他地方的容纳水平会有助于我们摆脱东南部的模式。

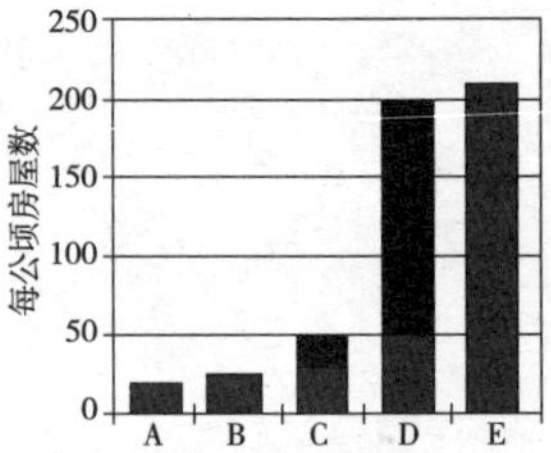

A：60%的新绿色地带开发项目(1990年代)
B：截至1999年的规划方针
C：2000年新的政府指导方针
D：城市中心开发项目—2000年
E：卡斯帕尔(CASPAR)模式—伯明翰，2000年

▲图6.2：官方规划的密度
来源：环境交通与区域部(2000b)；约瑟夫•朗特里基金会（2000）

▶图6.3a：棕色地带住房供应的变化

*棕色地带包括回收的建筑、面积不到一英亩的填补空间(infill site)和已经使用的土地。

**如新镇规划中所建议的。我们假定玩耍场所、学校和空地的需求反映了儿童密度的降低。

来源：城市特别工作组(1999)；环境交通与区域部（2000b）

注：如果按照新镇的密度，已经在使用中的绿色地带土地将能够为我们所预测的2021年之前的家庭增长提供住房。

状况	分割的开发	
	棕色地带容量%*	绿色地带需求%
基于1999年5月已有的格局 — 每公顷25幢住房	55	45
按照2000年3月新的《规划准则》的最低要求将密度提高20% — 每公顷30幢住房	65	35
将密度提高50%** — 每公顷37.5幢住房	82	18
按照2000年3月的最高规划建议，将密度提高100% — 每公顷50幢住房	100	0

▶图6.3b：1996—2021年的绿色地带与棕色地带需求

来源：皇家市镇规划所(1999)；《地方当局规划准则修改稿》，环境交通与区域部，2000年3月；环境交通与区域部（1999p）

	单元数（百万）
1999年环境交通与区域部所预测的家庭需求：	3.8
1.绿色地带住房要求（40%）： 现有的和规划好的每公顷25个单元：	1.52
按照目前格局所造成的短缺：	**0.47**
2.现有的和规划好的每公顷40个单元的绿地场所：	1.68
已获得许可的场所剩余的绿色地带住家：	0.16
3.现有棕色地带住房要求（60%）：	2.28
每公顷40个单元的场所存在的潜力：	3.65
如果棕色地带为每公顷40个单元，对绿色地带的要求为：	0.15
已获得许可的绿色地带场所剩余的住家： 每公顷40单元	**1.53**
已经在使用中的绿色地带土地能超额满足要求	

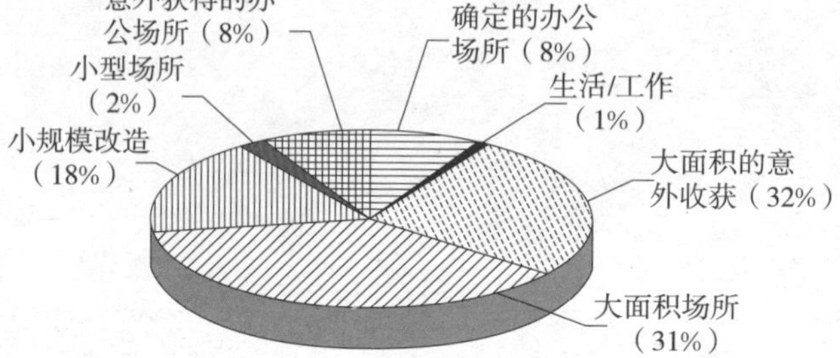

◀图6.4：伦敦不同组成部分的容纳量，1997—2016年
来源：伦敦普朗克分析中心(LPAC)（1999）

如果我们改变对密度的看法，就可以使城市发生革命性变化。地球之友和城市与经济发展(UrbEd)等组织认为，至少75%的新开发项目可以被纳入到现有的建设区域。[281]伦敦规划顾问委员会表明，伦敦在未来20年里所需要的住家都可以容纳到首都现有界限之内，并且几乎都可以建在棕色土地上。这的确值得我们注意，因为伦敦是最缺乏土地供应的地方，并且已经是全国最为拥挤的一个地方，其需求量也最大。土地短缺与有限的范围使得伦敦迫切需要回收利用住房、增加其密度。然而，这样做会提高成本、限制供应，因此需要采取策略来保护低成本“社会”住房的供应，在现有的城市框架内挖掘潜力。对所有闲置的房产、第二套住房和备用住房征收足额的家 191
庭税(council tax，对家庭所征收的一种财产税——译者)就会鼓励我们更加充分地利用现有的空间。图6.4显示了伦敦潜在的房源。

◀密集的市中心，沃威克
威廉姆•克罗斯/空中摄影图片资料馆(*William Cross/Skyscan Photolibrary*)

伦敦80%以上新增的住宅已经建在棕色地带上。这些场所中相当一部分被称做“意外得来的地方”，因为它们不属于正式规划体系。这些地方有的面积大，但通常都是一些小面积的、没有归属的土地，一般不到一英亩，或者就是现有的建筑，改造成新的用途。它们之所以会出现，是因为某个人善于发现小块的土地或建筑。这种意外得来的场所为全国所有的新开发提供了1/3到一半的用地。它们对实现城市的有效运作可发挥巨大潜力。

如果我们将密度改变到战后每公顷40家的平均水平，并且充分利用意外得来的场所，那么，我们也许只需要将15%或者更少的新建筑放在绿色地带上。如果我们能达到50家的密度——即我们所希望的最低水平——我们所拥有的棕色场所、意外得来的地方、空置的建筑以及现有建筑内的容纳量足够我们再维持20年。正如我们所说的，不但大城市可以这样做，小镇也一样。

然而，乡村与城市场所道路的宽度与便利性、停车场和车库等方面的要求会严重影响我们在搞紧凑的、“可持续性”设计时所作的种种努力。这方面的干扰因素还包括涉及光线、楼层高度、阁楼、半地下室、密度、隐私、楼外景致等方面的规定，以及英国其他令人难以捉摸的建筑条例。[282]1666年的伦敦大火甚至还在影响这些规定呢！我们需要规划者和开发商能够尽可能灵活地执行的简单设计准则。[283]

192 现仍在实施的单一用途区域划分抑制了城市中心附近和建设区域外围的混合型开发。纽克斯尔的地方政客们非常担心就业减少，所以仍然坚持将从前的工业区域中心划分为工业与商业区，而这里的工作职位少之又少，从而妨碍了遭受打击最为严重的区域的复苏，但如果实施混合型开发的新思想，也许会有起色。有许多方法可将商业与休闲、居住的开发纳入一体，即用现代公共交通促成密度的提高、增加服务项目、开设更多的商店与餐馆。这种做法更能吸引投资，而不是阻止投资。格拉斯哥与伯明翰就采取了这种混合用途战略。[284]

在我们这种拥挤的、以自我利益为重的社会里，我们需要以保护个人利益的名义来协商促成集体利益。要解决我们的“过度捕捞”问题，规划者必须起重要作用。他们的职责就是保障我们的共同目标：在一片“绿色而令人愉快的土地上，人人都能以便宜的价格买到一所体面的住房”。规划者是土地的分配者，他们有权说“不”。因为土地不同于其他商品。市民拥有集体的权利使用土地，这一权利受到我们普通法的神圣保护。只有土地能为我们提供住房、工作和食物，也就是我们的生存条件。要使人人都得以生存，要为后人保护土地，我们就必须采取一种监护性方法。我们可以在城市周围强制修一条绿化带，但如果所有的小镇不同时修微型绿化带的话，还是无济于事，正如克赖斯特切奇的情形。土地已成为一个环境渊薮，汇集了我们所有的废物。我们的现代生活对土地造成了深远的、难以为继的影响。我们的共同福利要求我们从现在起以不同的方式对待土地。

在过去的20年中，规划者以错误的方式实行了错误的配给。无论是城市还是农村社区，新开发的密度已经达到极低的程度，使得这些地方难以自我维持。绿色土地发放过量，建设
密度太低，许多想住在这些地方的人住不上。对私家车的保护 193
力度太大、对个人自我利益过于重视，因此公共汽车或其他更具集体性的公共服务难以有效实施。规划者陷于开发商、政客、雇主、汽车游说集团和越来越富有的消费者之间而不知所从。这种相互冲突的压力造成的一个典型后果就是普莱斯顿的码头区附近的新开发项目，这里被双车道切成几块，散乱分布着单层的商业单元和巨大的停车场；离镇的距离太远，不能步行去；密度太低，使商店与餐馆无法维持；也没有人行道，没有一个核心区，没有任何规划。这个开发项目因围绕开发商交易而出现的丑闻而在普莱斯顿受到广泛批评，人们感觉这地方很糟糕，没有车哪里都去不成。[285]

绿化带是20世纪真正的一大规划成就，给我们提供了若干启示。这种东西简单明了、受人欢迎、具有可操作性，大家皆可公平享受。其原理可实施于所有地方。规划者可以帮助我们阻止针对乡村土地展开的竞争，那就是通过实施这类简单可行的规则：优先开发棕色地带和闲置建筑；提倡混合用途；以可持续方式使用能源；提高密度；实施紧凑型设计；尽可能减少对环境影响。[286]通过法律手段在建设区域的周围建造绿化带——如赫特福德郡(Hertfordshire)的赫默尔亨普斯特德(Hemel Hempstead)新镇已经进行得那样，就可以明确促使地方当局保护土地、进行回收利用、充填空间、尽可能增加对现有空间的使用、采纳适中的密度，也迫使他们在批准例外的行动时能作全面的考虑。我们可以重申规划的正面作用，同时消除那些众多的、影响我们创造性地解决土地问题的负面规定。

城市的再利用

城市的复苏需要长远的视野，需要能够发现潜在机会及其潜力的特殊开发商与建筑商。规划者可以通过进一步接受
194 混合用途的态度来促进这一过程。小块的、被围裹起来的场所具有各种复杂性，要求我们转变做法。许多“批量的”建筑商仍然反对新的偏向城区、偏向填补空间的做法，他们因为能耐大、财力雄厚，能够说服规划者与政客们支持宏大的方案。已经出现了许多涉及滥用土地管理权限的丑闻。有人认为，既然在市场之外运作土地会出现诸多问题，就应该形

成一个更为自由的、更加独特的市场。[287]英国因为土地有限，土地投机历史悠久，规划体系错综复杂，因此对土地的管理过紧。容许发展和变革与防止滥用和避免浪费的权衡能力操纵在地方规划者、政客们和开发商的手里。如果体系不透明、简单，这些人就会“相互勾结”。[288]对大开发商而言，所有的利益会驱使他们将眼睛盯在大面积的场所。这就能说明为什么大开发商与官方的规划体系都忽视了城区里意外获得的场所。

然而，这些尚未派上用场的空间对于保持城市的活力是至关重要的。我们需要最大限度地提高大开发商的积极性，使他们愿意使用那些不方便开发的空间。不然的话，城市的复兴就会受到破坏，因为发展的战略会涤荡一切，而获益者往往不是城市的社区，而是大开发商——还可能是当地的政客们。纽卡斯尔就从前绿化地带上的开发展开了一场残酷的斗争，原因在于开发商的需求，同时因为人们担心失去投资机会。[289]目前还不清楚城市从中会有什么收益。

城市就像一个上面飘浮着许多软木的大水池，城市的许多部分——街道、小块土地、建筑、空白处和其他可供使用的地方——在一起挨挤、变换位置、你推我搡，有时是暗中进行的，有时则是公开的。这些东西经常发生变化，因此城市复兴的规划者需要远景性的眼光，而实现这一远景也需要灵活性。纽约在1990年代的复苏就是重新发现城市的每一个犄角旮 195
旯，然后赋予其生机。

城市的未来不是要发生翻天覆地的变化，而是将新的东西纳入到已经建设好的环境肌理内，因为我们所使用的土地已经太多了。在对搬回伯明翰和里兹市中心的年轻人所作的调查中发现，他们的首选的地方便是修葺一新的现有建筑。[290]曼彻斯特和格拉斯哥曾是世界上规模最大的一些企业的大本营，后来被废弃，现在又逐渐吸引许多新的企业，其规模通常不大，填补了城市结构中的空间，使其获得了新生。

市中心

过去20年间，英国的每个主要城市无论多么衰败与废弃，都复活了其历史性的市中心。直到不久前，一个个市中心还满目疮痍、人迹阒然。[291]自1974年实施重组与融合政策以来，地方当局的规模太大，无法按照荷兰与丹麦的模式有针对性地提供街区服务，且过分受制于集中控制，无法作出涉及整个城市的决定。[292]1970年代的经济大衰退使英国经济面临巨大压力，导致人们对旧的结构完全失去信心。从1980年开始，市中心突然一下子成为现代化过程的一个不可忽视的焦点。因此，我们面临的三个挑战——市中心日益空荡、地方政府软弱无力、新经济秩序已经到来——迫使我们对城市的态度发生了重大改变。我们以三个战略开始城市复苏过程：对历史性的市中心进行再利用、拯救旧码头区域、放松规划体系。

历史性市中心

196 1979年，时任环境部长的迈克尔·赫塞尔廷(Michael Heseltine)再次宣布对考文特花园(Covent Garden)里170多个列入名录的历史性建筑进行保护。原来的一项综合性开发计划要将这一地区改变成高层办公楼区，就像巴黎的拉德芳斯区

(La Défense)，这一规划最终被取消。那些极为明目张胆的“焦土式”拆除计划也被废除，从而彻底改变了我们实施城市复苏的做法。考文特花园的再使用扭转了50年来城市保护被忽视的局面。

考文特花园现在已成为全世界羡慕的模式。将保护与创新、现代设计与传统街道、公共空间与大众娱乐结合起来的思想如火如荼地传播开来。新旧用途相互交织；历史与前卫性创造、艺术与设计融合在一起。伦敦的中心区域免于拆除，禁止交通的范围日益扩大，使得人人从中获益。考文特花园影响了卡姆登洛克(Camden Lock)和史密斯费尔德(Smithfield)等区域的拓展。这两个地方形成的历史与别的地方很不相同，仍然是更为传统的市场风格，但现在则多少具有考文特花园的那种时尚性，人与活动紧密地结合在一起。

考文特花园也激发了其他举措。科恩街(Coin Street)位于泰晤士河南岸，在国家剧院附近，已经开发出合作性的便宜住房、企业与公共空间。科恩街社区建筑商将OXO塔楼改变成公寓楼，在顶上修建了昂贵却颇受欢迎的餐馆与酒吧，说明便宜的住房可以与创造收入的企业结合起来。

整个泰晤士河南岸的改造随后也逐渐展开，从而创造出欧 197
洲最富生机的一个文化中心，将泰晤士河边的一个比较贫穷的、被忽视的地方转变成一个活跃的、具有混合用途的公共场所。河边的人行道经常行人如织，现在通过一座新的人行桥与圣保罗大教堂相联，从而使伦敦最新的一片艺术场所——环球剧院(Globe Theatre)、泰特现代美术馆(Tate Modern)、设计博物馆(Design Museum)——与伦敦城中心连在一起。旧电站已被改造成泰特现代美术馆，收藏雕塑与现代艺术品，开馆的前两个月来自各界的参观者就有100万。人行桥刚开始使用时出现一些问题，不过这反倒增加了其吸引力！[293]

废弃的码头区域

英国几乎每个城市的市中心都有一条河流或运河。1981年成立了伦敦港区开发公司，这是一个公私合伙机构，目的是为了回收和再利用伦敦旧港壮观而被废弃的码头区。现在，属于港区一部分的狗岛(Isle of Dogs)上的人口已经从1980年的2万增加到8万，并且还在增长。但是，因为缺乏总体规划，批准开发的体系纯属临时性质，政府通过一些笨拙的补贴方法来帮助私人投资者，从而严重破坏了长长的临河区域的巨大潜力。

港区前10年的开发是分割性的，倾向于自由市场，以办公场所为主，昂贵而不受欢迎。奥林匹亚与约克公司(Olympia and York)是全世界最富有的一个开发商，当时建造了加那利码头(Canary Wharf)，但公司却破产了，因为政府未能提供关键的基础交通设施，或者说没有创造混合的用途以分摊风险。开发出来的是一个令人感到压抑、奇大无比而功能单一的工作场
198 所，白天拥挤不堪，晚上死气沉沉。但在经历了10年不知何去何从的局面后，高耸的办公塔楼现在终于充满了生机，港区的轻轨曾多次试运行都没有成功，现在也延伸到河东与河西，从而促进了泰晤士河口棕色地带的新生。新的快速地铁线将千禧穹顶(Millennium Dome，为迎接新千年的到来而在伦敦格林尼治区修建的一个临时拱形建筑——译者)和滑铁卢站与加那利

码头和皇家港区(Royal Docks)连接起来，从而改变了整个港区的经济潜力。现在就要看当地人口是从这种变化中受益呢还是要被迫迁往别处。有证据表明，就业与住房方面已产生了一些附带效益，但巨富状况还是经常导致了赤贫状况。[294]伦敦码头区的主要潜力仍然在东边，即皇家码头周围，因此，泰晤士河南岸的勃勃生机能否在东边回荡，我们将拭目以待。

各大城市都成立了新的开发公司，目的是为了再利用废弃的码头与运河区域；这样的区域总共有12个，都围绕着城市“心脏地带”。它们已经引发了一系列公共交通举措。运河与码头沿岸高密度的、混合用途的开发项目与改造工程所取得的成功超出了大家的想象力。映照在水面上的新建筑与恢复一新的建筑把人们都吸引回城里了。这里没有交通的喧嚣，人行小道与自行车道遍布在这种独特的景致中，随处可见野生动植物和各种各样的居住者。公园、旧住宅区、新的住房协会计划、改造过的仓房、工厂、运河水闸管理人的小屋、博物馆等，都融入新项目中了。高科技的媒体与设计公司觉得这种工业化的绿色环境有特别的吸引力，因为这些地方虽然地处城区、密度高，但却有乡村的那种安宁与静谧。

开发公司所取得成功仍然引起激烈的争议——有关成本、集中性管理、市场定向等问题。但这些成功的确使当地的政客们认识到市中心的巨大潜力。经过10年的投资，这些区域的管理权已移交给地方政府，投资也已经收回，一般都是在公司解体之后。罗奇代尔(Rochdale)、布拉德福德(Bradford)、克鲁(Crewe)、盖茨黑德(Gateshead)、米德尔伯勒(Middleborough)、 199

威根(Wigan)、卡莱尔(Carlisle)和考文垂(Coventry)之类的工业城镇曾经问题重重，已经失去了存在的理由，现在都推出了各自的市中心复兴方案。而在拯救旧码头的行动之前，没有人想到这种事情是可以做的。

地区的、地方政府的和街区性新建的复兴基金能为城市重建筹集资源。[295]这些基金会不但促成了多项公私合作，而且将不同的政府与地方当局服务项目组合起来。地方当局现在的一个重要战略就是，通过半私营性复兴公司来组合政府投资、吸引私人投资。如果开发项目位于两地接壤处、易于管理，不但能得到政府补贴，还能吸引其他方面的实际资源，这样做就会有效。这种做法是用政府资金启动的，所争取到的私人资金要多于初始的公共投资。[296]大多数城市的腹地仍然没有被触及，但几乎每一个历史更为悠久的前工业化城市中心都取得了巨大成功。那些极度衰败的内城街区离这种复兴之举实际上只有一步之遥。别的地方可以汲取此类经验，我们将在第7章说明这一点。

规划

地方规划权力机构限制了土地的使用。我们已经说过，这就是它们所应做的事情。整个战后时期，城市地方当局获得了大量的棕色土地，本来要从事一些长期项目，但因这些项目已被废弃而使土地受制，如道路拓宽工程、城市学校与医院

建设、交通方案、住房开发、空间开发计划等。到1980年年
200 初，地方当局被迫放弃了这些陷入困境的、过时的规划，出售了许多场所。[297]部分而言，因为发放了这些城市棕色土地，才

可能在1995年转而实施50%的棕色土地利用目标。但被迫发放市中心未使用的土地与建筑的同时，也削弱了规划方面对绿色地带开发的限制。非城区的地方当局——包括许多顽固的郡县——也都发放土地，以鼓励开发。这就助长了过度建设现象，如前所说。因此，市中心所取得的成就被低密度与绿色地带无限拓展造成的代价所抵消。[298]

影响

土地管理的放松对城市、对基础设施的恢复、对历史性的市中心的保护所造成的冲击是巨大的。各城市不再认为政府所创建的开发公司还能像以前那样有效运作，即既能吸引公共资源，也能吸引私人投资，还能吸引新的住房、新的居民、新的服务设施和游客等。各城市实施了自己的大胆方案：从事新的高密度的、混合用途的开发项目；在公共空间进行安全的、美化环境的试验项目，同时优先考虑行人之需；在旧的基础设施内部再造出有创意的新家；实施新的综合性交通规划等。但到了1990年代，即在最初的码头举措实施10年之后，这些思想才开始盛行起来。新的市中心开发项目的受欢迎程度超出开发商的想象，售出的价格远高于预期值，说明人们对市中心生活的需求郁积已久，因为经年的衰败和供应的缺乏而不能得到满足。在百年的时间里，全国的城市中心首次出现居民人口的增长。在格拉斯哥、纽克斯尔、曼彻斯特等城市，最为昂贵的住家现在都在市中心。最近，纽卡斯尔市中心的一套住房首次以100万英镑售出，这一消息广为传播。伦敦也一样，售价最高

201 的房产都在市中心，而不是郊区。[299]新的高密度开发项目的成功表明，人们现在追求不同的东西，一种新型的家庭也许要再度移居到市中心，而密度**本身**也不再是一个问题了。

图6.5展示了这一发展的各个阶段。

内城街区

对现有建筑和历史性区域的拯救与更新使我们开始对我们那些庄严而漂亮的排屋式街道进行重新评价。同时也凸显了成千上万被废弃的空间，正是这些地方销蚀了城市的活力。城市里财富创造与商业活动方面的收益大家有目共睹，但仍然没有对社会凝聚力产生积极作用。城市内的自由开发、政府为复兴工程提供资金等，只是恢复了一个核心区域的活力，而周围的许多内城街区却日益倾圮。有人认为，市中心的成功是以牺牲周围的贫穷内城街区为代价。要释放其巨大潜力，每一个破败的街区都需要一种集中性方案，就像伦敦的纽汉区(Newham)和陶尔哈姆莱茨区富有创意的地方政府所率先实施的那种方案，或者像曼彻斯特在开发威森绍区(Wythenshawe)和东曼彻斯特区时所采取的做法。

市议会现在将越来越多的破败公共住房移交给更具独创性的、以社区为基地的合作伙伴，如地方住房公司和城市复兴公司，从而激发了能动性与创新精神。大多数更为贫穷的内城市建住宅区紧靠市中心、学院和新建的大学，对其环境与共享空间加以重新设计，就可以使这些地方更有吸引力、更令人向往。真正精巧的重新设计——尤其是针对公共场所、空间和建筑的底层——再加上社区自下而上的参与，是可以创造奇迹的。我们就是于1985年在狗岛的市建住宅区上开始与地方政府共同为那些不太富裕的市民回收利用其城市的。[300]

我们能否鼓励“城市开拓者”进入内城街区，同时又能 204
保护低收入社区呢？要让这些社区获得新生，既需要社区的参与，也需要采取创新性措施。巴塞罗那就是从这一前提出发，结果很快就激发了大众对城市复兴的参与。与此相比，我们的市中心战略则往往忽视了距市中心一步之遥的内城街区。我们现在纠正这一错误还来得及。曼彻斯特正力图使其东部与北部复兴，纽卡斯尔正在“全力发展”，格拉斯哥正在建造“未来的家园”。社会排斥部(Social Exclusion Unit)的街区复兴战略强调了实施这些努力的紧迫性，但是，同巴塞罗那一样，我们也需要一系列简单而相互关联的目标：增加就业职位、赋予社区权力、改善公共服务、支持地方领导层等。这些目标应该能够在任何地方实施，能够逐街区实施。我们将在第八章讨论这些目标。

重塑城市空间

我们喜欢历史性的城市和充满生机的首府；欣赏新旧景物并存；喜欢历史与现代的交融；喜欢安定的感觉，也喜欢变化带来的兴奋；喜欢在旧房子里举办新活动。我们更加迷人的城市都是生机勃勃的地方，工作、居家与休闲交织在一起——聚集在一起的建筑有点混乱之态，因为不是完全规划出来的，而

◀巴黎设计精良的内城低成本住房（设计者为伦佐•皮亚诺建筑工作室）
迈克尔•德南斯

▶图6.5：城市的再生

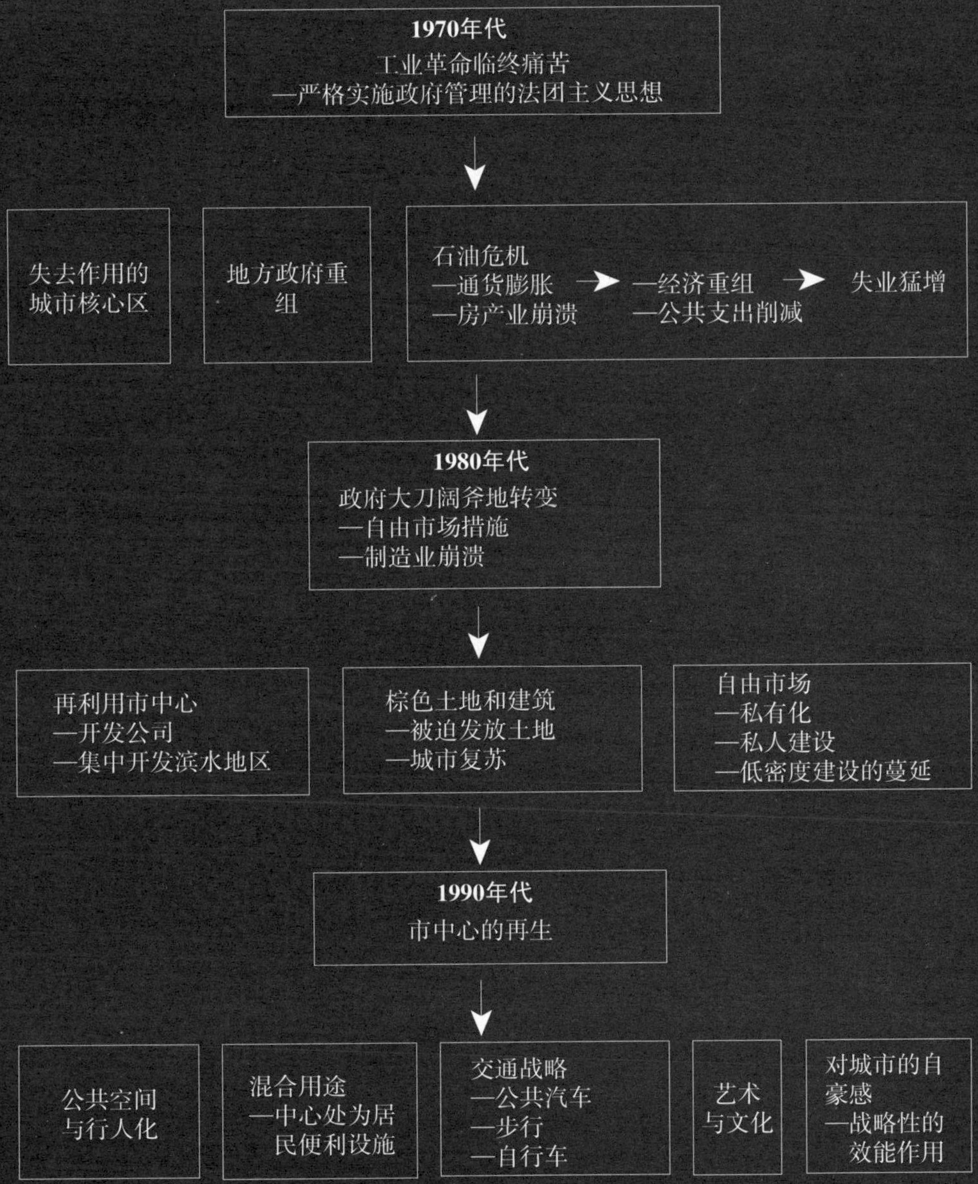
1970年代
工业革命临终痛苦
—严格实施政府管理的法团主义思想
失去作用的城市核心区
地方政府重组
石油危机
—通货膨胀
—房产业崩溃
—经济重组
—公共支出削减
失业猛增
1980年代
政府大刀阔斧地转变
—自由市场措施
—制造业崩溃
再利用市中心
—开发公司
—集中开发滨水地区
棕色土地和建筑
—被迫发放土地
—城市复苏
自由市场
—私有化
—私人建设
—低密度建设的蔓延
1990年代
市中心的再生
公共空间与行人化
混合用途
—中心处为居民便利设施
交通战略
—公共汽车
—步行
—自行车
艺术与文化
对城市的自豪感
—战略性的效能作用

是长期与环境相互适应的结果。如果更加仔细审视一下，就会发现一种密集的土地使用模式，而这是无法从零开始的。

成功的秘诀似乎就是用熙熙攘攘的活动来装点迷人的物质
205 环境。这样就使人们随意而不拘一格地联系在一起。只要街道、商店、咖啡馆和公共场所能使我们的私人活动交汇到一起，这些功能齐全的公共空间就会在我们心中营造一种社区感和休戚与共的感觉。城市的公共空间与鳞次栉比的建筑，与小汽车和公共汽车带来的牢笼感，与私人住宅区和郊区星星点点的自然之象形成鲜明的比照。

建筑格局对城市的历史与演变产生了巨大影响。它使房屋及房屋之间的空地呈现出不同姿态。我们经常在翻新旧的、建造新的，我们总是在错落有致地安排自己休憩的场所，从而对我们的生活带来直接影响。怡人的公共空间在漂亮的城市建筑环绕下，会鼓励各种人与各种活动的交融，会营造出社区氛围、经济活动，使人们既感到相互熟悉又不知对方到底是谁。城市的形态与布局提供了一个框架，使文化与社会凝聚力在其中演变。宽广的市中心广场——像锡耶纳（意大利城市——译者）的大广场那样——有磁石般的吸引力，因为人们纷纷从周围狭窄街道的阴影里走出来，汇集到阳光明媚的公共空间。

街道是城市的动脉，时刻在流动与交汇。公共场所和中心广场时而将城里人凝聚在一起，时而使他们分散，而人便是城市的动脉里流淌的血液。全世界的城市都在试图重新调整街道的平衡，即一切为了人，让汽车往别处走，因为城市的活力来自于“建筑物之间的生命”。街面上多布置些窗户与门厅，使人们可以随意浏览街景，使夜晚的街道亮若白昼，使人们可以方便地进行社交活动；台阶、门廊、过道可成为人们聚会的地方；花盆、树木、花园和微型公园营造出绿意；商店上面或住人或办公，就可以使未使用的空间有了生气；小片的玩耍区域和随处可见的座椅使人有置身家中的感觉；街边的看门人、维修工和清洁工的存在让人感觉更加安全。街道可以让充满活力的城市“唱起来”。[301]

土地的使用在快速变化着——在伦敦的变化速度要比预测的快4倍[302]——而且变化莫测，持续涌现出一个个宝贵的地方。这说明城市与社区在非常成功地造就意想不到的建筑形 206
式，同时使自己面目一新。在未充分开发的内城区域，填埋地皮和意想不到的场所随处可见，任何人只要在格拉斯哥、曼彻斯特、里兹和布莱德福德的市中心转上一圈，就会看到这一点。沿着城市的“需求线”、沿着街道和公共场所重建城市，就好像“用胶水把城市黏连起来”。

伦敦、爱丁堡、都柏林和巴黎的许多街区经常进行翻新，因此总受人喜欢。而要改建曼彻斯特这样比较贫穷、遭受打击更为严重的城市，则更加困难，而且在许多人看来，这种主张也没有多大的吸引力。但是，运河边的咖啡屋和俱乐部正快速地展现出新的生机。东曼彻斯特这个满目疮痍、半废弃的往昔工业住宅区离市中心只有半英里远，如果交通状况改善、绿化面积增加、发展更为集中而不是分散，这里又会活跃起来。第212-213页上的插图显示了东曼彻斯特复苏的潜力：市中心的再生状态沿着运河与公园这一“需求线”向外扩展，就像伦敦的再生状态沿着泰晤士河南岸和码头区域向外扩展一样。

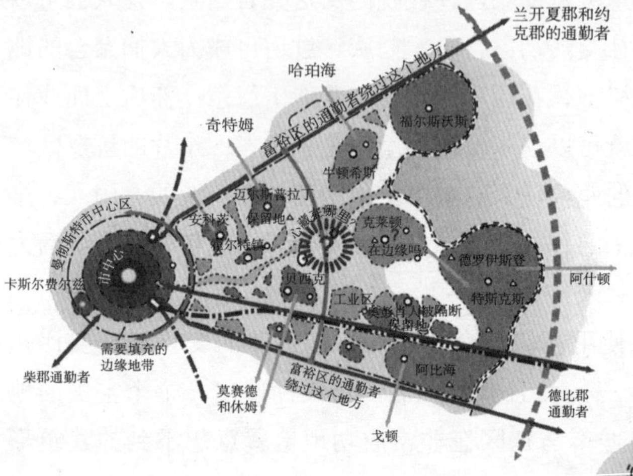
兰开夏郡和约
克郡的通勤者
哈珀海
富裕区的通勤者绕过这个地方
奇特姆
福尔斯沃斯
牛顿希斯
迈尔斯普拉丁
曼彻斯特市中心区
安科茨
保留地
克莱顿
市中心
德罗伊斯登
阿什顿
卡斯尔费尔德
贝西克
工业区
特斯克斯
奥彭肖
阿比海
需要填充的
边缘地带
柴郡通勤者
富裕区的通勤者
绕过这个地方
莫赛德
和休姆
德比郡
通勤者
戈顿

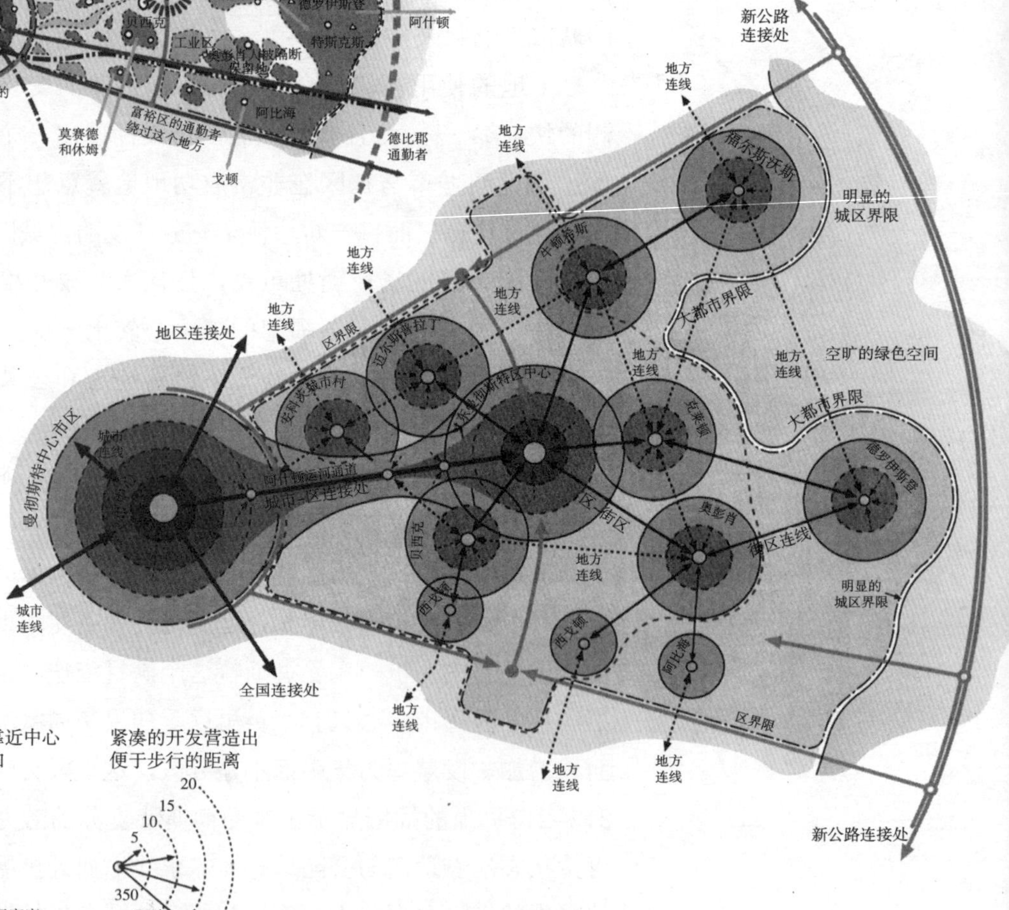
新公路
连接处
地方
连线
福尔斯沃斯
明显的
城区界限
牛顿希斯
地区连接处
区界限
迈尔斯普拉丁
大都市界限
安科茨城市村
东曼彻斯特区中心
克莱顿
空旷的绿色空间
曼彻斯特中心市区
城市
连线
阿什顿运河通道
城市－区连接处
贝西克
区－街区
奥彭肖
街区连线
德罗伊斯登
西戈顿
阿比海
城市
连线
全国连接处
区界限
新公路连接处

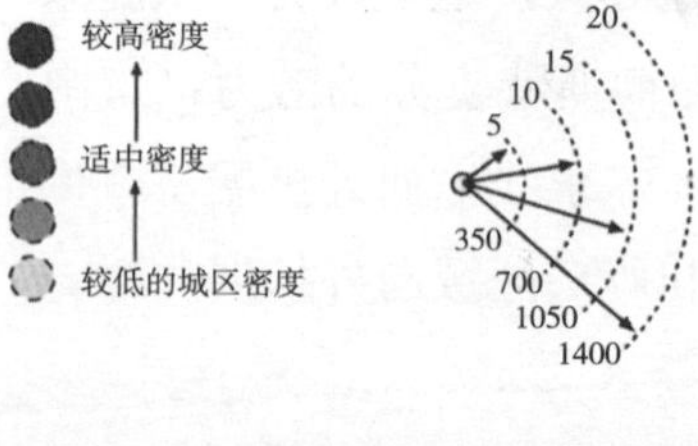
图例：显示靠近中心
区密度的增加
较高密度
适中密度
较低的城区密度
紧凑的开发营造出
便于步行的距离
20
15
10
5
350
700
1050
1400

◀目前的东曼彻斯特：分散而具有潜力的城市社区
里查德•罗杰斯与安德鲁•莱特合伙公司

◀提议中的东曼彻斯特：一系列融合性的混合用途中心将所有的社区吸引到一起
里查德•罗杰斯与安德鲁•莱特合伙公司

▼总体规划将东曼彻斯特与市中心重新融合。新的与现有的街区沿绿色走廊和运河建成
里查德•罗杰斯与安德鲁•莱特合伙公司

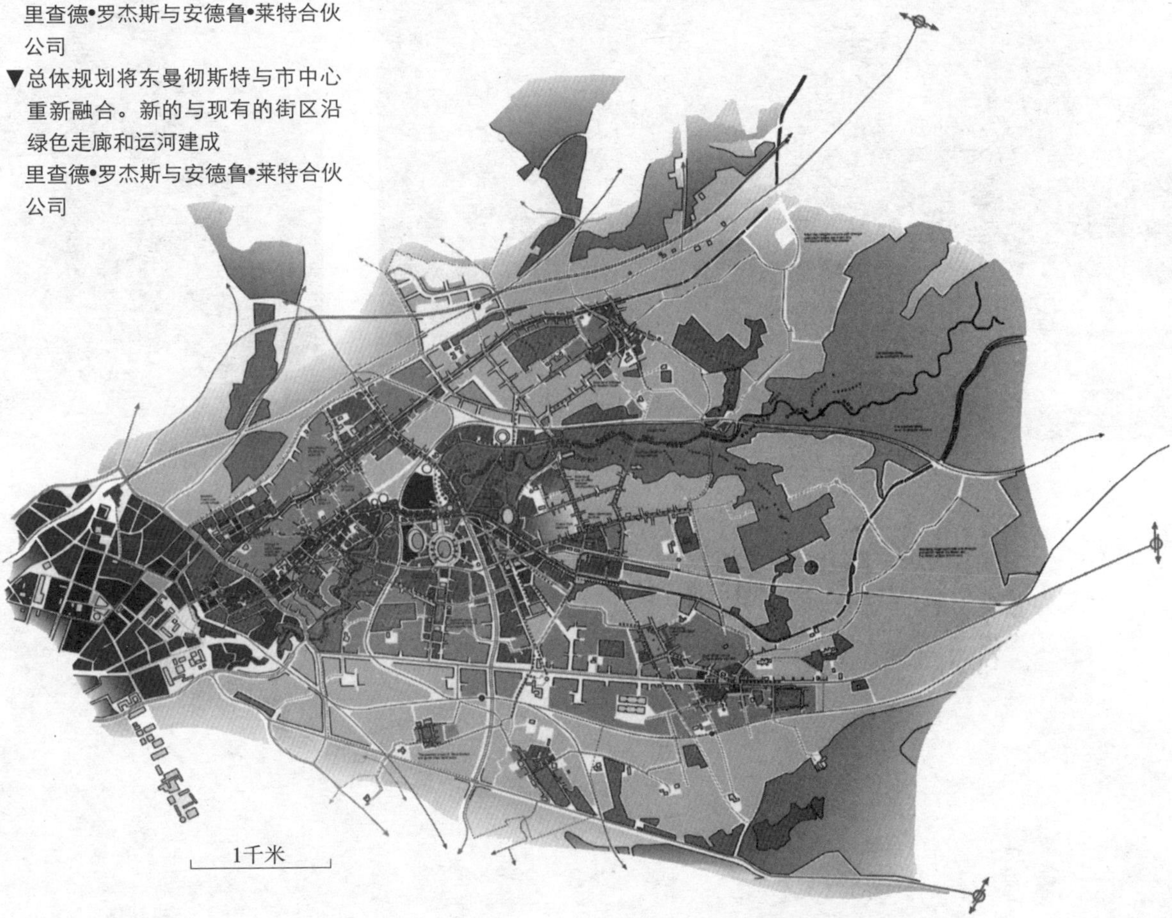

BOSWORTH
STREET

TO LET
Ben

城市以有机的方式演变：学习、成熟、适应。在改建和再利用的同时实施创造性的新开发项目，会使城市形成一种延续性与动态性相互交融的局面。格拉斯哥、伯明翰和曼彻斯特就是如此一小片一小片地重塑自身。在有机而紧凑的城市里，主要活动都集中在一片城内核心区域，但这并不排除在现有的其他区域展开新的活动。在许多面积超过10英亩的较大地方都可以展开新的大型改造项目。仅在伦敦就有几百个这样有开发潜力的场所。[303]格拉斯哥有将近1/10空置的表面积正等着开发。这个城市从长期衰落走向恢复的路程才刚刚开始。[304]

曼彻斯特的一些房屋价格是全国最低的，这一事实也许 207
会产生负面效应，但对城市开拓者而言，也可以成为一个卖点。要挽救大片大片人去楼空的社区，也许就得制定70%甚至80%的棕色地带开发目标。这个城市亟须修建与英国其他地方连接起来的快速铁路：再过三四年，用不了两小时就可以从伦敦到曼彻斯特。国际大投资商现在因为曼彻斯特肮脏的工业化环境而不愿前来，到时候就会来参与有可能成为英国最大的一项城市复兴工程。因为我们面临土地短缺，而曼彻斯特空间巨大，所以这个城市肯定会旧貌换新颜。

◀东曼彻斯特：被废弃排屋式街道

东曼彻斯特的人口已经从86 000的高峰降到目前的20 000。

就业已转到别处，城市环境的质量大幅度下降。

城市的优点

城市有许多优越之处。有更为宽容的环境，混合性强，更容易隐名埋姓，与较小的社区相比，人们的失败与弱点就不大为人所注意，就更加容易被吸纳。城市是残酷竞争的牺牲者、家庭破裂的受害者、学业不良者和就业受排斥者的栖身之所，是现代经济生活中人类这些残骸碎片融汇的地方。但是，城市的吸纳能力也有限。城市社区里的精神病多，抑郁症多，攻击性行为多，反社会行为多。人力资源则少，社区的忍耐性差，解体的风险大。[305]城市可以吸纳现代经济生活变革所带来的多种压力，但要使城市免遭解体，需要采取一个有利于城市的、反对社会排斥的复兴战略。

我们大家都需要城市，因为条条道路通向城市，一切进步都与城市的健康与活力相关联。城市中心与内城街区之间目前所存在的那种分化状态让政客们感到焦心。他们想把住户们吸引来，这些人都是或者希望成为财产拥有者。使城市更加安全、对投资者和房屋购买者更具吸引力，就可以阻止
211 人口的流失。中心城市在这方面已经作出了表率。成功的市中心由管理公司经营，城市导游、保安和看门人都身着制服。城市给管理公司提供的资金来自于保险费的储蓄，而因为犯罪率、破坏行为的减少和收入的提高，保险费会持续增加。要使内城街区发挥效能，我们需要街上有人，需要对公共场所进行地方管理与看护，需要有类似的体系直接应对各种问题。

如果公共汽车趟数多并且可靠，如果街道安全、干净、漂亮，如果绿树成荫、小店铺林立，人们就更想在城里拥有住房了。新居民所带来的收入会促成新的服务业，改善旧的服务业，从而极大地提高现有居民的生活质量。图6.6说明可持续性变化将如何发生。

经过50年令人痛苦的衰败，伦敦东部的一些区域——如克

拉肯韦尔(Clerkenwell)、肖蒂什(Shoreditch)和斯特拉福德(Stratford)——正焕发着勃勃生机。若干具有开拓精神的翻修公司搬进旧房屋区；新的小型企业、作坊与服务公司在楼房的第一层开张；旧的街头市场得到扩展；咖啡屋与餐馆为吸引新客人而装修一新；狭窄的老街又拥挤和活跃起来。同样的情形也可以出现在安口茨(Ancoats)——曼彻斯特热闹的市中心北边的一个区；或者出现在利物浦码头区附近的街区，如艾尔多尼恩(the Eldonians)这个充满活力的社区合作社所表现出的样子；还可以出现在格拉斯哥现在成功的商业城边缘的格拉斯市场(Grass Market)。

城市是否也可以对雇主有吸引力？而雇主们目前几乎同房屋开发商一样在贪婪地争夺绿色地带。低技能与高技能工作职位是否能够同样快速地增加，这样就可以恢复内城街区、鼓励开发商创建新的家园？雇主面对着许多优势，尤其是服务行业，因为这些行业需要面对面打交道；还有新的知识产业，因为对他们而 213
言，规模和空间不很重要，重要的是来这些地方是否便利，并且来这里得花多大的成本。许多现代的生产体系对空间与能源的要求都不是很大，同时更有利于在城市运作。城市能够提供国际公司与其流动的工人所寻求的那种地面的、融合的与相互邻近的后勤服务：如个人服务、保安、清洁、儿童护理、就餐、娱乐等。有些发展最快的服务公司就属于这些行业。[306]这些新的工作职位就有赖于已经复兴的核心区域、有赖于人们所生活的这些生活成本不很高的、交通便利的街区的存在。

我们面临一个未决的问题：城市的环境。持不同观点的人在这个问题上恐怕没有什么异议。就业与住家散乱扩展的后果

焦点问题	所采取的行动
棕色第一——有序使用土地	**难以处理的棕色场所**——为排除污染提供一揽子帮助
新式规划——灵活的/混合的用途——可持续性设计	**密度增加一倍**——更好地利用空间——建造3、4、5层高的房屋
新的评价城市的方法——公共空间位于紧凑的居民点	**良好的设计**——明了、灵活、三维式总体规划——充分利用周围环境
政府——中央、地区、地方三结合——街区参与	**地方社区**——由**开拓者**率先行动，鼓励自下而上的举措
社会排斥——主要是城市问题——街区复兴	**市建住宅区和其他贫穷内城区域**能吸引更多的群体——街区管理与地方公司
种族融合——城市的繁荣有赖于混合	**有利于年轻人的做法**——无论在就业、培训还是机会方面
建筑/房屋——比较便宜、交通便利、租期灵活——适合于人们居住	**挽救建筑**——支持再利用
城市环境——绿色通道、公园等	**交通**——减少车辆、实施公共汽车道，对骑自行车与步行者提供保护
投资需求/范围——我们要恢复平衡得花多少钱？	**已经在进行的工作**——交通、培训、教育、卫生、警察、保安、复兴、翻新等

▲图6.6：让变化发生

已经破坏了许多城外社区的环境。因此别的东西再难以打入这些地方了。我们也必须在乡村地区实施棕色土地利用的目标，这样，通过利用小空间、增添额外的楼层、改变用途和密度就可以使这些城外的居民点更为紧凑、更具效用。我们当然可以将城市设计原理应用于郊区，马丁·克鲁克斯顿(Martin Crookson)的“可持续性城市设计”就说明了这一点。[307]我们将在第7章进一步探讨郊区问题，而郊区是我们最大的住房资源。图6.7说明我们可以如何使内城复活。图6.8显示我们可以如何将规划应用于新环境。

城外超市命运的逆转就说明人们的态度发生了转变。绿地开发几乎总会伤及某些人。有趣的是，公众对机场扩展的反应——包括对其噪音、辅助性开发、快速导致的交通堵塞等——既申明了人们的态度，也强调了我们的局限性。[308]到目前为止，这些反对声音最终遭压制，但越来越难以压制，因为反对声音越来越大。随着经济的发展，干净技术与“虚拟”通 215
讯得到使用，生产与财富的增加就不一定非要消耗大量的资源。[309]我们在不停地发现减少污染、减少损坏性过度使用的方法。城市就是这些新思想的实验场。但是，要使调整性成本均衡下降，发达国家需要在环境方面作出重大承诺、达成广泛的协议。不然的话，我们这些生活在富裕国家的人不但会继续消耗属于富人的环境资本，也会消耗属于穷人的环境资本。

在精心管理的、认真监督的城市街区里实施更加紧凑的、更注重环境的开发，就可能为我们目前的问题提供另一种真正的解决办法。如果激励因素配置得当，使得人人有利可图，那么，雇主、投资者、居民都会像狄克·惠廷顿(Dick Whittington，英

- **经济需要城市**
- 土地是有限的
- 环境的可持续性需要有更好的生态平衡
- 乡村给我们提供了肺/清洁/休憩/逃逸——因此我们需要保护乡村
- 散乱的扩展等于走自我毁灭之道——大家都不是赢家
- 社会竞争说明输者会落在后面

- **重新增加居民点的密度会有助于城市的发展，因为：**
  — 家庭规模缩小了
  — 可以容纳更多的家庭
  — 增加财富、增加对更高质量空间的需求

- **城市需要：**
  — 公共交通，以支撑更为紧凑的生存方式
  — 城区绿色空地
  — 更吸引人的城区环境
  — 优质的公共服务项目
  — 警察、学校、保健等，以满足不同收入者的需求

- **优秀的城市设计与建筑能够使城市发挥其效用**
  — 境况较好的人会选择漂亮的地方
  — 复杂的活动能够共存
  — 对城市的自豪感能导致成功
  — 重建城市休憩空间、优先考虑行人的需求，能使城市活跃起来

- **城市中心战略正在生效**
  — 公共空间
  — 步行街
  — 高密度的公共交通
- 成功将有选择能力的人吸引到城市
- 成功的思想能施用于内城街区
  — 避免拆毁、支持现存社区
  — 恢复各种状况、恢复企业
  — 挽救各种服务项目
  — 吸引新的居民

有效的做法
- 提高整体密度
- 灵活的区划
- 改善管理体系，使用途的变换更加容易得到审批
- 最大限度地鼓励各种改造与细分化项目
- 限制小汽车空间，尽可能扩大自行车/步行者空间
- 交通规划具有融合性
- 更多地使用规划与设计专家
- 灵活而有变化的开发方案
- 支持有机变化
- 最大限度地使用空间—阁楼、半地下室和地窖等

无效的做法
- 将低密度作为质量保障
- 限制混合用途
- 阻碍用途的变换
- 区划—工作与住家或休闲区严格分开
- 道路提供过于慷慨
- 停车场提供过度
- 三岔路口过于宽广
- 针对密度、高度、空间与改造内容的数字化规定太严格
- 不能适应新的家庭形态
- 过时的开发方案

◀图6.7：复苏内城

国历史人物，想离开伦敦到别处闯荡，刚走出城，就被城内的钟声召回，后来就在城里发了大财——译者）一样，返回他们匆忙离开的城市。

◀图6.8：改善规划原则

第七章　让城市发挥效用

比尔巴鄂与纽卡斯尔
城市设计者与社会企业家
城市是由市民造就的
重新使用城市土地
经济实惠型住房
郊区
经济与社会融合
新工作与技术革命
街区的社会性复苏
街区管理
交通与运输革命
地区个性与城市管理
城市的环境
城市的出路

比尔巴鄂是西班牙第二大工业城市。它位于北部海岸，巴斯克地区的心脏，在佛朗哥统治下的1960年代是西班牙最富有的、最现代化的城市，而当时的西班牙既贫穷，又不民主，国家四分五裂。比尔巴鄂当时因重工业经济、繁忙的港口与极高的密度而成为西班牙城市中的丑小鸭——其商业中心与港口被群山环抱。

后工业时代制造业的崩溃以及恐怖活动使比尔巴鄂遭受严重打击。巴斯克分裂运动组织埃塔(ETA)发动的爆炸与暗杀事件使游客与投资者不敢前来。到1995年，比尔巴鄂的港口与中心区已陷入长期衰败；一个挨一个地环绕着港口的高密度街区没有一点儿富裕、健康的迹象，甚至没有一点儿地方自豪感。人们一蹶不振。分裂分子在巴斯克地区的每一面墙上、每一座桥上和每一道围篱上都贴上标语，抨击政府、游客与外国企业。当地人对极端政治与外来者的那种抵制情绪让人感到泄气。这座城市已处于危急关头。每年八月份为期一周的旅游节结束时，总是要象征性地宰杀一个金光闪闪、衣着华丽的塑像，然后像演戏一样将燃烧的模拟像投入黑似墨水的河里淹死——象征着终结与开始。

▲前页
罗马城禁车的星期天
*AGF-La Verde*提供

随后五年里发生了惊人的变化。埃塔组织虽仍然活跃，且不再遵守停火协议，但还是作出了妥协，因为西班牙取得了进步，巴斯克地区政府获得了很大程度的自治，巴斯克语言得以恢复，巴斯克人的权利得到承认。西班牙的经济以前所未有的速度增长，而暴力活动的减少也迎来了新的大投资者。杰出的市长促成了新的以旅游为导向的经济。最突出的一个新的地面

7/227

标志就是市政府与古根海姆基金会(Guggenheim Foundation)共
222 同出资修建的那座银装素裹的博物馆，于1997年开放，俯视着老港口与城市的核心区域。由诺曼•福斯特(Norman Foster)设计的横跨海港的一座新步行桥和几个非常别致的地铁站，拓展了公共空间。稠密老城完备的基础设施虽然有所衰败，皆被赋予新的用途。

这座城市曾经拥有熟练而有经验的劳动力、有魄力的当地与地区政府、显著的独特性以及欧洲最为古老的文化和语言。这些特征在1970到1990年的急剧衰败期成为防御性障碍，但后来都转变成一种独一无二的资源，因为实施了复兴战略，旨在推进国际投资、文化旅游，形成一个活跃而稠密的市中心。比尔巴鄂像比利牛斯山脉南端的巴塞罗那一样，已经成为现代化与国际化的西班牙的北大门了。

比尔巴鄂的古根海姆博物馆建造花了1.1亿美元。1998年吸引了120万参观者，1999年也是这么多人。2000年希望能有大约300万人，其中4/5来自巴斯克地区以外。这也许是最为重要的一个开发项目，因为它使该城和这一地区接受到新思想，起到新的作用。博物馆开放后两年半的时间里，这个新的旅游城市因为新的企业与税收而使市政府的支出增加了4亿美元，收入增加了7 000万元。[310]

古根海姆博物馆是近年来最具特色的一个建筑。其非同寻常的曲线形态、明光锃亮的金属外壳以及在海港中耀眼夺目的位置，既是一个地面标志，也象征着对新人新思想的开放。经过多年的压抑与暴力活动，比尔巴鄂拥有几项财富：密度、环境和郁积的能量。人们纷至沓来，以分享这种勃勃生机，欣赏

▲前页
比尔巴鄂：通过艺术与文化使城市复兴（建筑师：弗兰克•奥•格莱及合伙人[Frank O. Gehry & Associates]）
大卫•希尔德(*David Heald*)

这个城市新的与旧的、国际的与地方的那种奇异的交织。既然比尔巴鄂能如此旧貌换新颜，英国的前工业城市也能做到这一 223 点。

就许多方面而言，纽克斯尔像比尔巴鄂。其工业时代的港口急剧衰败；滨水区域的环境别致；历史悠久的市中心紧凑、漂亮、有开发难度；内城街区贫困，住了一批技能与生活态度都已“过时”的体力劳动者。盖茨黑德(Gateshead)位于泰恩河(the Tyne)的另一边，是纽克斯尔的姐妹城市。它们已经结成了新的文化与市民合作关系。

▲比尔巴鄂：福斯特合伙公司所设计的地铁站
里查德•戴维斯

纽卡斯尔与盖茨黑德隔着1/4英里的河面对望着，有六座精心打造的桥梁将两者相联。其滨河位置是英国最为迷人的。一座新的千禧年步行桥要将南岸——即盖茨黑德的河岸——面积巨大的新艺术中心与北岸——即纽卡斯尔河岸——的新博物馆联接起来。两个城市现在都竞相发展、发挥各种混合用途、恢复活力，都在泰恩河边修建昂贵的新公寓，将新的人口吸引回市中心。纽卡斯尔市中心新建的公寓一上市就很快卖光。从格兰杰镇(Grangertown)的主火车站往上走，可能是全英国最漂亮的、保存完好的乔治时代镇中心。纽卡斯尔也在翻新店铺上面的公寓，从而使生活与工作混合起来，而这个城市本来就是如此规划的。

这个城市有惊人的资产：完好而极为漂亮的乔治时代购物街；市中心有许多精心保存的石造建筑；泰恩河两岸有一个历史悠久的剧院和一个新的文化中心；出色的铁路连线和前卫设计风格的地铁系统通往郊区；当地人对城市有强烈的依恋之情；漂亮的旧工业时代建筑沿陡峭的奥斯伯恩(Ouseburn)河岸

▲纽卡斯尔：一个城市的复兴——200年前的情景。沃德•菲利普森集团(*Ward Philipson Group*)

◀当今的情景
英格利希合伙公司(*English Partnerships*)

鳞次栉比地排列着，离市中心只需步行片刻，都在等着发挥新用途。但盖茨黑德城外巨大的超市和过多的绿地建设都将城里 225 的活力吸走了。

你沿着河岸新修的步行小道走上一英里，走到旧工业时代的河边时，就会看到明显的废弃迹象：到处是裸露的土地，上面的市建房不久前才拆掉；再就是已经被封起来的“农舍式房屋”，人们住在里面没有一点安全感了，因为太靠近旧河岸，拆毁工程使得到处缺乏任何保护措施，一切都暴露无遗。再往西走，有一条快速公路和一个工业区，那里有一排排呈波纹形屋顶的、没有窗户的现代厂房，阻挡了河面的视线，破坏了一个大好的机会：本来可以在这里营造一个新的后工业时代混合用途的滨河区域。陡峭河岸上边的一溜溜老排屋正在被废弃。在未来五年或十年里，这个城市将要拆除6 000座这样的房屋，不然的话可以将它们翻修成漂亮的住家。[311]自1971年以来，纽卡斯尔市中心的滨河区域已失去大约1/3的居民，其核心区的人口仍在急剧下降。本威尔(Benwell)和斯科茨伍德(Scotswood)离市中心只有一步之遥，因为贫穷、学校质量差、失业率高、经济萧条，这里的高质量住家也都被废弃。为拯救这些内城区而作的许多努力都无果而终，因此人们都失去了希望。纽卡斯尔已成为英国两极分化最为严重的城市。[312]

这个城市正面临关键的抉择。应该像比尔巴鄂那样以文化旅游潜力为契机，集中精力发展市中心呢？还是应该像巴塞罗那那样争取改善每个街区的环境质量呢？而正是环境这一主要原因和学校质量等问题促使人们离开了城市。或者应该像哥本哈根那样，将格兰杰镇中心和乔治时代的购物街限制为步行区，从而营造出“公共起居室”，使人们都想步行到镇中心，在那里闲坐？因为纽卡斯尔像许多前工业时代城市一样，其诱人的位置潜存着巨大的资产。该城布局紧凑，适于步
226 行，基础设施可以使目前的人口再翻一番。那么，将如何阻止最为富有的人口继续流散到城市周围充足的绿色地带上，同时防止比较贫穷的社区进一步遭到废弃呢？我们将在本章探讨如何使被此类问题缠身的城市运作起来。

我们预计，在未来25年里，英格兰还需要为270万个单身家庭提供住处，其中大多数将生活在现有城市里，而许多将生活在现存的房屋里。在未来25年里，全国人口可能会增加460万。如果我们对这一增长应对失当，其后果将同环境问题后果一样严重。我们已经建成的房屋至少可以在30年后容纳4/5的人口。因此，如果能将这些房屋改造得更加漂亮、更适合于居住，会得到全国公众的大力支持。我们并不是说要大规模地重增城市人口，或者以高密度的方式把人口充填进来，以扭转数十年来城市人口的下降，如我们在第6章所指出的情形。而是要把人们诱入城市的心脏区域，而这里的人实际上已经成为城市复苏之战的积极参与者了。我们所要倡导的是，通过更好地利用其现有空间而使内城街区与郊区再现生机。这样的话，在当今面临沉重环境压力的世界，我们可以使城市成为喜欢城市的人的一个资源。在我们所提出的方案中，郊区、远郊与内城街区都会起到各自的作用。

城市设计者与社会企业家

在城市生活与工作就会迫使人们解决城市问题。我们之所

以在城市的许多方面——工作、住房、公共卫生、交通、政府、教育、治安与文化等——取得重大突破，就是因为设计者、投资者与企业家整天面对城市的环境与社会问题，因此开始着手解决它们。[313]这些人生活在城市里，与使用他们所创造出来的东西的人打交道、融为一体。坚持让怀有多项技能的人解决城市问题是寻求解决办法之关键。而我们的许多投资者和 227
企业家都已经搬离了城市，躲开了压力。城市的许多破坏都是由城外造成的；都是由不切实际的、不熟悉城市问题的人所提出的不受欢迎的解决办法造成的。美国就经历过这种严重状况：少数民族聚居区的增加与人口减少主要就是因为解决问题的人都离开了城市。[314]

新思想往往会产生料想不到的后果。因此，郊区就在一定程度上造成了内城的衰落。现代交通将内城街区切割开了，现在又因为过多的汽车而使大多数城市窒息。自动化减少了我们不再需要的工作职位，现在则大量消除了我们仍然需要的低技能工作。有的设计带有未来色彩，往往受社会因素影响，同时又显得不灵巧，结果产生了一些非常难以处置的内城住宅区，而管理的普遍欠缺和对社会网络的公然漠视又加重了各种问题。[315]我们得忍受这种后果，而城市设计者和社会企业家每天都得应对社会损耗(social depletion)与物质衰败所带来的压力。社会排斥部的国家街区复苏战略(National Strategy for Neighbourhood Renewal)必须与城市特别工作组的方案相匹配，后者的目的是发挥城市的效能，从而使人才与举措都聚焦于城市问题。因为物质的与社会性的能动性是一起运作的。

我们需要吸引并且留住那些新一代城市开拓者。这些年富力强的行动者最为关心的事情就是让一切运作起来，并且总在寻求新的行事方式；他们是未来的生命线，因为他们**愿意**生活在城市，愿意靠近工作，靠近朋友，靠近各种机会。他们需要能吸引他们的住家，而他们心目中的生活环境与标准的郊区住宅环境大相径庭。[316]他们的城市住家必须是宽敞而安全的，必须靠近良好的公共交通与商店，一切都应该比较便宜，这样就会有余钱让他们满足其他需求和娱乐，而不只是为了最基本的生存。眼下只有富人和已经安居下来的人享受得起城市的许多便利。城里的交通费、家庭税、汽车维修费往往都
229 要高些。这种状况必须改变，这样城里的居民大众就会觉得自己属于城市巨大财富的一部分，能够从中受益；这样人们都想到城里来，待在城里。比较贫穷的城市街区的居民都应该从城市方方面面的改善中得益——最为重要的就是都有权待下去。只有翻新工程才能取得这种效果，而决不是拆除工程。[317]

人们喜欢的内城区的漂亮翻新住房是不愁卖不出去的。它们之所以昂贵就是因为稀缺。我们需要在这些已经兴盛的房屋附近再多翻新一些住家。随着我们将城市一个一个的犄角旮旯整修一新，就会把人们招引进来，他们就会竞相去拯救下一个犄角旮旯。每一个新城市居民都是拯救活动的参与者。因此，城市的重建是一个楼区一个楼区进行的——因为一个区域的居民如果想待下去的话，就会努力去改善与容纳紧挨他们的周围区域。他们将需要更为干净和安全的街道、条件更好的学校。这样就会产生涟漪效应。但变革需要高瞻远瞩的目光，也

需要想象力，即不但能看清楚一个地方的现实状况，也能认识到其发展前途。

市中心周边管理不善的社区可以获得新生，然后向更广大的郊区扩散。与此相比，没有什么方法能更快地恢复信心、吸引投资、使城市人口再次增加。因为这些内城街区会使公众对城区生活采取敌视态度。而街区更新与城市复兴实际上就是在这些地方扎根，因为这里有足够的空间让人们回到城市生活与工作。图7.1说明，我们在第6章所描述的市中心更新工程是可以施用于内城街区的。

更为广泛的复活工程有待于开拓性的拯救行动。我们可以将富于想象力的城市设计者、引领潮流的新居民、拼搏的社区、思想前卫的管理人员和服务行业企业家的技能与兴趣汇合起来，形成一个新的拥护城市的联盟。

大多数人类活动——政府工作、商业往来、艺术活动、 230
社区活动——都需要频繁的人际互动，需要各式各样的活动。城市文化与市民社会就诞生于这种交融过程。历史悠久的企业需要城市，因为城市能够提供大量而灵活的服务与劳动供应，还有各种机会。对全球的城市和高科技企业的行为所作的研究表明，它们可以造就新的相互联结的城市居民点，其中大多数不是嫁接到旧的居民点上，就是由旧的居民点改造而成——从而提高了活动密度，促进了服务设施、商店、工作空间和交通连线的修建。[318]将成千上万企业——无论大小——吸引到再造的城市里的余地是巨大的。我们已经在重新设计我们的城市及其建筑物，就是为了适应这个新的工作世界。

回收利用旧建筑	复兴与重新设计过时的基础设施	放松对土地用途的管制
↓	↓	↓
为恢复、改造、转变和再使用旧的内城街区与街道而组织设计竞赛	保存并扩展连贯的街道模式——创造出小片的、易于管理的空间，构成街道模式的一部分	取消区域界限，将各种用途混合起来
↓	↓	↓
为复兴衰败的街区和住宅区，与居民共同制定地方性“总体规划或行动方案”	对“重塑”各种场所的创新性设计和新思想进行支持	鼓励热心城市恢复的城市开拓者——即鼓励城市“安家活动”——城市自我建造活动
↓	↓	↓
鼓励街道活动方面的新思想，以提高内城街区的吸引力（如有关家园地带、植树等）	创建公共汽车线路、自行车道和人行道，将日益衰败的内城街区连接起来	用“社区基金”所提供的小额资助支持社会企业家的创新活动
↓	↓	↓
为旧建筑构想出新用途	保护与恢复当地的地面景致——公园、图书馆、教堂等——在旧场所进行新活动	为使用小片腾空地盘提供激励因素
↓	↓	↓
最大限度地使用腾空地盘，建造新颖的、用途混合的建筑	植树、营造小块的绿色空间	清除有碍市容的东西，清理土地，实施有序的方法
↓	↓	↓
鼓励再使用，而不是拆毁活动	重新利用社区积极分子，支持志愿性活动，任命街区管理员	在空置的财产与土地上实施清除公害令

▲图7.1：将市中心复兴的经验用于内城街区

城市是由市民造就的

我们的城市是我们造就的，所以无论好坏，我们都得接受它。[319]重新部署我们已经倾入到城市的巨大资源可以改变我们的城市生活观念。我们需要**设计**自己想要的东西，需要**组织**更为全面的生活方式。设计既是一门艺术也是一门科学——能使场所与建筑更加漂亮、更有效率。[320]如果更好的设计与更完善的组织能把更多的人吸引到现有的居民点，这些新来的居民就会缩小我们社会中极端分化的现象。我们设计街道、空间和街区的方式会长久地影响城市社会的形态。[321]我们能否重新设计自己所生活的各个地方以及管理这些地方的体系，从而使我们更加看重自己在城市这个拥挤的岛屿上已经拥有的东西呢？

纵观历史，美丽的城市——包括其中的家园与企业、学校与服务、公园与广场、交通与休闲、纪念性建筑、社会网络与相互连接的街区等——都激发了人类活动。现代城市需要再现我们曾经有过的这种天赋。因为，不论是造就一个新城市还是恢复一个旧城市，都需要想象力，需要创意，比尔巴鄂的经验 231
就证明了这一点。有创意的设计能使成功的城市具有磁石般的吸引力。设计出更加漂亮、更为紧凑、更具有环境持续性的居民点，不但会留住现有城市居民，还能吸引来新人才。只要我们管理有方，优秀的建筑就会寿命绵长。

如果服务的组织更有效率，就会使城市更加干净、安全和漂亮。正是因为我们很少关怀“第一线”的人，即低报酬工作者——管理员、扫街道的、看楼的、门卫、维修工等——我们极度地低估了他们的价值，所以我们的城市经常会出岔子。英国城市的不良管理由来已久。所以我们的城市在国际排名表上处于很低的位置：只有伦敦被列入前40名，而德国有七个城市。[322]我们的管理方式决定了生活方式。现有的东西让我们到处掣肘、施展不开手脚，因此我们只有竭力应对各种复杂的生活、变化，有时甚至是正在消亡的因素，才能取得成功。所以说，在重建城市的过程中，设计与组织必须协同进行。（图7.2）

以全新的方式设计我们的生活方式、构想新的方法来管理我们的社区，就可以使城市生活成为未来的最优模式。城市与居民点皆人力之所为，因此我们必须承受人类错误所造成的后果。我们经常需要改变、更新现有的东西，增添新东西。因此我们必须寻找新的方式，从而最大限度地减少我们对地球造成的效应。以下是城市特别工组在研究期间认识到的五个关键问题。

土地是有限的。以更加负责的态度对待土地、更为经常地回收利用土地，已势在必行，而不是少数人的一种愿望。因为土地于我们的生存至关重要，因此土地是属于大家的。我们有责任为后人保护土地、让富人与穷人共享土地带来的收益。[323]我们的当务之急是应对建造区域内的污染、废弃、乱丢垃圾、空
233 间剩余等问题。我们如何重新使用空置的土地、重新评估公共空间、复苏破败的建筑与街区，已成为未来更为紧凑的发展之关键。

经济与社会融合使城市更能吸引那些想住在城里的人，使雇主愿意将企业搬到城里。这就需要合理的布局。残存下来的内城社区的那些令人感觉耻辱的社会状况加速了物质环境的衰败，如果我们能够对这些状况加以改善的话，就可以使城内更多的新工作与新家园联结到一起。新型的用途混合、功能混合的街区将产生活力与交融，而我们的社会的生存就取决于这些

东西。城市不应该成为社会分裂的中心。变革有助于城市发展，而不是阻碍城市发展。

交通已经在影响我们所作出的许多决定。过去50年里汽车的使用增加了12倍，先是取代了、然后是阻碍了我们的其他选择。车流与堵塞既是城市复苏也是经济扩展的巨大障碍。[324]我们必须设计出新的能够使更大人群流动的方法，这就要求采取更加集中的办法，让我们的街道和居民点更加有人情味。增加公共交通的密度会有助于社会与经济复苏。[325]

城市的管理与领导决定城市的复兴。选民会影响我们做事的方式，但城里的人已感觉万念俱灰，顶多有1/4的人愿意在地方选举中投票。内城街区的投票率甚至更低，除非所涉及的问题与地方利益休戚相关，居民们能真正施加影响。在一定意义上而言，过错要归咎于中央政府对权力与责任的集中。[326]我们需要高瞻远瞩的、愿意致力于城市复兴的领导人。大多数人已不再希望能左右大的体制了，认为自己顶多能对直接参与的事情做一点改变而已。成功的要诀在于用小块小块的方式解决问题，同时又能认识到每个问题是更大问题的一部分。因此，实现有效管理的关键是，基层努力和战略性目光相结 235
合。[327]

环境压力正在增长。快速的城市化以及向郊区腹地的无限扩展已经破坏了土地保护与人类发展支持之间的联系。威胁日益严重。现代城市生活造成的环境破坏比更为传统的居住方式要大得多，因为前者消耗多、浪费多、再利用率小。我们不能再这样继续下去了：可用地是会用光的，空气、水和土地污染会使进步得不偿失。现在不停止就会为时太晚。

何为设计？

- 使建造的环境井然有序
- 使公众参与设计决策
- 最大限度地使用街道与公共空间
- 修建连成一片的街面，鼓励紧凑而充满活力的街道生活
- 营造明显相连的、和谐的形式与模式
- 在各种功能与用途的周围营造怡人而实用的空间
- 解决布局、材料、结构、质量、用途、联结等方面的问题
- 用需求线路营造流畅的效果
- 进行着意的规划，使空间发挥效用
- 在现有框架内开发适用于新建筑的技能
- 将技能运用于项目的整个过程中
- 在实施物质环境变革中将科学、艺术与规划结合起来
- 用物质环境变化来改善生活质量
- 在现有的景致、环境与布局内修造新建筑
- 让物质形态满足社会需求
- 促进社会与经济活动

如何组织？

- 使一切发挥效用
- 解决问题
- 创建有效的体系
- 维护现有的东西
- 成立工作小组，以取得务实的效果，实现一系列目标
- 监督与实施达成一致的标准与效果
- 优先采取积极参与式做法—支持基层工作
- 让顾客、使用者和市民参与规划、决策与实施过程
- 组织培训，使人们能够发挥技术
- 保证预算都用于支出，对支出实施管理
- 协商获得资金和更为广泛的资源
- 赢得并维持政治方面的参与和支持
- 与合作伙伴共同工作
- 实施更为广泛的战略方案
  促进基层行动
- 照顾到地方规划
- 建立小型的自发性项目组
- 由当地人解决当地范围内的问题

设计方面的问题

- 设计技能欠缺、设计培训不足
- 物质环境设计的局限性影响到社会秩序
- 对社会网络有误解
- 外行人存在着理解障碍
- 缺乏整体性举措
- 强迫设计者接受某些结构与方案
- 缺乏公众的参与

管理方面的问题

- 头重脚轻的结构
- 目光短浅、领导水平差
- 权力下放与团队工作太少
- 缺乏信任
- 官僚程序多
- 上层的资源浪费
- 不能提供支持性结构
- 过于依赖条例、目标与规定

城市特别工作组针对这五大类问题提出了一百个相互关联的建议，[328]这些建议要求我们采取行动。图7.3罗列了主题内容和最宜于采取的行动。

第七章的其他部分将分别就城市复苏问题来探讨这五个主题。

重新使用城市土地

既要管理土地使用又不能管制过紧，既要容许经济发展又要限制对环境的破坏，既要鼓励集中发展又不能制约创新——所有这些都要求中央与地方政府采取微妙的平衡行动。城市只有发展到足够大的规模，才能提供经济发展赖以实现的人口与活动。但城市发展与郊区扩展都是有限度的。城市或者是胀破，如所有发展中国家所出现的情形，或者同时既缩小又无限扩展，像美国的情形，欧洲在一定程度上也是如此。由稠编密织的街区所构成的紧凑城市、小镇和乡村能够提供人与活动混合交融的状态，从而使一个地方有目的明确、个 236
性鲜明之感。从历史角度而言，紧凑城市的形成源于土地与交通条件的局限，以及防卫方面的需求。因为现在土地如此受限——至少在英格兰与许多欧洲国家是这样——所以紧凑城市之观念再次吸引人了。

◀图7.2：设计与组织

全世界的大城市都已放缓了增长速度。[329]当然也出现了一些超大城市，但其发展已经失控。[330]较小的城镇现在的增长速度要快得多——这一模式在英国已历时一百年了。部分而言，小城镇的增长容易驾驭。同时，小城镇之所以能发展，是

主题	存在的问题
土地	土地价值估计不足，用途不可持续 对维修与新建所征收的增值税不平等 绿地建设有隐形补贴 棕色地带的污染与回收成本大 散乱扩展、密度低、废弃现象多
经济与社会融合	贫困/失业/工作职位损失/技能差距 区域两极化——异化/无序/反社会行为 少数民族集中，处于劣势 破坏行为，环境恶化 社区分化——家庭解体与儿童关照问题 投资与企业差距
交通	过度使用小汽车，堵塞问题 事故/污染 步行与骑自行车的减少与危险 铁路负荷过重，投资减少 公共汽车因交通流量大而速度缓慢
城市管理	政治领导层软弱/公共参与低/无能为力感 城区“职业人士”减少——袖手旁观的体系 主流的城区服务消减，如教育、卫生、警察等 公园与公共空间疏于管理 公共领域、城市环境被忽视，破坏行为、不安全问题得不到解决
环境	不良效应未加评估，开发存在着隐性成本 废物与垃圾没得到充分回收 能源使用无效率，使用过度——空气/土壤/水污染 温室气体排放与全球变暖 绿地、树木和土地损失

▲图7.3：五个关键主题

因为人们——包括生意人——往往觉得较小的、易于管理的地方更有吸引力。因此，如果我们想阻止较小城镇无限扩展、防止它们最终与全国连成一片，我们的城市恢复工程就要强调密度的增加。我们的许多空置的建筑与可用的空间都在较小的城市，这里对人们的吸引力是很大的。正如我们在第六章所说的，大小居民点周围醒目的绿化带对于遏制城市的散漫扩展起着举足轻重的作用。

城区的延伸已将许多较小社区吸纳进去了，如斯托克波特(Stockport)、奥尔特零厄姆(Altrincham)融入曼彻斯特，或者克罗伊登(Croyon)融入伦敦的情形。政府应采取更加富有想象力的行动，而不是让一个低密度开发项目与下一个简单地连接到一起，如汉普郡、埃塞克斯郡和多塞特郡的有些地方所发生的事情。最佳的设计技能可沿着公共交通连线创造出21世纪所需的紧凑的、融合的与用途混合的城市，即充分利用现有的稠密城市框架，将其效用提高一倍。[331]在米尔顿—凯恩斯(Milton Keynes)、阿什福德(Ashford)、克劳利(Crawley)、斯坦斯特德(Stansted)和其他发展中心，如果能充分利用腾空的场所，如果能提高密度，如果能使这些镇的公共交通综合化与密集化，那么，就可以在其现有的“封套式”格局里促成重大发展。赫默尔—亨普斯特德(Hemel Hempstead)这一新镇所取得的
成功为我们作出了示范。这个镇所强调的是，实施不同的房屋 237
拥有期限，融合不同收入者，进行精心的设计与布局，着意与现有模式相结合，改变现有建筑的用途等，因此成为规划发展的杰出典范。

为了使人们有归属感、使他们接受新思想，我们需要宣

扬“小即是美”的观念，同时强调与更大、更广泛的社区的联系。库里蒂巴、巴塞罗那和伦敦就是这么做的。伦敦就是由一连串的区镇组成。战后伦敦著名的规划者阿伯克龙比(Abercrombie)将伦敦与都柏林之类大城市的内城与外城街区看做是“城市乡村”，这一形象受到许多人的喜欢。[332]街区观念**不是**与更大的、更为复杂的城市观念相抵触，只是让人们对自己所生活的地方有一种认同感，将其看做是自己的家园。因为城市的混乱与庞大令人感觉被淹入默默无闻的境况中。

如果我们聚焦于街区复苏，将其看做是城市复兴的基本构成部分，将大而复杂的体系分解为小块而易于管理的区域，人们就会有认同感，愿意去护卫这些地方，这需要从其家园做起。在此意义上，我们可以将街区看做是一个洋葱：紧密的内核是家园、街道与街区；内核周围比较疏松的外层就是当地的商店、公共汽车、学校和医生等；最外表的皮层就跨出了社区的界限，即我们工作、娱乐、交友、访亲的范围。[333]

在过去30年里，伦敦城内街区新增了价值，使得房价在停滞了10年之后迅速上涨。翻新、植树、街道活跃起来、公共交通改善、服务部门兴盛、优先考虑行人等因素都起了一定作用。在大多数区镇里，人口在经历了8年的缩减后又开始增
238 加，[334]因为这种新的具有典范作用的城市生活形象吸引了年轻人，以及喜欢流动的人——即我们需要容纳的新家庭。这说明内城街区是可以再利用的，可以重新估价的，可以再充满人气。虽然伦敦作为首都有其特殊优势，但其城内长期存在的许多问题——人口减少、工作损失、贫困、物质环境衰败等——是所有城市共有的。

1972年，巴恩斯伯里区(Barnsbury)有潜在吸引力的乔治时代贫民窟拆除区域的低收入居民做了一番维权斗争：要求继续待在得到改善的住家里。[335]这一行动在很大程度上保障了伊斯灵顿(Islington)这个混合的街区的留存。1970年代玛格丽特•霍奇(Margaret Hodge)任住房委员会主席时，当地政府在贫民窟拆除岁月里迟迟不作出行动，结果成为率先实施修复工程的地方。从而彻底终止了大规模的拆毁工程和新住宅区修建项目，保障了房屋的翻新，使被迫搬离的房客又有地方住了，推进了那个时期最早的住房合作社的成立，并且按照1974年的“住房行动区域”立法精神组织了最大的修复项目。伊斯灵顿现在已成为一个混合而繁荣的内城街区，其成功的主要原因是：市民参与政府决定，政府尊重传统上受人喜欢的街道模式。

另一种与此大为不同的逆转与更新方式是：改造受污染的土地。格林尼治半岛的改造以及大穹顶(the Dome)和拉尔夫•厄斯金(Ralph Erskine)所设计的千禧年村的修建，说明了在应对我们城市中心附近的“不毛之地”时所涉及的成本、复杂性与紧迫性。整个泰晤士河口工程就基于这一思路。按照可持续的城市密度计算，伦敦以东的区域可以容纳大半的人口增长。而新的交通连线也有助于密度的提高。[336]在棕色地带上精心规划新的居民点可缓解城市压力：佛罗伦萨打算在其历史悠久的城市以外、靠近机场的一片楔形棕色地带上兴建一个可容纳两万人的新街区，这样就把绿地留作公园，使新家园、新工作与休闲场所融为一体。

经济实惠型住房

经济发展可能带来的后果包括价格过高、竞争和两极分化，但我们也可以采取许多方式保护现存城市社区内的居民，同时鼓励新来者和新活动。纽约市政委员会是美国最大的房主，其150 000个住家由市住房局管理。在纽约这个土地极为短缺、极端贫苦存在的城市，巨大的私人租房市场提供了65%的住家，同时又有相当规模的公共和非盈利住房，从而使低收入工作者得以生存。[337]

我们需要在经受压力的城市与乡村采取一系列措施，以保护比较便宜的住家。其中一个重要的做法就是维修、更新现有住房，而不是拆除或者取代。旧的乔治时代的排屋往往可以被分成两三家。而小的维多利亚时代排屋可以被打通，改造成大一点的住家。通过增强安全性、改善环境、现场维修以及容许任何人前来居住，不受欢迎的市政住房都可以焕然一新。[338]

市政住宅区很少因为结构问题被拆除。哈克尼区(Hackney)的伍德伯里荡(Woodberry Down)是个稠密的、有70年历史的阳台楼区(balcony blocks)，里边有1 000套公寓。这个地方就是个典型的例子，因为如果当地政府愿意挽救这个具有潜力、位置适宜、结构牢固的住宅区的话，就能够给未来若干代人提供住房。如果采用皮博迪(Peabody)住宅区管理模式，即由居民亲自对环境结构实施周密的看管，密切监督各种状况，经常进行翻新与改善，就可以保持伍德伯里荡之类的旧阳台公寓住宅区的价值。[339]

242 一项基本任务是，对房屋出租加以管理，以吸引更广泛的社会混合人群。欧洲各地的经验表明，这对城市复兴至为关键。[340]将得到补贴的市建住房出租给较高收入者会引发两个问题。他们会支付没有补贴的、市场化的租金吗？也许会的，因为这种做法仍然会提供相对便宜的、因而有吸引力的住房，通常靠近市中心。“市场房客”是否像其他房客那样有权购买所租住的市建房呢？不行。事实上，他们没有权利购买受欢迎的高需求区域的住房，这是为了保证将经济实惠的房源提供给关键部门的工作者，同时为了在市中心增值之际保持其社会混合性。这一原则也应该应用于国家公园、受保护的村庄和其他面临特殊压力的地方。没有权利购房的人可获得购买资助(purchase grants)，或者享受房产共有制，后者已在试行。[341]

城区市建住宅区的所有权与管理方面还存在更多的根本性问题。其一是缺乏认真的、有系统的投资。其二是第一线服务项目(front-line services)不足。如果我们想保存现有的400多万套市建住房，就必须彻底改变其状况、风格、住户的混合性和监督水平。恢复市建住房吸引力的最有效方法就是将其作为经济实惠型住房。需要经济实惠住房的人能占城市人口的一半。实行拥房与租房并行、低收入与中等收入共存、租金有高有低、用途五花八门等混合措施，就会赋予现有房源新的价值，不然就会像全国大城市所面临的情形：买房、租房者纷纷流失。

市建住房之所以被转交给非盈利的住房公司，部分原因是希望打破历史性格局。通过让居民参与管理机构，就可能使现有的社区用新的方法来管理住宅区。到目前为止，将近50万套住房已转交给住房公司，还有30万套正在转交过程中。这些地方的住房公司正在与房客密切配合，实行更加务实的管理方

佛罗伦萨：历史悠久的城市以西棕色地带上的一个新的、紧凑的、可持续街区，能容纳20 000人

▼注重环境的设计能够利用风、阳光与水，从而使能量消耗减少一半

里查德•罗杰斯合伙公司

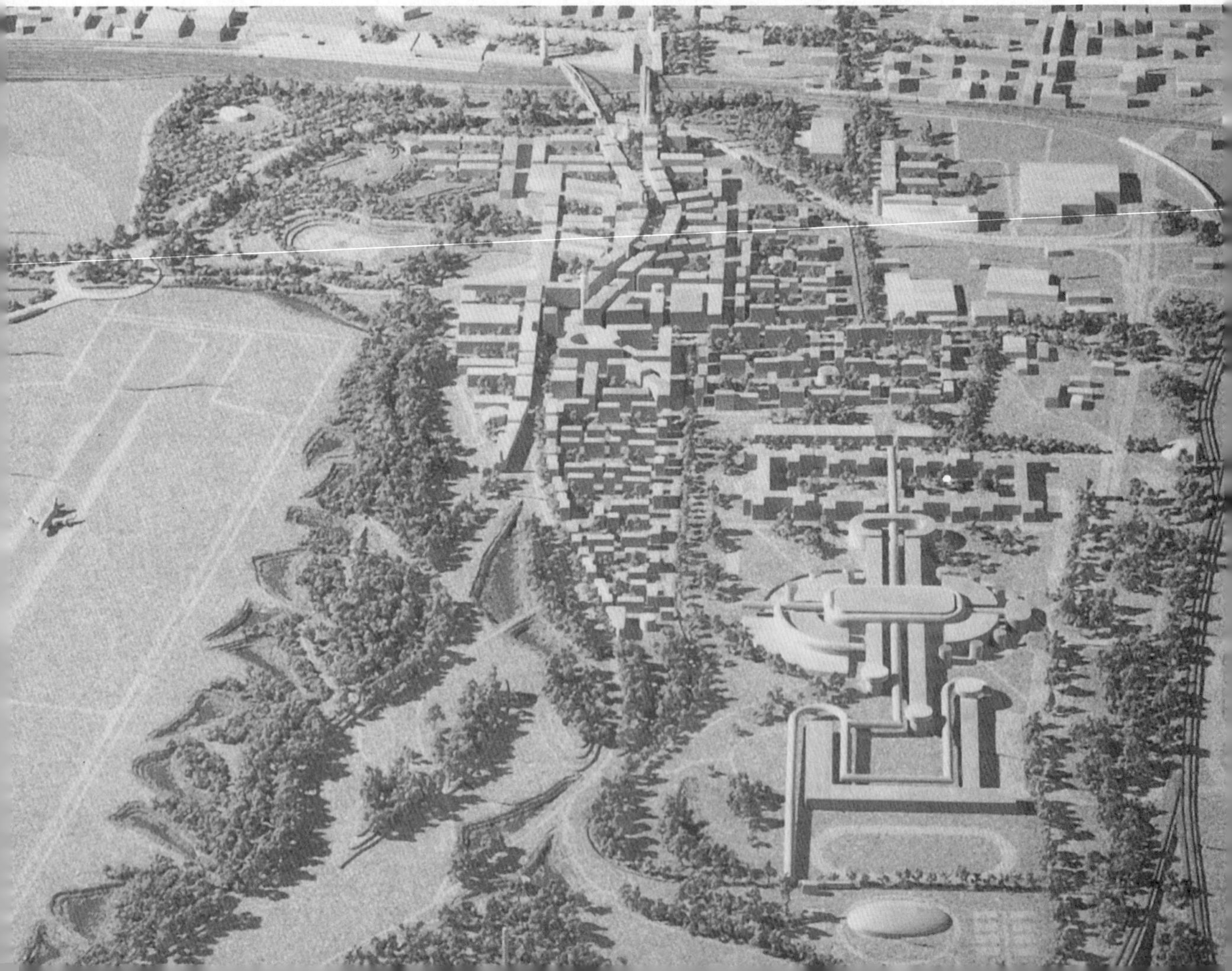

▼混合的社区：中心的人行线路两旁是公共建筑，靠近公共交通
里查德•罗杰斯合伙公司提供

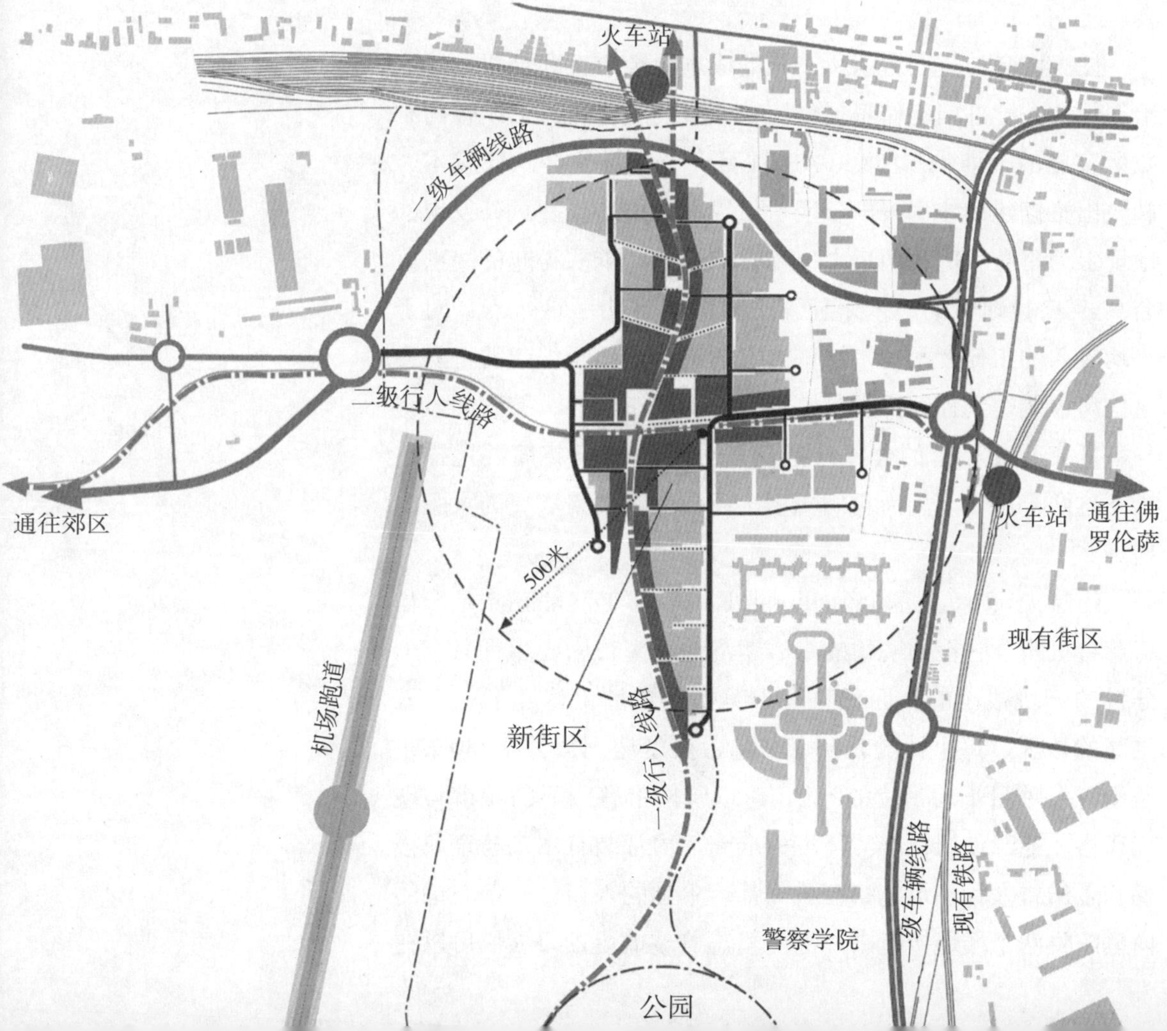

式。格拉斯哥和伯明翰正打算将各自所有的10万套市建住房移交给独立的、非盈利公司。这就有可能极大地增进更加混合的、更为多样化的格局，因为对现有社区的翻新工作增加，人们的参与增强，拯救活动增多——只要这些大城市能真正将权力下放给当地社区，下放给以居民为本的住房协会。

住房协会与私人房东所实施的成本租金方案和合租办法能给年轻的关键部门工作者提供比较便宜的租住房。伯明翰与利兹所实施的卡斯帕尔(CASPAR)项目——市场租金、低成本、私人出资修建的住房——表明，可以在市中心位置意外发现的地址上为单身家庭和两口之家修建漂亮的、能买得起的高密度公寓。[342]格拉斯哥的“未来住家”试验也证明了这一点。对于平均收入的工作者而言，这些方案的造价是承受得起的，只要这些房屋能得到仔细维护与管理——即用小额的、持续的投资与翻新工程使稠密的公寓维持正常功能。[343]我们将简要地描述一下这两个项目，因为它们揭示出：我们需要采取更为大胆的措施。

约瑟夫·朗特里基金会(Joseph Rowntree Foundation)是个住房慈善机构，它在伯明翰的中心运河边、离市中心步行只有十分钟的一块很小的、面积只有半英亩的地址上修建了两个五层高的楼区，每个楼区有46套公寓，密度达到每公顷230家，是新开发项目平均密度的9倍。建筑风格带有明显的城市与现代风格，能源使用标准与环境标准高，内部装有木头与金属楼梯和悬吊式人行小道，每套公寓都有单独的入口。一条石铺的内庭院将两个楼连接起来，上面覆盖着玻璃屋顶，人们可以在此聚会。这种风格令人想起法国与比利时工业时代的住宅，但能吸引那些向往现代城市生活方式的年轻夫妇和单身者。每一个舒适、装备齐全、宽敞的单卧室公寓都有一个户外阳台。对 244
于每周能支付107英镑租金的人、想住在市中心的人、想租房而不愿买房的人，这些公寓就是“经济实惠的”。这一方案尚未正式启用，房屋就已全部租出，并且在利兹得到仿效。该项目依赖银行贷款，自付成本，投资回报率高。许多投资者现在都追求这种模式。市场调查表明，人们的最佳选择就是翻新的旧房产，但CASPAR方案有其现代魅力，因为其突出的内城风格，并且可以俯视市中心。旧场所在等待回收利用，运河边的老路正变成新的自行车与步行道，老桥得到翻新，随处有人影晃动——这就是一种新的归属感。

格拉斯哥在修建经济实惠房过程中做了更为大胆的试验。该城有大约60个合作社以及社区住房协会，后者是苏格兰人首创，目的是在大规模的贫民窟拆除工程之后对旧的内城房屋进行翻新；创建了20个由房客管理的合作社，把市建住宅区分为更小的、由居民控制的社区；一项几乎令人感觉怪诞的经济实惠型住房试验，由苏格兰之家(Scottish Homes)组织提供支持，地点就在市中心。

“未来家园”工程位于格拉斯哥绿地边缘，沿着克莱德河(Clyde)，在一块废弃的三角形土地上提供了100套新的收入混合的住家，可租住也可购买。[344]这些新的住家基本上是公寓，离市中心只有十分钟路程，对面就是著名的戈帕尔贫民窟(the Gorbals)，其修建只用了八个月，很快就以比原来要价高出许多的价格卖光，从而把工薪阶层房客吸引到曾经最为贫困、最

为破败的一个内城街区。这些楼房具有超现代风格，光线充足，力图避免许多城市复苏工程中的那些“新乔治时代”排
246 屋和“新现代”住房。有人对其“变色龙般的、混乱不堪的几何形状”提出批评。其木屋顶楼区、低层排屋和半圆形瀑布式阳台就是为了专门招人眼球——“像一个建筑动物园里争宠的动物一样”。但是，同伯明翰的CASPAR项目一样，这些建筑对固有的城市生活观念提出挑战，迎合了充满热情的新市场。

为提供更多住房，我们可以利用那些有点新意的做法，如将冗余的办公室、仓库、闲置的店铺和商铺上面的楼层改造成住房；为那些愿意回收利用空置的市建或私人房产的开拓者提供用于改善目的的贷款，将其作为一种创建家园形式；在新的商业开发区、超市和车库上面修建公寓；鼓励业主居住者在现有房屋内辟出供出租的公寓，就像德国人所做的那样。[345]我们必须保证所有的新方案中都包含经济实惠型住房，必须防止开发商以出钱的方式逃避这一责任。我们如果采纳可持续性设计原则，就能够将最受人喜欢区域的平均密度增加3倍，即从每公顷27家增加到75家。同时，我们要尽可能减少停车场用地：我们随处都可以看到一些有遮蔽物的住家外面有双倍的停车位，而且几乎都空着呢！

我们需要认识到，现有房屋储存内都可以找到现成的、往往未充分发挥用途的经济实惠型房源。[346]住房协会应该像以前那样做它们最善于做的事情，也是它们成立的目的：购买与维修现有房产，保障混合社区的继续存在。[347]我们应考虑到年轻单身者对较小空间的需求，即提供完备的公寓以外的其他类型住

►格拉斯哥：把人们吸引回“未来的家园”（建筑师：牛田•芬德利(Ushida Findlay)，埃尔德与坎能公司(Elader & Cannon)，里克•马瑟(Rick Mather)，建筑城市公司(City of Architecture)等，1999)
大卫•丘吉尔(*David Churchill*)

房。我们应该使单身家庭更容易与别人共住，使他们能很快与别人结成伙伴。我们需要为那些没有上大学、但在接受培训或
247 积累工作经历的年轻人提供与学生公寓类似的东西。富瓦耶公司(the Foyers)将城市里的简单住房、培训与餐饮结合起来，是一个我们可以复制的模式。[348]

我们需要为少数没有能力生存的人提供特殊帮助，但我们也同时需要帮助那些在人生重要关头暂时无法找到合适价格的合适住房的人。灵活性是其中的关键。伦敦规划顾问委员会指出，如果我们遵循新的规划准则的话，我们在大伦敦地区能给未来一代家庭所提供的住房要比官方所估计的多20万套。[349]

郊区

郊区是大多数人生活的地方，也是许多家庭向往的地方。郊区提供了一半的城市住房，覆盖了大约2/3的城市土地。郊区也是一个没有得到充分认识的资源，需要重新估价。[350]其潜力与内城相比不可同日而语。

郊区基本上是受人喜欢的、宽敞的低密度住房区域，拥有比较大的花园和道路空间，与城市相连，但建造在城市核心区以外，其布局更为简单、更加一致、更加分散。老郊区基本上都已经融入城市里了。新一点的郊区则往往人太少、车辆太多。如果这些地方的便利设施多些、公共交通好些、商店稠密些、活动的多样化强些，其吸引力就会大为增加。大多数郊区基于越来越过时的核心家庭模式，但如果能加以改造，使其适应新型的家庭，就会受到更加广泛的人口群体的欢迎，也能重新吸引投资、容纳更多的小型家庭，同时能维持与郊区当初建

造时相同的人口。复苏郊区能在很大程度上扩展城市的住房容 249
纳力。[351]

郊区到处有闲置的角落、未充分使用的建筑和一块块土地，亟待我们在上面添砖加瓦。城镇的更新战略应包括对郊区实施翻新、管理、多样化和稠密化，这样就使郊区本身成为街区中心，更加融入城市格局中。图7.4罗列了郊区的有利与不利之处。

郊区的变革潜力基本上没有被挖掘。业主们可以在车库上面、房顶上和空白的地方增添屋子甚至一整套房；他们可以进一步分隔自己的房屋，再增加一个单元。赫特福德郡委员会就是这么做的。[352]可以重新设计购物街，增加其容纳量；提高人口密度，以支撑更好的公共汽车服务；使各种活动集中，营造活跃的中心；当地政府可通过增加服务与休闲设施营造地方性中心；教区的官方性建筑可鼓励市民的参与；志愿组织可以为地方发展作贡献。大型的外城住宅区往往也是问题重重的郊区，但可以容纳更加混合的社会群体，与业主居住的郊区进一步交融。买房权利的获得已经在许多地方实现了上述情形。非盈利的住房协会要是把居民放在心上，就可以促成更具混合性的开发项目。我们可以对标准的郊区设计加以改造，以增加郊区的住家数、改善空间用途、创造出更为漂亮的街道格局。

郊区是城市的构成部分，但要继续招人喜欢，就得增强其城市特色，同时保存其绿地与空敞感。库里蒂巴的革命是由这一核心思想驱动的：使交通线衔接最远的郊区。因为我们都喜欢接触更广泛的社区——学习型社区，如大学；活动型社区，如可去听音乐、参加体育活动的地方。因此，至关重要的 250

郊区的有利之处

- 广受欢迎的住房模式
- 对中等收入家庭而言是经济实惠的
- 房源大
- 空间充足
- 房屋形式灵活而持久
- 容易维护
- 相同的人口构成
- 交通连线——有改善的潜力
- 安全而稳定的氛围
- 宽敞的花园
- 对购房者而言投资是安全的
- 有儿童活动与放置财产的空间
- 有增加住房与就业职位的潜力

郊区的不利之处

- 能源使用状况差——过于依赖小汽车
- 土地使用状况差——空间闲置
- 布局差——柏油路面太多
- 有些更老的郊区呈衰落之态
- 设施有限
- 格式与活动范围有限
- 街道与中心区域没有过渡性
- 沉闷而单调的格局
- 变成通勤者的宿舍
- 低收入郊区住宅区可能会很快衰败
- 适应性差
- 混合用途少
- 道路空间太大

▲图7.4：郊区的有利之处、不利之处与潜力
来源：卢埃林•戴维斯(Llewellyn Davies，2000)；格威利姆等(Gwilliam，M et al.，1998)

是，要用其他方式——而不是用小汽车——把郊区与市中心连接起来。只有更加集中人口才能做到这一点。通过重新评估内城社区、进一步发掘现存郊区的潜力，我们就肯定能够满足家庭增加的需求，同时使已经修建的区域更加紧凑、更加活跃、得到更精心的维护。我们已经占有并使用的土地拥有巨大而未充分利用的潜力。

经济与社会融合

▲郊区渴望土地——我们有容纳更多人的空间吗？
马丁•邦德/环境图片社

新工作与技术革命

城市经济如何会繁荣、衰败？21世纪的城市命运如何？对此众说纷纭。有人说应利用电子化村落(telecottages)，在家里工作，不停地增加闲暇、流动性和退休时间。有些人认为这些变化会使城市成为多余的东西。纽卡斯尔、曼彻斯特、格拉斯哥和伯明翰已在考虑大规模拆除不受欢迎的街区；还有人提议在废弃的内城区域铺草坪或植树，用新的绿色环境取代人们不喜欢的社区。但是，绿化内城并不会对其社区的极度贫困有丝毫消减，也不能丝毫消除我们对绿色地带已造成的破坏。同时，网络式经济(wired-up economy)显然也不能替代城市。因为这种经济的巨大灵活性与高技术活动在很大程度上依赖于各种东西的邻近性，到目前为止，所有证据都表明，城市中心的重要性越来越大，而不是越来越小，尽管外城的就业增长仍然要比内城恢复的速度快得多，如英国与美国当今的情形。[353]城市中心之所以愈加重要，因为这里集中了大学的研究与开发技术，因为其管理、服务与文化活动将会为新的经济活动模式提

251 供支持。[354]信息技术革命是现在的大多数新工作赖以存在的东西，它标志着新一代年轻的城市人的诞生，而就在五年前雇主们还认为这些人技能不足。这些“素质差的”年轻人抓住机会接受电脑培训。[355]其充沛的精力、充满城市味的生活方式、对自动化东西自如的操作使他们受到更新、更小、更加灵活的服务行业的宠爱。因此，我们也许会看到一次工作革命将在城市兴起，既涉及服务行业也涉及信息技术。新的高科技园区将在红砖大学(redbrick universities，英国牛津、剑桥以外的大学，成立于19世纪后期和20世纪早期——译者)周围形成：曼彻斯特日益重要的生物技术工业正在推动该城南部的发展。

在我们市中心的各个地方，具有开拓性的企业正在创造新的工作职位。这些企业的行为就像新定居者一样，在寻找安定、漂亮、宽敞的办公室、铺面和工场。它们也觉得新的城市环境令人振奋。其知识性技术在城市密集的互动中得到尽情发挥，尽管它们常常需要从城外招用人才、用一些旅行激励物——小汽车、汽油、月票贷款——将他们召到城里来。城市的就业创造会影响到内城街区的复兴，反过来也一样。伊斯灵顿的上街区(Upper Street)和安琪儿区(Angel)在1980年代之前还是满目疮痍，现在则一幅繁荣景象，因为新居民导致了对新服务的需求。

就业扩大的速度已经快得出乎意料。伦敦的许多内城街道
7/260 在五到十年前还是一片荒芜，现在则到处是新企业。新的住家纷纷出现在新的工作场所附近，霍克斯顿(Hoxton)和斯皮特菲尔兹(Spitfields)之类的区域曾极为破败，而现在居住在阁楼、

仓房和改造的排屋里已成为时尚。更加鼓舞人心的是，格拉斯哥也出现了类似的情形，该城服务行业的扩展速度要快于其他城市，但应该承认，它的起点是很低的。

休尔姆(Hulme)位于曼彻斯特市中心以南一英里处，是又一个生动地展示这种新的城市发展趋势的地方：从1997到1999 252
年，这里的房产与土地价格上涨了50倍，当然其起点同样也很低。[356]超市连锁商阿斯达(Asda)在该地区开一家大型商店时为许多新工作职位培训当地人，从而使人们产生了新的信心。富瓦耶也在这里开了一家培训与就业指导机构。休尔姆周围的区域现在也开始复苏了。

许多新工作职位都是非全职的，要求灵活的工作时间、新技术技能和相当强的个人能力。妇女似乎更容易适应这些要求，但年轻男子也越来越能胜任这种新式工作了。[357]城市劳动人口往往被认为没有充分的资格从事新高科技工作或服务工作，但他们可以在建筑、酒吧、公共汽车和保安等方面找到一些“副业”。英国人迟迟未能认识到这种“动手性”工作的重要性。格拉斯哥市中心现在有穿制服的街道导游。从前的“体力”工作现在越来越要求人际技能，如关怀、交流和幽默等，这样就能够防止公共场所的虐待与反社会的挑衅行为。我们要合理地管理城市环境，就需要更多的街道工作者和第一线的人际接触，这样才能保障公共领域的安全性。

其他新型工作职位即将出现：项目策划与项目实施之类的城市技能目前就供应不足。物质环境复苏与新企业有赖于大学培训更高技能的组织者——即在美国被称为“符号分析师（symbolic analysts）”的人。

街区的社会性复苏

最大的挑战是，要为那些比较富裕、有选择自由的人创造出他们喜欢的城市居住环境与便利设施。新的城市风格必须充满吸引力，从而使企业家都愿意前来工作。

253 曼彻斯特的经历既揭示了问题，也显示了潜力。其得到漂亮恢复的市中心就像一块磁石，周围的街区逐一开始复活。城市南边——在灵韦（Ringway）国际机场方向——的更新工程已在进行。威森绍住宅区在其鼎盛之时是郊区市建住房方面令人羡慕的一个典范，但因为1980年代曼彻斯特的工业基础崩溃，这里的人口快速减少，其魅力不再。而现在随着发展从市中心向外扩散，这个住宅区也在迅速恢复，居民们积极组织起来，通过一个独立的、以社区为基地的公司对7 000套住宅进行翻新。2000年5月，政府宣布将出资把快速铁路线从威森绍延伸到灵韦机场，最大限度地增加了这个住宅区恢复的机会。[358]

我们必须将出现新增长的市中心与持续衰败的内外区域联结起来。这些区域已经对大家敞开了大门，但对于具有开创精神、环保意识和新思想的人而言，其吸引力还是不够。如威森绍的经验所表明的，这些萧条区域的居民应该参与到变革中。就业模式的残酷变化已经把他们抛在后面了。人们通常认为他们一蹶不振，技能不足，无法从事新工作。但他们往往有强烈的地方忠诚感，渴望新机会，反对拆除他们的社区。这就是可利用的财富。当地人能够同教师、医生和店主一起成为重要的工作者，提供“动手性”工作，使这些地方发挥效能。这些人并非“无可救药”了，我们的财富就曾是他们所创造的，而城市的再生也要靠他们。

►图7.5：街区管理的基本成分
来源：
波普勒住房与复兴社区协会(Poplar HARCA)
布罗德沃特农庄住宅区(Broadwater Farm Estate)
沃尔瑟姆森林社区住房协会(Waltham Forest Community Based Housing Association)
考文垂镇中心公司(Coventry Town Centre Company)
曼彻斯特蒙索尔住宅区(Monsall Estate)
布鲁姆斯伯里房客管理组织(Bloomsbury Tenant Management Organisation)
克莱普顿社区住房信托基金组织(Clapton Community Housing Trust)

街区管理是如何运作的

街区管理者
- 社会地位高
- 制定预算
- 管理街区状况
- 协调各项服务
- 社区联络
- 积极承担责任

街区办公室
- 组织基地
- 提供核心服务
- 当地和对外联络的信息与接触点

街区小组
- 致力于明确的局部区域
- 优先考虑治安问题
- 应对基本情况
- 建立社区支持与参与
- 组织地方人员，提供基本服务
- 提供核心的多方面联系
- 积极在街道上露面

街区管理可做哪些事情

核心服务
- 住房管理（从社会性房主处租房的情况下）
- 维修工作，维持街道状况
- 精心护理，提供环境服务
- 看管人，看门人与保安服务
- 控制有害现象

与其他公共服务合作
- 警方
- 卫生
- 教育
- 培训与联系工作
- 社区提供

社区代表
- 地方协议
- 地方董事会
- 有独立性的组织模式
  - — 以社区为基地的住房协会
  - — 地方住房公司
  - — 房客管理组织
  - — 社区信托基金组织
  - — 镇中心公司

零售管理
- 治安
- 环境
- 保险
- 顾客联络
- 公共交通连线

地方组织的核心服务

- **主要的公共福利服务**

学校/高等与继续教育
维持治安
社会服务
老龄人/社区照管/精神健康
看管服务
儿童照管/保姆服务/家庭中心
卫生
社会保障/收入补助
求职中心/就业

- **住房**

租金账户、投资和住房津贴
可及性、配置、建议、无家可归现象
维修与护理
房客联络
实施基本条件

- **环境方面**

街道清洁
垃圾清理
有害现象控制
公共空间的维修与护理
公园、游乐场和植树

- **特殊责任**

预防犯罪
对外合作
商业联络
维持地区的整体良好状况
促进地方利益
街区/社区/青年人发展
培训

- **治安**

直接的警察作用
看管人/看门人/精心看护
私营/治安合同

- **休闲与便利设施**

图书馆
青年服务
体育设施
社区中心

特殊的/以区域为焦点的全国性项目

- 复苏项目——单一的复苏预算
- 地区性举措
- 额外资金来源——全国性彩票
- 有针对性的区域举措——确保开端、社区新政

街区管理

能对这种变革作出重大贡献的就是社区管理，城市特别工作组的报告和防止社会排斥部的新战略都包含了这一思想。[359]就是将新式的工作职位与社会和经济融合结合起来，目的是由 254
一个地方管理者负责街道巡管、社区联络、护理与维修等工作，以恢复街区、防止无序现象。

街区管理既可以应用于居住性街区，也可以应用于城镇中心。考文垂率先成立了一个公司，以应对日益增长的犯罪与破坏现象以及购物中心贸易量随之减少的情形。城市雇用了一批治安、清洁和泊车管理人员，资金由市政委员会与购物中心的主要零售商共同承担。破坏与犯罪现象几乎完全消失，商店的生意越来越红火，人们纷纷回到市中心，其镇中心管理公司的模式得到全国的仿效。[360]图7.5基于我们对七个试验点的参观，显示了街区管理是如何运作的。

◀图7.6：从地方到全国的各层街区服务与任务

对于管理城市街道和街区之类的实际工作而言，多数情况下不可能出现规模经济。因此，我们应该清楚地知道第一线的人应该做什么，集中的、用机器运作的体系或呼叫中心到底能管哪些事情，因为我们的任务既是恢复城市内的街区，也是重建整个城市。图7.6显示了地方的核心服务项目。我们需要地方的协调和积极的控制，才能使这些服务产生效果。以每千户人家计算，这些服务可以提供大约350份工作。[361]

为了帮助我们城镇的4 000个破败的内城街区，政府、地方委员会和居民都在用各种试验方式推行街区管理。街区管理的优势在于，虽然本来是为解决内城问题的，但可以将此类管理应用于各种规模、各种类型的社区。[362]所有修建区域，包括村庄和分散的居民点，都需要一个局部的焦点，这样才能使一切运作起来。

257 政府的全国社区更新战略于2000年4月启动，这是个勇敢的举措，意在组合各种解决方案，使贫困社区运作发挥效用：发展经济，增加社区权力，提供主流服务，发挥地方领导作用。该战略侧重工作、居民与核心性公共服务，正好与我们对内城街区的构想不谋而合。其中最大的一个挑战是，如何将不同的社区联合起来。少数民族群体正在发挥强劲的创业性作用，其对社区活力的贡献是不可估量的。

让人感到惊讶的是，全国战略没有包含有关改善环境状况的任何提议。我们在本书第2章和第3章表明，城市环境会直接影响人们的态度与行为，却干脆没被提及。我们需要将城市特别工作组有关物质环境更新的建议与全国街区更新战略中富有社会性色彩的方案结合起来，前者共有600条建议。我们认为社会与经济融合——我们所说的五个主题中的第二个——对于城市而言必不可少，而城市也是我们工作于其中的物质环境个体。要想说服人们继续待在城里，就必须同时控制其物质与社会状况。

交通与运输革命

信息技术通过有线与无线手段所传递的信息量比人类流动所传递的要大得多。但是，如果城市要充当这一知识企业新世界的就业中心的话，我们就需要改善公共交通，需要更加人性化的城市环境，需要停止对小汽车的过度依赖。企业喜欢位于漂亮、交通方便、服务齐全的环境中。也许将会出现新的有利于城市的平衡，因为城里有更为清洁的高科技企 258 业；更加集中的人际接触；市中心的车流小；公共交通状况更好。

复活修建区域的一个基本要素是，在街区内部——尤其是街区之间——提供新的交通选择。最明显的办法就是特别关注行人、自行车和公共汽车。人们能够步行去街区中心购物、上学、看病、坐公共汽车。从每个街区都能够快速、便宜、舒适地去上班的地方和晚间娱乐的地方。如果驾车出行太不方便或者花费太高，而同时又实施了一些新的办法，人们就只有去乘公共交通。成熟的设计与策划至关重要。库里蒂巴人跑遍了全世界才找着合适的汽车底盘，所以他们城里的公共汽车平稳、速度快、节约燃料。[363]

通过限制停车场、用资金补贴公共交通，就可以扭转人们对小汽车的依赖。只要这种转变是可见的并能赢得公众的支持，就会取得双赢的结果。斯特拉斯堡铺设了12公里的创新性电车线路，电车两旁优先考虑自行车、步行者和公共汽车，因而使自己的形象发生了革命性的改变。[364]该城也将运河改变成运输路线。斯特拉斯堡令人钦佩的市长凯瑟琳·特劳特曼(Katherine Trautman)使全城人充满热情地营造一个以人为中心的、而不是让小汽车主宰一切的城市。斯特拉斯堡、哥本哈根和库里蒂巴的经验都表明，减少市中心小汽车的使用，增加公共汽车、电车、自行车道和人行道，整个城市的运输体系就会开始发生转变。

车辆当然应该能在城市里流动，但许多出行并不是必不可少的，对城市而言也是没好处的。应该对基本的可及性加以合理安排，为此，应该使大多数街道继续对交通敞开，但要控制速度。还有几种方式可使公共交通更具吸引力：大量增加交通
259 支出；实施跨越地方当局界限的融合性局部交通规划——公共汽车、轻轨、主线火车、大轿车、道路、步行道和自行车道；严格实施公共汽车道，对越界的货车和小汽车实施禁止性罚款（罚款可为执法者提供资金）；推广步行街与广场，在这些地方尽可能辟出自行车道；全市实行统一费率的公共汽车票，同时有各种售票方式和多个转乘点；星期天禁止小汽车驶入中心区以及两边有公园的街道；公共汽车、火车车厢和车站的设计更加合理；车站、公共汽车停车点的服务与车次抵达时间等信息要明了；车上灯光明亮，服务人员态度好，使身单力薄的乘客感到安全；为行动不便的人提供便利条件；大量植树，使人行道与自行车道景色迷人。可做的事情是无限的：提供专门的家庭公共汽车票，这样就可以避免经常见到的噩梦般的塞车情形：车里的儿童感到百般无聊、如圈在瓶中；对乘客数超过一个的小汽车提供快速道；提高排队买票的速度；延长功能齐全的运输通道。

曼彻斯特、爱丁堡、纽卡斯尔、牛津、约克和伦敦把人们从小汽车里吸引了出来，吸引到公共汽车或地铁上。牛津尤其与众不同：实施了一个综合的公园与游玩方案，街道上只有公共汽车和自行车，全城到处都有自行车道与自行车停放架，有通往伦敦的快速火车和公共汽车。伦敦的有些内城公共汽车前后都装了摄像镜头，专门监视擅闯公共汽车道者。而伦敦也需要类似的自行车道。

▶再利用街道——纽克斯尔获得新生的码头区
莱斯利•贾兰德/环境图片社

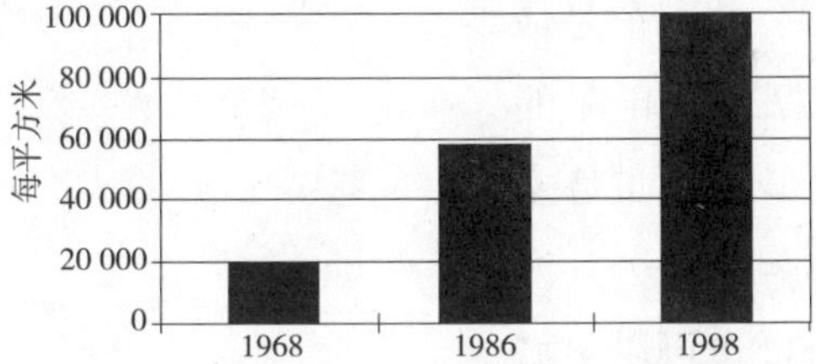

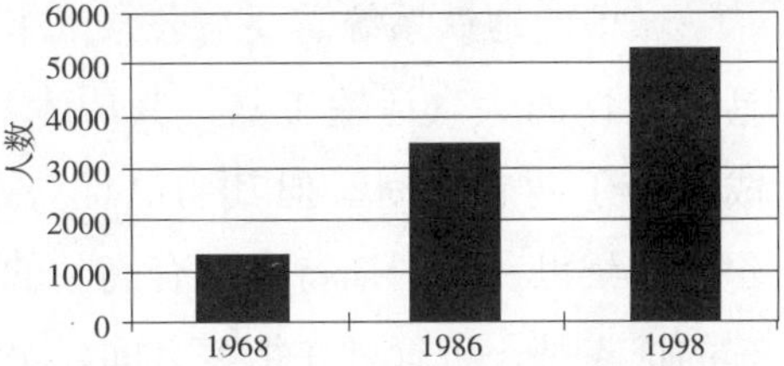

▲图7.7a：哥本哈根的步行街道空间
来源：盖尔(Gehl，1996b)
►图7.7b：在步行街上或站或坐的人数
来源：盖尔(Gehl，1996b)
►图7.7c：哥本哈根中心区域的户外咖啡屋
来源：盖尔(Gehl，1996b)

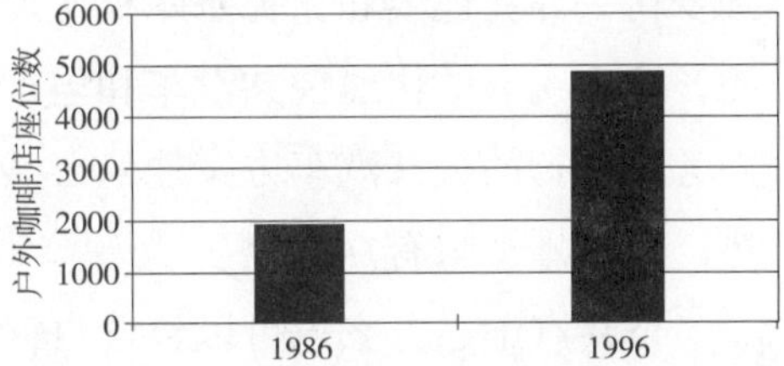

城市的地铁系统需要与公共汽车线路融合。公共汽车是最具适应性的大众运输工具，其成本只有地铁的1/20。[365]电车的成本介于两者之间，但其明显优势是有专用的车道。布鲁塞尔、苏黎世和阿姆斯特丹都有高效的电车系统。但是，公共汽
260 车的优点是，可行驶在街区之间，可以到市中心，也可以出城到乡村去。在巴黎和布鲁塞尔稠密使用的线路上，新的双倍长的、标志明显的快速公共汽车和电车吸引了大量乘客。坚持优先考虑可行的公共汽车方案能使公共汽车提供与电车相同的优势，而成本却只有1/10。[366]

公共汽车道方案也可以包含自行车道和宽阔的人行道。如果骑自行车安全的话，会使人有充分的自由感，从而激发对城市的新热情。每条道路旁边都修建隔开的自行车道，每条街道都可以整成这样。这样小汽车的必要性就大为减少，就像斯特拉斯堡、戈森堡(Gothenburg)、哥本哈根和阿姆斯特丹的情形。在每一个交通已陷入窒息状态的城市，只要提供一点点保护措施，人们就纷纷开始骑自行车：巴黎和纽约的自行车道曾经像新出的绿色幼苗，而现在已变成茁壮的自行车大树了。

德国、荷兰与丹麦广泛采纳了一个开拓性的居民街道思想，即所谓家园地带。行人在过街斑马线上绝对优先。在指定区域内，交通速度限制到步行速度，每小时五到十英里。家园地带有赖于居民的参与，因为有了社区的支持才能奏效；限制交通对街道生活与社交活动所产生效果是巨大的。[367]伦敦、利兹、曼彻斯特、蒙茅斯(Monmouth)、诺丁汉、彼得伯勒(Peterborough)、普利茅斯和锡廷伯恩(Sittingbourne)等城市都在试行家园地带。许多地方当局——尤其在城市里——都渴望参

与这项试验，全国的居民群体也是如此。

改造街道与公共空间给人们带来的好处在哥本哈根得到展示。对这一城市仔细研究后发现，自1968年以来步行区域增加了七倍，步行使用率翻了四番。图7.7a–c显示了这一点。

欧洲最为重要的交通发展就是新的高速铁路。这些铁路不 262
但对环境带来的影响要少得多——每乘客英里使用的能量最小，而飞机最多——而且成为最快的从市中心到市中心的旅行方式。英国的城市肯定也会从这种新的铁路兴盛中获益。[368]规划中的铁路连线将使欧洲的流动从公路和航空转向铁路，同时也将经济机会从英格兰东南部转移到北方。运营良好的铁路网可在现有的铁路系统上建立起来，给城市带来的积极效应会改变投资模式。法国的高速铁路(TGVs)修建之前，大多数人去里昂都是坐飞机或走公路。旅途费时很长，而投资一直疲软。高速列车运营后，里昂市长雷蒙·巴尔(Raymond Barre)得以对市中心的状况进行了彻底改变，并且将向外扩展到较为贫穷的郊区，这些地方的公共住房皆困难重重。[369]高科技创新和精密工程可帮助我们解决交通问题。

地区个性与城市管理

每个城市都扎根于一个地区文化，就像巴塞罗那扎根于加泰罗尼亚令人自豪的传统中一样。每个地区都有明显的个性，对地区的首府、比较小的城镇和共同的参照系都有一种忠诚感，而对于像帕斯卡尔·马拉加尔(Pascal Maragall)和海梅·勒纳(Jaime Lerner)这样有想象力的城市领导而言，这种情感是无价之宝。中央政府只能鼓励这种地区个性，而不是消除它，从

而能激发城市的复兴。西班牙和意大利都能特别成功地根据传
统的王国建立地区政府。[370]共同的方言、艺术与音乐传统、民
俗与风景等都被用来激励地区自豪感和发展。这样，巴塞罗
263 那、比尔巴鄂、那不勒斯、米兰和都灵等地区首府便应运而
生。这些地方新的政治与经济运动衍生于根深蒂固的传统，从
而产生一种能吸引人才的动力。

我们通过将权力下放给苏格兰与威尔士，已经在这些地区的首府激发了创造性的——即使是费钱的——项目。格拉斯哥、斯旺西(Swansea)和其他城市将获益于这种决策权下放后所产生的新的地区自豪感，因为这些城市正在营造使自己与众不同的个性。英格兰因为有许多大城市区，土地的使用更为稠密，也许得采取不同的做法，得更加依赖各个地区内的城市。

地区城市之间的激烈竞争会导致一种创造性的紧张局面。但是，像纽卡斯尔和盖茨黑德(Gateshead)、曼彻斯特和索尔福德(Salford)、利物浦和伯肯黑德(Birkenhead)、伯明翰和沃尔弗汉普顿(Wolverhampton)、里兹和布拉德福德(Bradford)这样的孪生城市需要在一个“城市地区”内进行协作。城市的逐渐废弃往往都因为相邻的地方当局之间缺乏应有的合作而被加剧。大曼彻斯特或中部地区的城市能否将其城市地区当做一项资产，而不是让各个城市消耗掉对方的能量？泰恩河流域的城市已基于其共享的文化核心而结成了伙伴关系，从而将资源集中到英国最为美丽的一个河畔环境里。城市之间的这种伙伴关系还有更大的潜力可挖，但英国做到这一点的难度似乎要比欧洲大。法国最近已建立了50个试验性区域间的、

大都市范围内的市政委员会，目的就是为了共同实施决策过程。[371]

英国长期以来的环境对地方政府充满敌意，所以只有特别胆大的人才敢冒这个风险。但城市所提供的机会不可估量。因此，英国的市长们如果能像其他许多国家的市长那样做的话，肯定会大有一番作为。如果我们能创建更加强大的城市地区、使地方当局有更大的权力解决自己的问题，我们肯定会看 264
到新的领导人物脱颖而出。对于那些能够用创新之举使更广大社区获益的城市加以奖赏，似乎是不言而喻的。这样可以使地方政府获得新的合法性。

城市领导人不但要有长远目光，要足智多谋，而且要营造地方自豪感，推行积极的民主，激发市民的参与，开发许多小规模地方项目。巴塞罗那与库里蒂巴就是这方面的典范。人们只有在看到自己的行动与地方的远景、地方自豪感和地方进步密切相关时，才认为值得为改善自己生活的城市内、地区内的一切而作出地方性努力。格拉斯哥最为显著的一个特点是，人们对我们所参观的许多社区所实施的举措有一种真正的成就感。调动每一个街区举措，无论它多么不起眼，将其融入城市范围的复兴方案中，就会使人们认识到，一些行动规模虽小但必不可少，加起来就可以产生真正变化：如再利用一个棕色地址、改造一座空置的建筑、创造一份新的工作职位、实施社区看管、新开一家商铺、新辟出一个公共汽车道、回收了许多垃圾或者种了许多树，等等。在经济萧条期间，我们在数着有多少份工作减少了。在城市里，我们需要计数实施了多少复兴举措。在这方面，东伦敦泰晤士河入口处的纽汉区可得高分。因为实施了多种举措，如动员各个社区找寻出当地有碍观瞻的东西，再就是赢得了往北通往斯特拉福德的海峡隧道连接点，这个贫困区突然出现在地图上，使得伦敦城的发展向东部倾斜。

恢复地方政府的活力是城市复兴的基石。但这需要自下而上做起：从街区——因为这里的人了解所发生的一切事情——上升到城市——在这一层次上政客们、企业家与城市机构相互联结。鹿特丹就展示了这种联结。社区管理方案雇用了当地的年轻人来照看街道，使他们直接与自己的街区相联
265 系，结果减少了犯罪、改善了街道状况、增强了人们的自豪感。这种做法促进了城市里更大范围内的变化。在西班牙的城市里，法律要求每个公寓楼区的居民成立一个社区协会，集体对该楼区的状况负责。每个居民都要给一项共同基金付费，以保证基本的维护、清洁和监督工作的进行。西班牙的城市由人口稠密的街区构成，每公顷有400个公寓楼区，而环境维持得非常干净、漂亮。所有收入档次的居民都应该成为这些协会的成员，外来的参观者真看不出西班牙城市的哪个区域是“贫穷的”，因为到处都干净、活跃、得到精心照料、布满了家庭企业。因此，街区就是熙熙攘攘、人口混杂的社区，店铺林立，交通有序，街上人来人往，一幅繁忙而井井有条的景象。

我们英国人在料理公共领域方面远远落后于欧洲其他国家。我们的许多小镇公园是从前城市景观的遗产，而即使这些地方现在也很少有人光顾，因为缺乏管理者、园丁、维护者，不然就是不够安全。[372]我们城镇里可恢复的公园有5 000

个，但这需要地方的参与，需要增加第一线的工作职位，以取代那些苛刻的合同。在1990年代，纽约花了不到十年的时间就使中央公园摆脱了犯罪与滥用现象。公园里现在满是游玩的家庭、骑自行车的、滑旱冰的、骑马的和打棒球的——星期天禁止车辆穿行于公园，结果使它变成人流如潮的地方。

纽约的街道就是中央公园的缩微景象，到处有微型公园，有的只有20英尺见方，有的只是一个刚种上树木的三角区，而此处以前则竖立着一个交通标志。纽约的“绿色街道”举措在全城组织起小型的以社区为基础的植树活动。只要当地的群体愿意照看，市政府就会在此植树建公园。第三十四街的街道协会就在帝国大厦跟前、宏伟的摩天大楼之间，负责照看繁华街道两边大花坛里的风信子花和郁金香。沿百老汇往北向哈莱姆 267
走，你会突然发现自己置身于街道中间用护栏围起来的一个小花园，里边有两条长凳，几丛灌木，一条小径，三个蹒跚学步的小孩在安全地玩耍，他们的妈妈们在一旁聊天。对乱丢垃圾、乱涂乱画、破坏公物和各式各样的反社会行径采取“零容忍”的做法，有助于保护这些微小的绿色地块。

市政府需要重振市民的忠诚感与雄心、开发社区资源、激发关爱之心、吸引足够的投资，使城市再次成为吸引人的磁石。地方领导人要想继续掌权，就得让一切运转起来。但他们可以营造一些别致的小东西，如纽约市的绿色街道那样。图7.8展示了城市领导人在恢复城市中所起的作用。

城市的环境

城市空间应该漂亮怡人。各种年龄、种族与背景的人融汇

从战略性中心到地方街区

强烈的地区与地方个性感

↓

与相邻的城市与周围的小镇合作

↓

城市的远景

↓

用便宜的票价实施融合性交通方案——与周围地方当局建立伙伴关系

↓

对各种思想进行公开辩论

↓

详细、实用、灵活的更新规划——在公众最大限度的参与下推出

↓

文化中心与标志性建筑

↓

让各种类别与年龄的当地人参与到城市与街区的行动方案中

↓

自下而上的街区更新与街区管理行动方案

↓

地方社区与志愿性组织——自助

↓

对重大决定举行当地全民公决或无记名投票，如成立地方住房公司

↓

有效的第一线服务——街道巡管、超级看管人

↓

致力于公共领域——人们共享城市的所有空间

在一起，使这些地方生机勃勃。每到复活节，罗马有100万人涌到圣彼得广场和周围的街道上，那种庞大集会的氛围真有撼人心魄之感！而中央公园的主要通道上挤满了慢跑者而不是小汽车时，浓荫蔽日的小路也展现出一种魔力。诺丁山的街道举行为期三天的狂欢节时，人们忘掉了各自的阶级、肤色与宗教信仰。

在公共场所，如果对建造环境和社会性环境进行别出心裁的重整，就会使城市生活的严酷性像冰雪一样融化。但噪音、楼房和肮脏常常向居民袭来。对洛杉矶的儿童所作的测试表明，交通与飞机噪音会干扰他们的睡眠、降低他们的注意力、增加他们的精神紧张。大家觉得混凝土、沥青和坚硬而一
望无际的建筑表面令人感到压抑。绿色的缺乏会使人感到沮 268
丧、不想再待下去了。而远离现代生活喧嚣的开阔空间、绿野和树木让人心定神安。

我们可以从成功的新镇与郊区的经验中了解到人们到底追求什么。人们喜欢花园、公园，喜欢光顾空旷的乡野。如果我们能为城市居民提供这些东西，他们当然更加愿意待在城里。既然噪音与车流是城市居民面临的主要压力，在我们所创建的绿色空间对这些东西加以限制就是至关重要的。

◀图7.8：城市复兴中市民领导的作用

如果绿化成为优先考虑的事情，开发者就可以借用现代景观设计的成熟技术使小而又小的空间变绿。绿化城市与保障城市安全同等重要。事实上，这两项任务是同一个护理过程的组成部分。纽约的几百个社区与街道协会就在看护着许多一米见方的花盆和新栽的树木，负责浇水、清除垃圾、把狗赶走。

提供绿色空间的方式多种多样。我们如果要为小型家庭修

建更加稠密的住宅区，而大多数家庭都没有小孩，那么我们就必须建造封闭的、妥善看管的、种植树木的广场、花园和庭院，这样住在周围的人都可以享受这些东西——就像因为电影《诺丁山》而出名的那种广场。如果每个家庭都有一点户外空间，就可以改善更加稠密地方的环境：比如有阳台、露台、通往花园的有遮盖的小径等。这些地方要足够大，可以让一家人或几个朋友闲坐和吃饭。许多人都喜欢小小的户外区域，只要他们能感觉到这一方天地是自己的。哈克尼区新式的皮博迪环境公寓内每一家都有一个阳台或露台，每30家共享一个公园庭院。[373]人们种上一些攀爬植物，窗台上摆放一些花盆、花箱、花缸，就可以使小小的空间变绿。既然稠密、庞大和绿意匮乏的纽约市都可以做到这一点，曼彻斯特当然也能做到。可曼彻斯特的树在哪里呢？

270 树木在城市里起重要作用：吸收二氧化碳，释放氧气，在夏天投下阴凉，过滤交通噪音，尤其是美化与装点建筑、街道和空地。最漂亮、最受到青睐的街区都是绿树成荫。参天大树是巴黎、伦敦、伯恩、苏黎世、哥本哈根和马德里等城市魅力的构成部分。而巴塞罗那和曼彻斯特似乎不太喜欢树木。[374]

伊斯灵顿的一个杰出的市政府雇员彼得·邦塞尔(Peter Bonsell)于1970年代组织了一个“有一棵树就再栽一棵树”运动，结果使伊斯灵顿从一个最无绿色的区成为一个满是绿意的区。在这个空地最少的伦敦内城区，市政委员会给居民们发信，问他们是否愿意承担在自己门前或楼区种树的成本。居民们可以从一些在城市里耐活的树木中选择自己喜欢的品种。然后市政委员会把这些树种在他们的房前屋后，同时实施了各种

►巴塞罗那：良好的设计、材料与景致的融合

保护措施。得益最大的街道是霍洛韦(Holloway)和阿奇韦(Archway)两个地方的那些不太富裕的、更具有种族混合性的街道。这里的居民因为比较穷，所以不用掏钱，但他们对活动的参与是不可或缺的。这些树大多数都活下来了，伊斯灵顿的街道现在看上去绿意盎然、美不胜收。

普雷斯顿区(Preston，曼彻斯特的一个区——译者)的亚裔社区所实施的“后院工程”用垂吊的花篮、西红柿和小盆的花草给19世纪排屋的后院披上了绿装。曼彻斯特维多利亚时代的老排屋前门都通到街上，现在小径都用绿树围起来，两两相对的后院都变成了花园。结果，到处都兴起了植树、修草坪、种花坛之风，同时，以前无人看管的后街因此而消失，治安得到改善。在德国，塔楼下面几层都覆盖着攀爬植物，从而美化了坚硬的混凝土表面。

271 在停车场和学校操场周围植树也会产生类似的神奇效果，用树木围裹、装点难看的三角地带，可以摒除污染，把自然引入人为的环境。城区的每个学校都需要搞绿化活动。现在到处都在营造儿童花园，绿化操场，让孩子们亲自育苗，在玩耍的地方周围植草、安放长凳，在墙上种植攀爬植物。

城市的住宅区也渴望绿色。但是，居民——尤其是年轻人——必须与市政委员会达成一个规划方案，伊斯灵顿的植树活动和纽约市的绿色街道方案之所以取得成功，原因就在于此。在没有现有社区的同意和参与下强行实施绿化是行不通的。只有当地的孩子帮助植树，有关住宅区才可以变绿。有的住宅区用野生的醉鱼草、柳树、春天生长的球茎植物、池塘和蝴蝶营造出一个个自然花园。有的修建公园庭院，有的是小块园地，还有的是接近自然的商品菜园。

城市里绿树成荫、无交通喧嚣的街道所形成的绿色走廊，现在开始把一个公园与另一个公园联接起来。漫步者协会通常为人们争取在乡下漫游的权利，现在也帮助有关方面在伦敦内城周围营造一个环形绿化带。在有些地方，这种绿色走廊沿着废弃的铁路线，就像伦敦北边芬斯伯里公园(Finsbury Park)里的帕克兰步行道(Parkland Walk)。而有些地方则是一溜溜狭窄的公园地带，目的是为了把更大的空间联接起来。河流与运河也可以发挥效用，因为它们往往就是城市里天然的绿色通道。每个小社区都可以组织这样的工程。但通常只有在城市复兴的更大环境里才能够兴盛起来。

同样紧迫的事情是，要对我们历史悠久的公园实施新的远景性规划。这些地方林木郁秀，在1980年之前一直得到精心
维护。但护理城市公园的人工成本很高。总有许多人爱搞破 272
坏，因此，如果这些公园护理不当，就会垃圾满地、遭受毁坏，而且也没有安全的环境。如果不精心护理，我们对城市的态度就像在撒哈拉沙漠的边缘砍伐树木一样：任由沙漠向更大的区域蔓延。我们的公园是鸟与昆虫的栖息之所，是儿童与年轻人的乐园。公园帮助我们呼吸，给城市提供所需的光、空气和绿意，提供穿城而过的人行道与自行车道。如果我们像所有成功的公共场所那样采取激励人心的、全民动员的、充满活力的方式，就可以使我们的公园发挥其效用——为家长和儿童、无法远行的老年人、年轻的单身者和共住房屋的人营造一方天地，特别是后者，自己还没有对园艺产生兴趣，但需要有空旷的地方可去，需要散步、跑步、释放精力、与朋友一起野

餐。城市公园是英国的一大绿色创意。如果得到护理，有人在里边游玩，我们就可以用这些公园来吸引新居民。

保护历史悠久的公园，创建一些“微型公园”，通过减少车流使人们更容易在街道上散步，组织更好的街道清洁与维修工作，加强治安与参与等，就可以让市民们感到大家都能尽一份绵薄之力。巴塞罗那、斯特拉斯堡、哥本哈根和纽约有魄力的市长许多年来就一直在推行这些思想。他们都设法鼓励街区组织的参与。而英国的市长们是否也可以在我们的城市里推行这种未曾尝试过的创意？

如第五章所探讨的，我们要想使城市真正充满绿意，就必须减少能量消耗，减少垃圾的制造。只要我们在设计建筑时——无论是住家、办公室还是工厂——能遵循基本的能量效率法则，就可以将能耗减少50%。[375]我们可以越来越多地使用可更新的、非污染的能源。像伦敦这样的城市每天所产生的无数吨废物大多都可回收利用。而目前的办法不外是烧掉或倾
275 堆——但这两种办法都造成严重污染，除非焚烧炉能将废物还原成能源。焚烧炉已引起大规模强烈抗议，譬如，纽克斯尔的贝克住宅区就遭受到附近焚烧炉烟灰的荼毒。回收垃圾虽然困难大，但最终更有效用。可以使用联合的发热与发电机，将废物转化回能源，其效率要比常规的发电机高两倍。赫尔辛基就用这种方法给90%的住家供暖——英国则不到1%！[376]事实上，英国的垃圾回收不到十分之一，而欧洲与美国的城市都能回收50%。1990年代，纽约在5年的时间里使户均垃圾回收率增加了4倍。[377]城市需要有更多的人，但人多了就意味着垃圾多了，除非我们能改变城市设计与管理方式——即改变城市消耗资源、制造垃圾的方式。

▲美国的波特兰市：成功的城市，拥有高效的公共交通，实施了反蔓延的“明智增长”政策
C. 布鲁斯•福斯特/取景公司(*C. Bruce Forster/Viewfinders*)

问题	设计	组织
土地	• 城市更新的总体规划 • 创建、改善公共空间 • 设计紧凑、混合用途的开发项目 • 首先使用棕色地带，最大限度地回收利用 • 美化城市环境 • 设计更多的小型家庭	• 限制绿色土地的开发 • 采取有序的、棕色地带优先开发方式 • 对维修、改善和新建工程征收同样的增值税 • 补贴污染减除工作，尽可能减少风险 • 由市中心向外进行复兴工程
社会与经济融合	• 实施以人为本的社会远景规划 • 通过设计吸引城市开拓者 • 优先考虑混合用途模式 • 用富有想象力的设计吸引投资者与企业家 • 翻新与融合较贫穷街区	• 组织街区更新工作 • 鼓励地方组织并赋予其权力 • 营造对年轻人有利的氛围 • 鼓励更加多样化的房东和投资者 • 支持与改善经济实惠住房 • 支持公私联合举措
交通	• 设计与建造综合的运输体系 • 设计公共汽车、电车与火车，以鼓励乘车者 • 设计人行道、自行车与公共汽车道，尽可能减少交通量 • 设计公园、游乐线路和轻轨 • 与居民共同设计家园地带 • 设计城际高速铁路	• 组织快速、可靠的公共汽车、电车等 • 鼓励与保护步行、自行车与公共汽车道 • 组织家园地带 • 实行泊车与塞车收费 • 优先照顾老龄人、家庭与残疾人 • 优先考虑通往贫穷街区的连线 • 使人们尽量少用道路和小汽车
管理	• 制定内城街区和住宅区总体规划 • 通过以人为本的设计最大限度地鼓励随意的人际接触和管理 • 让公众参与设计决策 • 创建标志性建筑与空间 • 重新设计街道与空地 • 开发新的城市复兴技术 • 注重质量	• 就长期维护与设计者建立联系 • 支持地区与城市范围内的机构 • 与镇中心和街区管理机构进行试验 • 实施看管与超级护理方案 • 成立城区复兴与住房公司 • 减少区域两极分化和种族分离
环境	• 改善空间、微型公园和绿地 • 创建绿色走廊、大量植树 • 设计阳台、露台、花园和广场 • 整修运河与滨河道路 • 争取最小的环境影响 • 设计出将能源浪费减少到最低程度的方式 • 设计回收利用系统 • 重新设计旧建筑与旧的基础设施	• 在宏观与微观层次上保护环境 • 重新优先考虑并保护绿色区域和公园 • 护理街道和空地——做到到处有人 • 在街道两旁和小片空地上植树 • 回收垃圾——至少达到50% • 控制污染与空气质量 • 鼓励小规模行动

城市的出路

要使城市发挥效用，就涉及土地与环境、良好的管理和经济进步、公共交通与社会融合。最重要的是，需要一个人们喜欢的环境，一个宁静与繁荣、充满公平与乐趣的环境。要做到这一点，我们就需要为市民管理城市、住房和公共场所。我们需要以一种监护人的态度管理城市的物质与社会环境——这是我们的共同责任，是我们集体未来之寄托。但许多城市由于漫不经心，结果都失去了魅力。而我们要做的事情与此相反：向未来的一代一代人交付一个比我们当初所继承的得到更好照料、更具持续性、更加公平的城市环境。图7.9概括了与我们在本章开头所说的五个主题相关联的主要思路，说明设计与组织能如何塑造城市，并且证明，未来是把握在我们手里的。

◀图7.9：城市的出路

第八章　城市与市民

紧凑的城市

有凝聚力的城市

重塑街区

城市的未来

很难想象这个世界上没有城市。几千年来，城市就是贸易、学习、文化、政治和实验的积聚所。在当今更为拥挤、物质更为先进的世界上，我们出于相同的原因需要城市。而更为重要的是，城市可以使我们摆脱经济发展所带来的深刻的社会分化现象。诸多差距仍在扩大，但城市可将人、思想和经验汇成一股新的动力，从而帮助我们解决一些过度发展问题。 279

市民，指的是为了共同的城市目的而走到一起的不同人口群体。因此，城市需要一个中心，人们在此可以聚集；服务业在此可以繁荣兴盛；不同活动在此可以交融；这里的公共场所可以引人前来；这里的公共交通能最大限度地消除小汽车的影响，最大限度地扩大街道空间、促进社会接触。在成功的市中心，街道上总是人来人往。

30年前，伯明翰拥有“全国最丑陋的市中心”。在1960年代，布尔伦(Bull Ring)购物街及其混凝土内城公路如巨大的屏障，将人与城市生活隔开。这里的混凝土塔楼密度为欧洲之最，总共有300多个。这是个功利性的、傲慢自负的、令人厌恶的城市。只要有可能，人们都纷纷逃离市中心和内城街区。伯明翰现在也拥有英国最大的少数民族社区，存在着最为严重的不平等现象。

▲前页
诺丁山：布满广场与花园的高密度居住区
马丁•琼斯/建筑辅助公司
(*Martin Jones/Arcaid*)

格拉斯哥也普遍存在着类似的老问题。这是英国最贫穷的城市，失业最集中、暴力犯罪最严重。格拉斯哥也建造了几百个塔楼，但其稠密的人口都分散居住到巨大的城市周边市建住宅区里，离工作、商店、酒馆、教堂和社会网络都有好几英里。内城萎缩了——1960到1975年仅东区的人口就减少了70%。

这两个城市的中心现在看上去迥异于从前。两者都在营造 280

一个紧凑的、可行的核心，充满文化亮点，新的和整旧如新的商店、咖啡馆，当然还有人。新修了公共广场、恢复了传统的民用建筑。通过在老城里边创建新式的住家，将居民纷纷吸引回市中心，使不同收入群体和不同用途混合在一起。

格拉斯哥现在将其主要的购物街都变成步行街，已经成为一个全世界游客前去光顾的艺术中心。同时正在恢复其过于仓促地遭到废弃的、而现在则大受欢迎的房屋区，目的是保持传统的城市社区，重现稠密而有创业精神的氛围。伯明翰也修建了宏伟的禁车的新公共广场，周围是购物街、民用建筑、新居民点、新企业和步行街，使全国最为稠密的市中心运河网展现出新生。

这两个城市曾经都恶名远扬。而现在都展现出一副充满青春活力的新面貌，可以与伦敦和爱丁堡一比高低。中心区工作与休闲交融；住家与企业共享街道；新旧建筑妥帖地融入到传统色彩浓厚的街道格局中。尤其重要的是，这两个城市在过去20年里都再现了公共空间思想——城市是为市民服务的。人们都搬回到市中心附近，因为这里有行动感，有新工作，让人觉得自己在一种新型的城市里为一种新的未来而各尽其能。

首先要做的事情显然是重建城市核心区域。这两个市中心的活力是否能够流淌到贫穷的内城街区？而这里仍然呈衰败之势，面临彻底解体的前景。其市中心周围面积庞大的社区将会融入新城市，还是会因为摒弃而每况愈下？我们将首先简要地审视如何重造更加紧凑的、更有持续发展性的城市。然后概要地阐述我们更有凝聚力的、更加融合的城市思想。而两者是互为依赖的。

▲荷兰现代式住房：享受自己的空间（建筑师：MRVD）
里查德•伯德特（*Richard Burdett*）

紧凑的城市

人们向往紧凑的城市，因为他们喜欢城里的活力、机会、多样性和刺激。但漂亮的、融合的城市环境不会自天而降，而是精心选择与设计的产物。如果我们愿意，就可以使它们诞生，但显而易见，这不是某一个人或群体所能做到的。城市既需要集体行动，也需要众多个体的努力。

无论从最为宏观方面还是从最基层而言，要使城市的所有地方有效运作，要使成千上万的要素彼此适应，不是一件简单的事情。这不仅需要想象力，还需要合理布局、巧妙安排、社会与交流技能、组织能力和领导水平。在现有街道与街区里灵活使用空间和建筑才能应对变化的需求。除了精心设计，还需要高质量的技艺、对细节的关注、严格的控制和长期的管理。

▲格拉斯哥：严密的格栅模式正得到复苏
拉纳德•麦金尼斯(*Ranald MacInnes*)/《未来家园》宣传册

城市意味着为集体目的而共享空间。优秀的布局使我们可以合理安排共享的空间，与使用这些空间的人对它们进行共同管理。紧凑的城市与城市的漫无边际扩展正好相反，而后者的情形是，新建的家园分散在空旷的土地上，远离社会的连接点。要取得成功，我们就需要各种群体的协同努力，需要加强城市的集体作用。而这种作用已消失多年了，其间城里的人口分散到稀疏的郊区，紧凑的城市格局被规划的、功能单一的住宅区和高速公路所打破。

正因为我们重新发现了紧凑的城市、发现了邻近性和相互交流的价值、发现了能够重新融合四分五裂社会的潜力，所以我们的那些比较古老的、丑陋的城市及其中心区突然令人向往了。伯明翰和格拉斯哥生动地体现了这种态度的转变。但我们

▲生活在楼与楼之间，利兹比平钱德拉(*Bipinchandra*)/联合摄影社

既需要精心设计，还需要敏锐的社会性目光，才能够将不同社区团结起来，鼓励一种共享的市民意识。为了将不同的社会与收入群体融合起来，建筑师、开发商和社区代表可一起努力。如第7章所说的，格拉斯哥的“未来家园”和伯明翰的卡斯帕尔(CASPAR)工程就是这样进行的。

建筑在伟大城市的建造与重新建造过程中起着举足轻重的作用。建筑造就了象征城市目的与秩序的各种结构，这些东西漂亮迷人，坚固结实，历经数百年的风霜雨雪仍岿然屹立。城市空间则鼓励人们对文化与社会生活的参与。思想的自由交流、不同背景的人的交互作用——这些重要的活动都依赖建筑与空间所提供的场景。建筑既可以大煞风景，也可以赏心悦目。因此，市民的声音对城市的复兴不可或缺。人们有可能的话，都毅然决然地逃离了破败的、过于稠密的、疾病丛生的、肮脏与贫困的工业城市。而规划者大多数情况下未经社区的同意，就决定对传统的紧凑城市格局进行肢解。现在人们又开始返回，寻求一种新的稠密——稠密的服务、休闲、社会接触与支持。

复兴的市中心都紧挨着内城街区。伦敦城里从圣保罗大教堂开始的新桥跨过泰晤士河，通向开垦不久的南岸，离伦敦的一些最为贫穷的内城住宅区、最差的学校和最严重的犯罪区域只有几步之遥。这些破败的地方要靠那些使用中心区的人，不然就会人去楼空，逐渐消亡。如果市政委员会支持地方努力、将一些资源与决策权下放给社区，下一层的内城街区就可以建造紧凑的地方中心，塑造出自己的个性——这就是巴塞罗那成功的秘诀。这些街区然后就会开始吸引居民到城里工

284 作，而新来的人也会对街区的复兴作贡献。与此同时，街区依附于传统的社区。交通堵塞和限制停车范围的增加使人们越来越不愿意开车去市中心，内城街区和郊区就需要新的交通连线，如快速公共汽车线路和更有效的火车线路。这样，重建紧凑的、混合用途的、设计完善的城市中心就会营造出一个更加融合、人口更为稠密、更令人向往的城市。而无限制的扩展则会葬送城市的吸引力。

我们需要从中心一层一层地向外扩展，首先要把最里边的街区重新联接起来，从这些地方到活跃的市中心步行只需几分钟。人行道、自行车道和公共汽车道可替代这些空间中的其他车辆，从而减少从前的车流所造成的障碍。如果内城街区与市中心紧密相连、开始恢复，环绕中心的快速单行系统就失去其效用并且会起破坏作用。就可以把不必要的过境交通赶出去，衰败的内环家园、商店与服务业就成为潜在的发展区域。市中心与内城街区的环境潜力也就显而易见了。我们越是限制交通，恢复公共空间、建筑和街区，就越是需要绿色。只要得到支持和小小的激励，公共组织、居民和企业都会使街道更绿、更干净、更安全。

因此，紧凑的城市靠四个轴心运作：

创建活跃的、稠密的市中心；

恢复内城街区的活力；

在全城营造一个方便的公共交通系统；

保护与改善环境。

谁将负责这一系列的活动呢？城市将多种声音吸引到一起。因此，城市可以徐徐向前，也会出乎意料地倒退。城市的前景正日益看好，这样我们就能更加努力地营造区域、人 口、组织和利益之间的凝聚力。

有凝聚力的城市

城市是充满极端现象的地方，城市复苏会使这些现象更为极端：极端富裕者与极端贫穷者往往住在相邻的街区，被有形或无形的墙隔开。市中心所取得的成功使房产价格上升到不可思议的地步，只有少数幸运者才购买得起。市中心的密度、夜生活、繁华的街道和别具特色的空间对有些人颇具吸引力，对其他人而言则不一定称心如意。没有财力的人或不喜欢奢华市中心公寓或大商店或运河边公寓的人都纷纷离弃内城街区，因为他们认为这里不安全、满目衰败之象；他们喜欢更加安静、安全和绿意更多的郊区。但是，随着土地越来越稀缺、小型家庭日益增多，这些人及其后代很可能会再次居住到人口仍在减少但却可能会漂亮起来的内城街区。这些大面积的、未经开发与护理的区域是解决经济实惠型住房的出路。它们有容纳力，有幸存而挣扎的社区，能提供邻近性和混合用途，有亟需再使用的便利设施。这些地方大多都失去了其紧凑的形态，但只要我们精心地回收利用棕色土地，它们就可以恢复其紧凑面貌。

我们能否对低收入内城社区的利益与大多数家庭的利益加以调和？前者不想被迫搬离自己的住处，而后者既不富裕也不贫穷，希望在怡人而安全的环境里拥有优质而宽敞的住家，靠近工作、好学校、商店和交通。城市在教育、收入、住房标准和环境等方面存在着严重的不平等现象，从而使比较贫穷的社区成为人们避之唯恐不及的地方。许多人认为这些不平等现象是无法消除的。如果城市不竭力避免社会、种族、物质环境和经济方面的分化现象，社区将土崩瓦解，城市将无法运作。英国20世纪贫民窟被清除的一大原因是，内城街区在50多年的时间里几乎完全被遗忘。我们今天再也不能重犯这一错误了。

改善贫穷街区意味着分享资源。城市里资源的可获得性取决于创造财富的企业和愿意待在城里的有购买力、有技能、有责任心的市民。因此，我们应设法阻止普通工作人口——既不富裕也不贫穷的人口——的逐渐流失。原本的福利制度就是基于这种协约：众人出力众人受益。公共服务仍然能得到公众的大力支持，因为富人同穷人一起解囊、共同受益。城市的发展也基于这种协约。而经常的情形是，穷人忍受城市的恶劣状况但无处可走，富人则纷纷逃离。要消除长期的社会排斥现象，城市必须保住比较富裕和比较贫穷的社区，然后同时重建两者。必须共享技术与资源，这样街区的更新就会让人人受益。

有雄心大志的人都离开了内城街区，因此那里的贫困日益加剧。但这些地方还是幸存下来了：许多便利设施依然在起作用；居民们努力使一切正常运作。为社区的存在而奋斗也能造就新的机会。到市中心通勤上班的人会觉得内城街区那种邻近性、活力与社会混合性要比遥远而沉闷的郊区更有吸引力。内城区到处是空置的住房和空间，亟待发挥新的用途。

街区更新开始时规模小，但如果整个城市对这些胚胎状的社区提供支持，小规模就会变成大趋势。每个城市都需要采取许多简单步骤，逐楼区、逐街道地展开。关键的工作者需要有足够的自信才愿意待在内城，需要被看重才愿意与贫困作战，

需要住在他们所服务的社区近处才会发现问题、看到希望。更加公平地配置教师、医生、警察和交通会使他们受到鼓励。然 287
后，现有的居民愿意待下去，新居民也愿意来。

我们应该如何重新设计这些内城区，使其展现魅力？首先，我们需要一个以现有社区和各种活动为中心的行动计划，这样街区就会自己开始更新。居民的声音至关重要，但很少有人倾听。第二，我们需要围绕街区活力这一核心来合力谋求发展。为了优先考虑局部问题，我们可以与城里更大的利益集团协商，如营造更为安全与干净的街道、改善学校与工作条件等。第三，我们需要创建一个安全的、得到精心护理的环境。在塔楼上安装闭路电视监视镜头并不能取代街道上人的身影——看管人、警察、超级护理员等。这种新的安全感将有益于学校、商店、公共汽车线路、健康中心和其他设施，而这些东西才能使一个地方活跃起来。最后，我们需要把市中心与内城街区联结到一起。我们需要在这些街区创建一个更加稠密、人际关系更加亲近的氛围，这样就可以弥补此前的毁坏与人口减少。许多小家庭希望靠近朋友与便利设施。我们现在面临重新使用棕色空地的压力，这反倒使我们有机会复兴问题重重的内城街区、保护郊区，同时恢复城市核心区域的活力。

因此，有凝聚力的城市的四个轴心是：

通过提高技能与改善就业来刺激局部经济——这需要建立与市中心的联系；

大声替居民呼吁、对局部状况加以控制；

使所有人公平地享受公共服务，包括社区管理；

对物质与环境实施护理，给潜在的以及现有的居民树立信心。

288 重塑街区

恢复严重衰败的街区要比抑制其衰落之势难得多——所以许多城镇宁可拆毁其状况最差的街区。内城区域在衰败，许多人买得起这里的住房但大多数都不愿意买，结果导致经济实惠房的短缺。随着住房标准的上升，这一问题愈加严重。然而，旧的内城住房往往要比现代开发的地方空间大、更有特色、“视觉吸引力”更强，只是因为社会排斥与城区萧条等综合因素而遭废弃。未经使用的和未充分使用的东西总是会被滥用。相反，活动会激发活动。棕色地带的开发能创造城区工作职位——如建筑维修、翻新、环境保护、交通和服务等行业。

工作是消除贫困与社会排斥之关键。因此，我们需要对城市采取更加融合的方式，吸引人口与企业，设计与管理空间，从紧凑的市中心向外扩展到紧凑的街区。随着密度的增加和恢复的进行，各种各样的城区服务就会拓展：如地方商店、餐馆、托儿服务、清洁、保安和社会关怀工作等。每创建一份新工作就是向前迈进一步。教育、社会网、支持与企业行为都可以帮助这些落伍的社区重新联合起来。不然的话，唯一的出路就是拆毁和继续分散。纽卡斯尔目前正在倡导大规模的内城拆毁行动，这已是三代人的时间里第三次这么做了。

城市最美好时我们爱城市，城市最糟糕时我们恨城市。如果我们优先开发棕色地带而不是绿色地带，就可以对影响市容的那些闲置的空间进行重新估价。我们可以说服市民支持简单的变革，而多项变革加起来就会改变城区的状况——如治安得

到加强、绿色街道多了、环境干净了、学校质量提高了、废物得到回收等。城市生活的许多方面过于人工化，既给环境也给 289
人类社会带来巨大成本。但城市也是活生生的机体，依赖周围的环境，由人力所塑造，人们生活于其间，在支撑、充实、再造城市。

城市的物质形态与城市里的社会状况密切相连，都是人类努力的产物。除非我们共同致力于这两者，不然城市就会衰亡。如果街区出现问题，城市也就失去一定的活力。而人与地方之间许多无形的联系会使城市延续若干代人。正是这种持续性促进了城市街区的复活。

城市的未来

所有人类定居的地方——从最小的村庄到特大的城市——只要具有紧凑而有凝聚力的格局，就能更好地发挥效用。与此同时，我们需要减少废物，保护能源、资源与土地。因此，我们必须使建造的领域发挥效用。这当然不是说任由这些地方日益恶化。如果街区更加安全、干净，更加混合的社区就会诞生，技能就会得到共享，标准就会提高——城市学校的识字、算术水平不是已经提高了嘛。这并不是说我们的空间会减少，而是说浪费的空间减少，因为我们的设计水平提高了——改造后的公寓和房屋往往要比新建的更加宽敞。也不是说我们的绿地会减少，实际上会增多：如果人人都行动起来，窗台花盆、花缸、花园、公园与广场就无处不在。不是说干脆不要小汽车了，而是说尽可能减少不必要的、令人感到头疼的旅程，同时增加更有效率的、更经济的、更令人愉快的公

共交通。也不是说强迫人们生活在不安全的街区、让丑陋的建筑把他们包围。而是说让建筑重新发挥其用途，以创建设计水
290 平更高的、更加得到精心护理的、更为安全的家园和街区。不是说干脆不拆毁任何地方，而是尽可能保存和再造社区，不是动不动就把它们夷为平地。不是说不修建新楼，而是说要规划紧凑的、相互联结的、结构宜人的新开发项目，从而把环境影响减少到最低限度，最大限度地提高凝聚力。

到下一代人结束的时候，世界上的大多数人口将生活在城市里。而城市的运作将有效率、有包容性、紧凑而可持续，就像库里蒂巴这个第三世界城市所显示的。使城市具有可持续性，也就是让城市比今天更加紧凑、更有凝聚力、更加诱人——减少对面临压力的全球环境的破坏，治愈我们现今城市里无处不在的极度分化现象。让人们感到他们能够为城市的有效运作出谋划策，就可以消除那种无能为力之感，而正是后者才使得城市居民追求更加简单而平静的环境。

在我们这个拥挤的地球上，在我们这个绿色岛屿上，大多数人都依赖城市。如果我们去抗击后工业时代的社会分解，就可以使城市发挥效用。噪音、堵塞和攻击行为使人们惧怕城市。而在当今这个人口稠密、竞争激烈、种族多元和高度发达的世界，设计、管理、教育、支持和优秀的领导可以起到抗衡作用。无论是对发达还是发展中国家而言，席卷社会的变革大多数都在城市展开。因为城市不仅仅是各种问题的积聚之所，也是各种解决办法汇集的地方——这就是市民所起的重要作用。由此而言，城市即我们共同的未来之寄托。

►伦敦诺丁山的狂欢节
凯瑟琳•迈尔斯/环境图片社提供

HAIRDRESSERS

注释

① 埃斯特班（Esteban, J，1999）
② 格拉斯哥市议会（Glasgow City Council，1999）
③ 埃斯特班（1999）
④ 巴塞罗那（Barcelona, 1999）犯罪调查
⑤ 埃斯特班（1999）
⑥ 鲍尔和芒福德（Power, A and Mumford, K，1999）
⑦ 鲍尔（2002）皇家艺术院(RSA)讲座
⑧ 对打算搬迁的国际电子企业高级管理人员的访谈，1999年8月
⑨ 北曼彻斯特复兴小组（North Manchester Regeneration Panel，1999）
⑩ 帕尔曼(Perlman, J)，超大城市项目，引自吉拉德特（Girardet, H，1996）
⑪ 格尔（Gehl, J，1996a，1996b，1999）
⑫《泰晤士世界地图》（*Times Atlas of the World*，1997）
⑬ 城市特别工作组（Urban Task Force，1999）
⑭ 萨森（Sassen, S，1994）
⑮ 霍尔（Hall, P，2000a）
⑯ 卡林沃斯（Cullingworth, JB，1979）
⑰ 图罗克和埃奇（Turok, I and Edge, N，1999）；英国商业园（British Business Parks，1999）
⑱ 雅高斯基（Jargowsky, PA，1996）；威尔逊（Wilson, WJ，1996）
⑲《经济学家》（*The Economist*，2000c）
⑳ 社会排斥部（SEU，1998a）
㉑ 环境交通与区域部（DETR，1999p）
㉒ 阿伦特(Arendt, H)，引自罗（Rowe, P，1999）
㉓ 罗（1999）
㉔ 哈尔西（Halsely, AH，1998）；联合国发展规划署（UNDP，2000）
㉕ 伦敦伊斯灵顿区（London Borough of Islington，1968）
㉖ 伯罗斯和罗兹（Burrows, R, and Rhodes, D，1998）
㉗ 公共政策研究所（IPPR，2000）
㉘ 布里格斯（Briggs, A，1983）
㉙ 布里格斯（1968）
㉚ 人民顾问小组（The People's Panel，1999）
㉛ 特拉弗斯（Travers, T，1998）
㉜ 城市特别工作组（1999a）
㉝ 社会排斥部（1998a）
㉞ 伯内特（Burnett, J，1991）
㉟ 克鲁克斯顿（Crookston, M，1999）
㊱ 哈尔西（1988）
㊲ 国家统计局(ONS)1951-1991年统计数据
㊳ 阿伯克龙比（Abercrombie, P，1945）
㊴ 鲍尔（1987）
㊵ 环境部（DoE，1968）
㊶ 环境交通与区域部（1999n）
㊷ 霍尔曼（Holman, B，1999a）
㊸ 社会排斥部（2000a）
㊹ 布拉姆利等（Bramley, G, et al，1999）
㊺ 鲍尔和芒福德（1999）
㊻ 图罗克和埃奇（1999）
㊼ 教育与就业部（DfEE，1999c）
㊽ 希尔斯（Hills, J，1998）
㊾ 图罗克和埃奇（1999）
㊿ 卢普顿（Lupton, R，即将出版）
51 罗斯（Rose, J，1969）
52 社会排斥部（2000b）
53 罗斯（1969）
54 环境部（1974-1999）
55 皮奇（Peach,C，1998a；1998b）；莫杜德等（Modood, T, et al，1997）
56 莫杜德等（1997）
57 住房与城市发展部（HUD，1999）
58 种族平等委员会（Commission for Racial Equality，1998a；1998b）
59 国家统计局（2000）；哈尔西（1988）
60 同上
61 格伦纳斯特(Glennerster, H)和西尔斯（1998）；莫杜德等（1997）

⑥② 鲍尔和芒福德（1999）
⑥③ 鲍尔和滕斯托尔(Tunstall, R)（1995）
⑥④ 希尔斯等（1999）
⑥⑤ 戴维斯（Davies, N，1999）
⑥⑥ 社会排斥部（2000b）
⑥⑦ 教育与就业部（1999b）
⑥⑧ 教育标准署（OFSTED，2000）
⑥⑨ 纽卡斯尔市，教育部，1999
⑦⓪ 房地产经纪人提供的证据
⑦① 布伦基特（Blunkett, D，1999a）
⑦② 内政部（Home Office，2000）
⑦③ 同上
⑦④ 霍尔（1998）
⑦⑤ 鲍尔和芒福德（1999）
⑦⑥ 社会排斥部（2000b）
⑦⑦ 环境交通和区域部（1999n）
⑦⑧ 环境交通和区域部（1999l）
⑦⑨ 同上
⑧⓪ 《经济学家》（2000d）
⑧① 环境交通和区域部（1999l）
⑧② 图罗克和埃奇（1999）
⑧③ 吉登斯（Giddens, A，1990）
⑧④ 康廷宁（Kontinnen, S，1983）
⑧⑤ 同上
⑧⑥ 亨德森（Herderson, T，1999）
⑧⑦ 下议院环境、交通与地区事务分委员会（House of Commons Select Committee on Environment, Transport and Regional Affairs，1999）
⑧⑧ 霍华德（Howard, E，1898）
⑧⑨ 雅各布斯（Jacobs, J，1990）
⑨⓪ 格威利姆等（Gwilliam M, et al，1998）
⑨① 格尔（1996b）
⑨② 环境部（1991）
⑨③ 哈尔西（1988）
⑨④ 汤姆森（Thomson, F. ML，1999）
⑨⑤ 伯内特（1991）
⑨⑥ 希尔（Hill, O，1883）
⑨⑦ 伯内特（1991）
⑨⑧ 大伦敦市议会(GLC)住房委员会记录
⑨⑨ 霍尔和沃德（Hall, P, and Ward, C, 1998）
⑩⓪ 霍尔（1990）
⑩① 斯温纳腾（Swenarton, M，1981）
⑩② 1974-1980年北伊斯灵顿住房权利项目的经验表明，根据工作记录对伦敦内城的居民进行了筛选，以保证新镇“从经济上而言是有效用的”；格拉斯哥市议会（1999）；环境部（1974-1977）
⑩③ 格威利姆等（1998）
⑩④ 霍尔曼（1987）
⑩⑤ 桑德斯（Saunders, P，1990）
⑩⑥ 唐尼森（Donnison, D，1967）
⑩⑦ 住房与地方政府部（Ministry of Housing and Local Government，1969）
⑩⑧ 洛克伍德（Lockwood, C，1999）；住房与城市发展部（1999）
⑩⑨ 卡茨和布莱德利（Katz, B, and Bradley, J，1999）
⑪⓪ 克鲁克斯顿（2000）
⑪① 伯德特（Burdett, R，2000）
⑪② 汤姆森（1990）
⑪③ 同上
⑪④ 下议员大伦敦住房委员会（House of Commons Committee on Housing in Greater London，1965）
⑪⑤ 汤姆森（1990）
⑪⑥ 作者对联邦住房与城市发展部的访问（2000）
⑪⑦ 西敏斯（Simmins, M，1999）
⑪⑧ 城市工作组（1999b）；环境交通与区域部（2000a）
⑪⑨ 环境部（1974-1977）
⑫⓪ 鲍尔（1987）
⑫① 邓拉维（Dunleavy, P，1981）
⑫② 同上
⑫③ 鲍尔（1993）
⑫④ 汉密尔顿(Hamilton, R)（主编）（1976）
⑫⑤ 梅西和贝克（Macey, J, and Baker, CV，1964）；由于给贫民窟的人重新安排住房所导致的问题，大伦敦市议会于1960年代终止了其等候名单。

⑫⑥ 住房与地方政府部（1969）
⑫⑦ 克罗斯曼（Crossman, RHS，1977）
⑫⑧ 优先住宅区项目（Priority Estates Project，1982；1984）
⑫⑨ 鲍尔（1987）
⑬⓪ 伦敦伊斯灵顿区（1968）
⑬① 鲍尔（1987）
⑬② 哈娄（Harloe, M，1995）；邓拉维（1981）
⑬③ 环境部（1987）
⑬④ 鲍尔（1999）
⑬⑤ 环境部（1974–1977）
⑬⑥ 麦克伦南（McLennan, D，1997）
⑬⑦ 环境部（1974）
⑬⑧ 鲍尔和滕斯托尔（1995）
⑬⑨ 莱特克利夫（Ratcliffe, P，2000）
⑭⓪ 英国广播公司（BBC，1995）
⑭① 鲍尔和芒福德（1999）
⑭② 拉德林（Rudlin, D，1998）
⑭③ 环境交通与区域部（1999n；2000a）
⑭④ 布拉姆利等（1999）
⑭⑤ 伦敦哈克尼区（London Borough of Hackeny，1999）
⑭⑥ 鲍尔（1999）；HTA（1998）
⑭⑦ 同上（特里克塔楼，肯星顿和切尔西[Trellick Tower, Kensinton and Chelsea]）
⑭⑧ 社会排斥部（1998a；2000b）
⑭⑨ 格尔（1999）
⑮⓪ 环境交通与区域部（1998c）
⑮① 环境交通与区域部（1999）
⑮② 千禧穹顶，交通区划（Millennium Dome, Transport Zone，2000）
⑮③ 《经济学家》（2000c）
⑮④ 乔伊尔等（Jowell, R, et al，1999）
⑮⑤ 环境交通与区域部（1999i）
⑮⑥ 环境交通与区域部（1999f）；审计委员会（Audit Commission，1999a）
⑮⑦ 同上
⑮⑧ 住房与城市发展部（1999）
⑮⑨ 环境交通与区域部（2000f）
⑯⓪ 环境交通与区域部（1999f）；审计委员会（Audit Commission，1999a）
⑯① 汽车协会（AA，2000a；2000b）
⑯② 联合国（UN，1997）
⑯③ 格尔（1996b）；阿普尔亚德（Appleyard, D，1981）
⑯④ 《英国医学杂志》（*British Medical Journal*，1999）
⑯⑤ 鲍尔和滕斯托尔（1997）
⑯⑥ 同上
⑯⑦ 住房与城市发展部（1999）
⑯⑧ 洛克伍德（1999）
⑯⑨ 菲亚尔卡（Fiałka, J，2000）；住房与城市发展部（1999）
⑰⓪ 阿特金森和埃利奥特（Atkinson, M, and Ellliott, L, 1999）
⑰① 鲍尔和威尔逊（2000）；雅高斯基（1977）；住房与城市发展部（1999）
⑰② 马西和登顿（Massey, DS, and Denton, NA，1993）；住房与城市发展部（1998）
⑰③ 住房与城市发展部（1999）
⑰④ 建筑与建造环境中心(Centre for Architecture and the Built Environment)，作者的个人通讯
⑰⑤ 卡斯特尔斯（Castells,M，1999）
⑰⑥ 萨森（1994）
⑰⑦ 乔伊尔等（1999）
⑰⑧ 格雷林和格莱斯特（Grayling, S, and Glaister, S, 2000）；库里蒂巴市环境秘书处（Curitiba Municipal Secretariat for the Environment，1992）
⑰⑨ 环境交通与区域部（1999f）
⑱⓪ 环境交通与区域部（1999f）
⑱① 帕丁顿铁路撞车事故后铁路公司(Railtrack)总裁的声明，1999年10月5日
⑱② BBC万花筒（BBC Panorama，1999a）
⑱③ 《经济学家》（2000b）
⑱④ 千禧穹顶，交通区划（2000）
⑱⑤ 佛金铁路公司（Virgin Trains，2000）
⑱⑥ BBC万花筒（2000a）

⑱⑦ 同上
⑱⑧ 沃尔特斯（Walters, J，2000）
⑱⑨ 汽车协会（2000a）
⑲⓪ 格尔（1996a；1999）
⑲① 斯特拉斯堡市（City of Strasbourg，1999）
⑲② 环境交通与区域部（1999e）
⑲③ 交通部（DoT，1996）
⑲④ 可持续交通组织（Sustrans，2000）
⑲⑤ 环境交通与区域部（1999）
⑲⑥ 住房与城市发展部（1998；1999）
⑲⑦ 萨特斯韦特(Satterthwaite, D)（主编）（1999）
⑲⑧ 联合国环境规划署（UNEP，2000）
⑲⑨ 议会科学技术办公室（Parliamentary Office of Science and Technology，1998）
⑳⓪ 环境交通与区域部（1998i）
⑳① 作者对世界银行的访问，华盛顿，2000年5月
⑳② 下议院环境、交通与地区事务特别委员会（2000a）
⑳③ 环境交通与区域部（2000g）
⑳④ 里斯(Rees,W)，引自萨特斯韦特（主编）（1999）
⑳⑤ 联合国环境规划署（2000）
⑳⑥ 里斯，引自萨特斯韦特（主编）（1999）
⑳⑦ 全国房屋建筑商委员会（National House Builders Council，1998）
⑳⑧ 鲍尔和芒福德（1999）；鲍尔（2000）
⑳⑨ 吉登斯（1999）
㉑⓪ 鲍尔（1999）
㉑① 《经济学家》（2000d）
㉑② 同上
㉑③ 尼罗拉（Nivola, PS，1999）
㉑④ 吉拉德特（1996）
㉑⑤ 联合国人类居住中心（UNCHS，1996）
㉑⑥ 联合国（1997）
㉑⑦ 吉拉德特（1996）；萨特斯韦特（主编）（1999）
㉑⑧ 布朗（Brown, P，1999）
㉑⑨ 瓦特纳比（Watanabe, N，2000）；吉拉德特（1996）
㉒⓪ 联合国环境规划署（2000）
㉒① 同上
㉒② 卡茨和布莱德利（1999）
㉒③ 弗里兰德（1999）
㉒④ 梅多斯等（Meadows, D H, et al，1972）
㉒⑤ 梅（May,R，2000）
㉒⑥ 世界银行（2000）；环境交通与区域部（1999q）
㉒⑦ 里斯(Rees, W)，引自萨特斯韦特（主编）（1999）
㉒⑧ 尼罗拉（1999）
㉒⑨ 国家公园（National Parks，1999）
㉓⓪ 丹麦国家城市复兴公司（Danish National Urban Renewal Company，1989）；作者所得到的信息
㉓① 曼彻斯特市议会，复兴顾问小组，相对财产价值得自于格里姆利•伊夫调查所(Grimley Eve Surveyors)，1999
㉓② 伦敦规划咨询委员会（LPAC，1999）
㉓③ 环境交通与区域部（1999n）
㉓④ 伦敦规划咨询委员会（1999）
㉓⑤ 哈利法克斯建筑协会（Halifax Building Society，1999）
㉓⑥ 霍耳曼斯和辛普森（Holmans, A, and Simpson, M, 1999）
㉓⑦ 鲍尔和滕斯托尔（1997）；环境交通与区域部（1999n）
㉓⑧ 墨菲（Murphy, M，2000）
㉓⑨ 环境交通与区域部（1999p）
㉔⓪ 彻里（Cherry, A，1999）
㉔① 环境部（1992）
㉔② 霍耳曼斯（1995）
㉔③ 法伊弗（Pfeiffer, U，1999）
㉔④ 毕马威公司（KPMG，1998；1999）
㉔⑤ 环境交通与区域部（2000c）
㉔⑥ 肯特泰晤士塞德（Kent Thames-Side，1999）
㉔⑦ 环境部（1995）
㉔⑧ 霍尔（2000b）
㉔⑨ 城市振兴公司（Urban Splash，1998a；1998b）；弗里德曼（Freedman, C，1996）
㉕⓪ 教育支出津贴（School Spending Allowance）
㉕① 卫生部（DoH，1998；1999）
㉕② 社会排斥部（2000b）
㉕③ 城市工作组（1999b）
㉕④ 韦弗（Weaver, M，2000）

⑤ 约瑟夫·朗特里基金会（JRF，2000）
256 HTA建筑公司（1998）
257 城市特别工作组（1999b）
258 泰晤士米德年度报告(Thamesmead Annual Reports) 1983-1999年
259 环境交通与区域部（2000g）
260 沃尔克（Walker, L，2000）；柯比（Kirby, P，2000）
261 里查德·罗杰斯合伙公司（Richard Rogers Partnership，1998）；莱瑟姆和斯威纳顿（Latham, I, and Swenarton, M，1999）
262 英国商业园（1999）
263 加夫伦（Gavron, N，2000）
264 犯罪关注组织（Crime Concern，2000）
265 韦伯斯特（Webster, D，1999d）
266 英国机场管理局（British Airports Authority，1998）；在伦敦经济学院召开的会议
267 鲍尔和伯金(Bergin, E)（1999）；《经济学家》(2000d)
268 贝斯特（Best, R，2000）
269 英国商业园（1999）
270 切希尔和谢泼德（Cheshire, P, and Shepherd, S，1999）；彭宁顿（Pennington, M，1999）
271 霍尔和沃德（1998）
272 环境部（1992）
273 汤姆森（2000）
274 “人民—他们从哪来？移民对住房造成的后果”（1999）约瑟夫·朗特里基金会研讨会，9月20日
275 布莱尔（Blair, T，1999a）
276 地方政府协会（LGA，2000）
277 卢埃林·戴维斯（Llewellyn Davies，2000）；《城市规划》（*Urbanisme*，1999）
278 鲍尔（1999）
279 拉德林和福尔克(Falk,N)（1999）
280 毕马威公司（1998；1999）；城市特别工作组（1999b）；皇家城镇规划院（Royal Town Planning Institute，1999）
281 拉德林（1998b）
282 城市特别工作组（1999b）
283 卢埃林·戴维斯（2000）
284 莱瑟姆和斯威纳顿（1999）
285 要了解斯基普尔(Skipol)的经历，可参见霍尔(2000)《未来的工作与地方(*Work and Places to be*)》
286 卢埃林·戴维斯（2000）
287 彭宁顿（1999）
288 BBC（1995）；帕滕（Patten, C，2000）
289 鲍尔和芒福德（1999）
290 朗特里基金会（1998）
291 环境部城市发展公司报告1981-1998年
292 亨尼（Henney, A，1982）
293 千禧年步行桥关闭，2000年6月12日
294 环境交通与区域部（1998）
295 英国财政部（HM Treasury，2000）
296 环境交通与区域部（1998l）
297 1981年土地规划法案(Land Planning Act 1981)
298 毕马威公司（1999）；城市工作组（1999b）
299 萨维尔斯居民财产调查（Savills, FDP Survey of Residential Property，1999）
300 鲍尔（1995）
301 伦敦规划咨询委员会（1999）
302 格拉斯哥市议会（1999）
303 赫伯特（Hebbert, M，2000）
304 伦敦规划咨询委员会（1999）
305 鲍尔和滕斯托尔（1993）；詹姆斯(James, O，1995)
306 纽曼（Newman, K，1999）
307 卢埃林·戴维斯（2000）
308 英国机场管理局给作者的报告（1998）
309 里斯，引自萨特斯韦特（主编）（1999）
310 古根海姆博物馆，纽约
311 纽卡斯尔市议会（1999）
312 同上；鲍尔和芒福德（1999）
313 雅各布斯（1996）
314 威尔森（1987）
315 伯布里奇等（Burbridge, M, et al，1981）
316 约瑟夫·朗特里基金会（1998）
317 鲍尔（1999）

⑱ 卢埃林·戴维斯，伦敦大学学院巴特里特规划和交流媒体学院（UCL Bartlett School of Planning and COMEDIA，1996）
⑲ 布里格斯（1983）
⑳ 罗杰斯（1997）
㉑ 格尔（1996b）
㉒ 默瑟（Mercer, W M，2000b）
㉓ 帕滕（2000）
㉔ 阿特金森和埃利奥特（1999）
㉕ 环境部（1993a）
㉖ 帕滕（2000）
㉗ 库里蒂巴，市政环境秘书处（1992）
㉘ 城市工作组（1999a）
㉙ 联合国人类居住中心（1996）
㉚ 同上
㉛ 环境交通与区域部（2000c）
㉜ 班农（Bannon, M，1985）
㉝ 鲍尔（2000）
㉞ 国家统计局（2000）
㉟ 鲍尔（1974）
㊱ 环境交通与区域部（2000b）
㊲ 纽约市议会信息（New York City Council Information，2000）
㊳ 鲍尔和伯金（1999）
㊴ 优先住宅区项目（PEP，2000）
㊵ 鲍尔（1999）
㊶ 希尔斯（1998）
㊷ 约瑟夫·朗特里基金会（2000）
㊸ 同上
㊹ 格拉斯哥市议会（1999）
㊺ 鲍尔（1993）
㊻ 布拉姆利等（1999）
㊼ 全国住房协会联盟（National Federation of Housing Associations，1986）
㊽ 富瓦耶联盟（Foyer Federation，1999）
㊾ 伦敦规划咨询委员会（1999）
㊿ 克鲁克斯顿（1999；2000）；社会排斥部（1998a）
351 皮特（Pitt, J，1999）
352 同上
353 住房与城市发展部（1999）；图罗克和埃奇（1999）
354 卡斯特尔斯（1999）
355 鲍尔和伯金（1999）
356 休姆复兴公司（Hume Regeneration Company，1999）；作者访问中获得的证据
357 鲍尔和伯金（1999）
358 环境交通与区域部（2000d）
359 城市特别工作组（1999b）；社会排斥部（2000b）
360 镇中心管理人员协会(Association of Town Centre Managers) 给城市特别工作组的报告（1999）
361 鲍尔（1992）
362 鲍尔和伯金（1999）
363 库里蒂巴，市政环境秘书处（1992）
364 斯特拉斯堡市（1999）
365 格雷林和格莱斯特（2000）；库里蒂巴，市政环境秘书处（1992）
366 同上
367 环境交通与区域部（1999g）
368 《经济学家》（1998）
369 《经济学家》（2000b）；信托局评估委员会（Caisse des Dépôts et Consignations Comité d’Evaluation，2000）
370 帕特南（Putnam, R D，1993）
371 信托局评估委员会（2000）
372 格林哈尔希和沃普尔（Greenhalgh, L, and Worpole, K）
373 皮博迪信托基金会墨里格罗夫中心(Murray Grove, Peabody Trust)开幕式，1999年11月10日
374 埃斯特班（1999）
375 伯热和哈里斯（Borer, P, and Harris, C，1998）；吉哈德特（1998）
376 吉哈德特（1998）
377 吉哈德特（1998）

参考书目

AA(2000a), Great British Motorist 2000 survey

AA(2000b), 'UK motorists get Europe's raw deal', *AA Members' Magazine*

Abercrombie, P (1945), *Greater London Plan 1944*, London: HMSO

Appleyard, D (1981), *Liveable Streets,* Berkeley: University of California Press

Asbury, P (1999), Bowes Park Action Group, letter to author (7 December)

ASDA (1999), 'ASDA plans to roll out 50 new ASDA fresh stores in five years', press release (15 November)

Atkinson, M, and Elliott, L (1999), 'He means business', interview with Digby Jones, Director General of CBI, *Guardian* (20 November)

Audit Commission (1996), *Misspent youth...young people and crime*, London:Audit Commission

Audit Commission (1998), *Home alone: the role of housing in community care*, London: Audit Commission

Audit Commission (1999a), *All aboard: a review of local transport and travel in urban areas outside London*, London: Audit Commission

Audit Commission (1999b), *A life's work:local authorities, economic development and economic regeneration*, London:Audit Commission

Bailey, N, Turok, I, and Docherty, I(1999), *Edinburgh and Glasgow: contrasts in competitiveness and cohesion*, Interim report of the Central Scotland Integrative Case Study, Glasgow: University of Glasgow, Dept of Urban Studies

Baldwin, P (1999), 'Postcodes chart growing income divide', *Guardian* (25 October)

Ball, M (1998), *School inclusion: the school,the family and the community*, York: Joseph Rowntree Foundation

Bannon, M J (1984), *A hundred years of Irish planning: the emergence of Irish planning 1880–1920*, Dublin: Turoe Press

Barcelona, City of (1999), *Delinquency in Barcelona City*, Barcelona: PSC–Secretaria

Bartlett, S, et al. (1999), *Cities for children: children's rights, poverty and urban management*, London: Earthscan

BBC (1995), *The New Jerusalem*

BBC News (1999), Summary of the rail survey by Tim James (29 November)

BBC Panorama (1999a), 'The great train jam' (29 November)

BBC Panorama (1999b), 'The house price lottery' (28 June)

BBC Track Record (1999), Key issues: a guide to the main issues by BBC transport correspondent Tom Heap (29 November–4 December)

Best, R (1999), Director, Joseph Rowntree Foundation, letter to Julian Pitt, Hertfordshire CC (21 December)

Best, R (2000), Chartered Institute of Housing plenary speech (13 June)

Blair, T (1999a), Annual Beveridge Lecture (18 March)

Blair, T (1999b), Prime Minister's New Year Message, Sedgefield (29 December)

Blayey, S (2000), 'Urban shambles', *Observer* (23 January)

Blunkett, D(1999), *Social exclusion and the politics of opportunity: a mid term progress check*, Speech by the secretary of state for education and employment (3 November), London: DfEE

Borer, P, and Harris, C (1998), *The whole house book: ecological building design and materials*, Powys: Centre for Alternative Technology

Boseley, S, et al. (2000), 'Incinerator cancer threat revealed', *Guardian* (18 May)

Boylan, E (2000), Speech at Chartered Institute of Housing annual conference (June)

Bramley, G (1998), *Housing surpluses and housing need*, paper presented to the Capital's Housing Action Conference, University of York

Bramley, G, et al. (1999), *Low demand housing and unpopular neighbourhoods. Second draft report to the DETR*, Edinburgh: School of Planning and Housing, Edinburgh College of Art/Herriot-Watt University

Braunstone New Deal Task Force (1999), *New Deal for Braunstone: delivery plan*,Leicester

Briggs, A (1968), *Victorian cities*, Harmondsworth: Penguin Books

Briggs, A (1983), *A social history of England*, Harmondsworth: Penguin Books

Brindle, D (1999), 'Potted history' , *Guardian* (27 October)

British Business Parks (1999), *Briefing paper on British Business Parks*, Walsall: British Business Parks

British Medical Journal (1999), 'Preventing Osteoporosis, falls and fractures among elderly people' , *British Medical Journal*, vol.318, pages 205-206 (23 January)

Brown, P (1999), 'Washed up' , *Guardian* (27 October)

Burbridge, M, et al. (1981), *An investigation of difficult to let housing*, London: Department of the Environment

Burdett, R (2000), *Density and quality of life in cities*, LSE London Lecture (10 May)

Burnett, J (1991), *A social history of housing 1815-1985*, London: Routledge

Burrows, R (1997), *Contemporary patterns of residential mobility in relation to social housing in England. Research report*, University of York: Centre for Housing Policy

Burrows, R, and Rhodes, D(1998), *Unpopular places? Area disadvantage and the geography of misery in England*, Bristol: Policy Press

Cabinet Office (1999), *Sharing the nation's prosperity: variations in economic and social conditions across the UK. A report to the prime minister* (December)

Carvel, J (1999), 'University drop-out rates reflect class roots', *Guardian* (3 December)

Castells, M (1999), *The Information Age: economy, society and culture*, London: Blackwell

Centre for Regional Economic and Social Research (1999), *Landlords*, Sheffield: Sheffield Hallam University, in association with the Housing Corporation

Cherry, A (1999), Evidence presented to the UTF

Cheshire, P, and Sheppard, S (1997), *Welfare economics of land use regulation*, Research Papers in Environmental and SpatialAnalysis No 42, London: London Schoolof Economics, Dept of Geography

Cheshire, P, and Sheppard, S (2000), *The political economy of containing urban sprawl:sustainability or asset values?* Paper presented at the World Congress of Regional Science, Lugano, Switzerland (May)

Cheshire, P (1990), 'Explaining the recent performance of the European Community's major urban Regions' , *Urban Studies*, vol 27, no 3, pages 311-333

Cheshire, P (1999), 'Cities in competition: articulating the gains from integration' , *Urban Studies*, vol 36, nos 4-6, pages 843-864

Cheshire,P,and Carbonaro,G(1996), 'Urban economic growth in Europe: testing theory and policy prescriptions' , *Urban Studies*, vol 33, no 7, pages 1111-1128

Cheshire, P, and Sheppard, S (1999), 'Land strapped-constrained land supply skews prices' , *POOF*, Winter

Cheshire, P, and Sheppard, S (2000), 'Building on brown fields: The long term price we pay' , *Planning in London*, 33, April/June, pages 34-36

CLES (1999), *Homes with jobs:delivering New Deal through social landlords*, Manchester: CLES, Building Positive Action

Cole, I, Kane, S and Robinson, D (1999), *Changing demand, changing neighbourhoods: the response of social landlords*, Sheffield: CRESR, Sheffield Hallam University/London: Housing Corporation

Commission for Racial Equality (1998a), *Reform of the Race Relations Act, 1976*, proposals for change, submitted to the Secretary of State for the Home Department

(30 April)

Commission for Racial Equality (1998b), *Stereotyping and racism*, report of two attitude surveys carried out by the CRE into identities, stereotypes and experiences of racism among South Asians, African Caribbeans and white people, London:CRE

CPRE (1996), *Housing with hindsight. Household growth, housing need and housing development in the 1980s*, London: CPRE

CPRE (1999a), Housing and the Environment, London: CPRE

Housing types and tenure

Plan, monitor and manage

Spatial distribution of additional development and impact on urban areas and sustainability

Urban renaissance and countryside protection

CPRE (1999b), *The Crow Report: a CPRE critique of housing proposals in the report of the Public Examination of Regional Planning Guidance for the South East*, London: CPRE

Crime Concern (1998a), *Reducing neighbourhood crime: a manual for action*,report prepared by Crime Concern for the Crime Prevention Agency at the Home Office, London: CPA

Crime Concern (1998b), *Safe as houses: a community safety guide for registered social landlords*, published by Crime Concern for the Housing Corporation, Swindon: Crime Concern

Crime Concern (2000), President's Council Meeting (11 May)

Crookston, M (1999), Evidence presented to the UTF

Crookston, M(2000), *Calling suburbia: Richard Rogers has a plan for you...*, London: Llewelyn Davies

Crossman, R H S(1977), *The diaries of a cabinet minister. Secretary of State for Social Services, 1968–70*, London: Hamish Hamilton/Cape

Cullingworth, J B (1979), *Essays on housing policy: the British scene*, London: Allen and Unwin

Curitiba Municipal Secretariat for the Environment (1992), *Curitiba. The ecological revolution*, Curitiba: Municipal Secretariat for the Environment

Davies, N (1999), 'Schools in crisis', series of articles, *Guardian* (14–16 September)

DETR (1998a), *A New Deal for transport: better for everyone*, London: Stationery Office

DETR (1998b), *Housing Investment Programme: Housing Annual Plan*, London: DETR

DETR (1998c), *Road accidents in Great Britain 1998: the casualty report*, London: Stationery Office

DETR (1998d), *The impact of large foodstores on market towns and district centres: executive summary*, London: HMSO

DETR (1998e), *The impact of urban development corporations in Leeds, Bristol and Central Manchester*, Regeneration Research Summary No 18, London: DETR

DETR (1998f), *Government Statistical Service Information Bulletin: land use change in England*, London: DETR

DETR (1998g), *New Deal for Communities*,London: DETR

DETR (1998h), *Planning for sustainable development: towards better practice*, London: DETR

DETR (1998i), *Planning for the communities of the future*, London: DETR

DETR (1998j), *The Government's Response to the Environment, Transport and Regional Affairs Committee. Session 1997–8, Housing*, London: Stationery Office

DETR (1998k), *Transport Statistics Report: walking in Great Britain*, London: Stationery Office

DETR (1998l), *Urban development corporations: performance and good practice*, Regeneration Research Summary No 17, London: DETR

DETR (1998m), *Walking in Great Britain*, London: Stationery Office

DETR (1999a), *Annual Report1999: The Government's Expenditure Plans 1999–2000 to 2001–02*, London: DETR

DETR (1999c), *Quarterly bulletin of rail statistics*, Transport

Statistics Division (TSA) (December 12)

DETR (1999d), *Cross-cutting issues affecting local government*, London: DETR

DETR (1999e), *Cycling in Great Britain*, Personal Travel Factsheet 5 (December), London: DETR

DETR (1999f), *From workhorse to thoroughbred: a better role for bus travel*, London: Stationery Office

DETR (1999g), 'Lord Whitty Announces nine Home Zonesites', press release no 788 (4 August)

DETR (1999h), *National land use database: provisional results for previously developed land in England*, Government Statistical Service Information Bulletin no 500 (20 May)

DETR (1999i), *National Travel Survey: update 1996/98*, London: DETR

DETR (1999j), *Travel to school*, Personal Travel Factsheet 2 (June), London: DETR

DETR (1999k), *Where does public spending go? Pilot study to analyse the flows of public expenditure into local areas*, London: DETR

DETR (1999l), *1998 Index of Local Deprivation: a summary of results*, London: DETR

DETR (1999m), *Land use change in England*, No 14, London: DETR

DETR (1999n), *National Strategy for Neighbourhood Renewal: unpopular housing*, Report of Policy Action Team 7, London: DETR

DETR (1999o), 'Household growth down–John Prescott', press release (29 March)

DETR (1999p), *Projections of households in England to 2021*, London: DETR

DETR (1999q), *Quality of life counts:indicators for a strategy for sustainable development for the United Kingdom. Baseline assessment*, London: DETR

DETR (1999r), *Interim evaluation of English Partnerships*, Regeneration Research Summary no 24, London: DETR

DETR (2000a), *Housing Green Paper*, London: DETR

DETR (2000b), *Housing*, Planning Policy Guidance Note no 3, London: DETR

DETR (2000c), 'Prescott announces more responsive approach to meeting South East's housing needs', press release (7 March)

DETR (2000d), '£280 million budget bonus for transport–public transport and pensioners gain', press release 225 (23 March)

DETR (2000e), *Quality and choice*, London: DETR

DETR (2000f), *Tomorrow's roads: safer for everyone. The Government's road safety strategy and casualty reduction targets for 2010*, London: DETR

DETR (2000g), *Waste Strategy 2000 England and Wales, Parts1 and 2*, London: Stationery Office

DfEE (1999a), *Excellence in cities*, London: DfEE Publications

DfEE (1999b), *School, performance league tables*, London: HMSO

DfEE (1999c), *A fresh start:improving literacy and numeracy*, report of the working group chaired by Sir Claus Moser, London: DfEE Publications

DfEE (1999d), *Jobs for all: National Strategy for Neighbourhood Renewal*, report of the Policy Action Team on Jobs, London: DfEE Publications

DoE (1968), *Old houses into new homes*, London: HMSO

DoE (1974), *Difficult to let*,unpublished report of postalsurvey

DoE (1974–77), *Inner areas studies*, London: HMSO

DoE (1987), *PEP guide to local housing management, vols 1, 2, 3*, DoE for the Priority Estate Project

DoE (1991), 'City Challenge', press release

DoE (1992), *The relationship between house prices and land supply*, London: HMSO

DoE (1993a), *East Thames Corridor:a study of development capacity and potential*, London: HMSO

DoE (1993b), *The use of density in land use planning*, Planning Research Programme, London: HMSO

DoE (1995), *The Thames Gateway planning framework*, London: HMSO

DoE (1996), *Urban trends in England: latest evidence form the 1991 Census*, London: HMSO

DoH (1998, 1999), Statistics, London: DoH

Donnison, DV(1967), *The government of housing*, Harmondsworth: Penguin Books

Donnison, D, and Middleton, A(eds) (1987), *Regenerating the inner city: Glasgow's experience*, London: Routledge & Kegan Paul

DoT (1996), *The National Cycling Strategy*, London: DoT

DSS (1999), *Opportunity for all: tackling poverty and social exclusion.First annual report*, London: Stationery Office

Dunleavy, P(1981), *The politics of mass housing in Britain, 1945–1975: a study of corporate power and professional influence in the welfare state*, Oxford: Clarendon Press

Dwelly, T(ed)(1999), *Community investment: the growing role for housing associations*, York: Joseph Rowntree Foundation

Economist, The (1998)

'Britain's provincial cities. In London's shadow' (1 August)

'Birmingham. From workshop to melting pot' (8 August)

'Cities. The leaving of Liverpool' (15 August)

'Glasgow. Refitting on the Clyde' (22 August)

'Leeds. Streets paved with brass' (29 August)

'Middlesborough. Rejuvenating Hercules' (5 September)

Economist, The (1999a)

'Urban sprawl: to traffic hell and back' (8 May)

'Urban sprawl: a hydra in the desert' (17 July)

'Urban sprawl: wired in the woods' (31 July)

'Urban sprawl: right in the governor's back yard' (24 July)

'Urban sprawl: people want a place of their own' (7 August)

'Urban sprawl: aren' t city centres great?' (14 August)

'Urban sprawl: not quite the monster they call it' (21 August)

Economist, The (1999b), 'Poverty' (23 October)

Economist, The (1999c), 'Poor students' (30 October)

Economist, The (1999d), 'How rich is London?' (18 December)

Economist, The (1999e), 'Blair's baby' (18 December)

Economist, The (2000a), 'Fewer and wrinklier Europeans' (15 January)

Economist, The (2000b), 'France–a city revived' (26 February)

Economist, The (2000c), 'Oxera study on rail and road investment and costs' (22 April)

Economist, The (2000d), 'A continent on the move' (6 May)

Empty Homes Agency (1999a), Letter from the Chief Executive to the Urban Task Force (7 August)

Empty Homes Agency (1999b), 'England's empty homes' , press release (3 March)

Environment and Urbanisation (1996), vol 8, no 1, April, London: IIED

Environment and Urbanisation (1999), Sustainable cities revisited II, vol 11, no 2, October, London: IIED

Esteban, J (1999), *El Projecte Urbanistic–valorar la periferia l recuperar el centre*. Barcelona:Aula

Fialka, J (2000),'Campaign against sprawl overruns a county in Virginia and soon perhaps much of nation' , *Wall StreetJournal* (4 January)

Finch, J (1999), 'House prices to jump again' , *Guardian* (30 December)

Fischel, W(1999), *Sprawl and the federal government*, Cato Policy Report, September/October

Foyer Federation (1999), *Annual report*, London: Foyer Federation

Freedland, J (19999), 'Powerless people' , Guardian (1 December)

Freedman, C(1996), 'Northern exposure', *Estates Gazette* (3 June)

Gavron, N (2000), Report to the Urban Task Force on London's capacity for housing

Gehl, J(1996a), *City quality–the Copenhagen way. Public spa–*

ces and public life in the city centre 1962–1996, paper for Car-free Cities conference, Copenhagen, 6–7 May 1996

Gehl, J (1996b), *Life between buildings: using public space*, Copenhagen: Arkitektens Forlag

Gehl, J (1999), *Creating a human quality in the city*, paper for Living and Walking in Cities conference, Brescia, 14–15 June

Gehl, J, and Gemzoe, L(1996), *Public spaces public life*, Copenhagen: Architectural Press

Geitner, P (1999), *Germans find happiness without autos*, Associated Press

Giddens, A (1990), *The consequences of modernity*, Cambridge: Polity in association with Blackwell

Giddens, A (1999), *Runaway world: how globalisation is reshaping our lives*, 1999 Reith Lectures, London: Profile

Girardet, H (1996), *Gaia atlas of cities: new directions for sustainable urban living*, Stroud:Gaia

Girardet, H (1998), Report to the UTF

Glasgow City Council (1999), *Homes for the future*, Glasgow: Glasgow City Council

*Glennerster, H, and Hills, J (1998) Ed. The state of welfare II: the economics of social spending/ Martin Evans et al. Oxford, New York: Oxford University Press

Glennerster, H, Lupton, R, Noden, P, and Power, A (1999), *Poverty, social exclusion and neighbourhood: studying the area bases of social exclusion*, London: CASEpaper 22

Government Office for the East of England (1999), *Draft regional planning guidance for East Anglia*, reportof the Public Examination Panel (June)

Government Office for the North West, *Town centre management in the North West of England*, Manchester: GONW

Government Office for the South East (1999), *Regional planning guidance for the South East of England*, report of the Public Examination Panel (September)

Grayling, T (2000), 'Fairer fares' , *Guardian* (9 January)

Grayling, T, and Glaister, S (2000), *A new fares contract for London*, London: IPPR

Greenhalgh, L, and Worpole, K (1995), *Park life:urban parks and social renewal*, London: DEMOS/Comedia

Groom, B(1999), 'Inspectors recommend 1m new homes for southeast' *Financial Times* (9–10 October)

Guardian, The (2000), 'A new century,a new resolution' , supplement, with WWF (1 January)

Gwilliam, M, et al(1998), *Sustainable renewal of suburban areas*, London: Joseph Rowntree Foundation

Halifax Building Society (1999), Index of average house prices, fourth quarter

Hall, P (1990), *Cities of tomorrow:an intellectual history of urban planning and design in the twentieth century*, Oxford: Blackwell

Hall, P (1996), *Building a new Britain*, London: Town and Country Planning Association

Hall, P (1998), Evidence presented to the Urban Task Force (November)

Hall, P (1999a), 'Growing sense of emptiness' , *Guardian* (15 September)

Hall, P (1999b), 'Sirens sound over the countryside', *Financial Times* (2 November)

Hall, P (1999c), *Sustainable cities or town cramming*? London: Towm and Country Planning Association

Hall, P (2000a), Work and the places to be, *Town and Country Planning Magazine*

Hall, P (2000b), Evidence presented to the UTF

Hall, P, and Pfeiffer, U (1999), *The urban future 21*, Bonn: Empirica

Hall, P, and Ward, C (1998), *Sociable cities: the legacy of Ebenezer Howard*, Chichester: Wiley

Halpern, D (1995), *More than bricks and mortar? Mental health and the built environment*, London: Taylor & Francis

Halsey, A H (1988), *British social trends since 1990: a guide to the changing social structure of Britain*, Basingstoke: Macmillan

Hamilton, R (ed) (1976), *Street by street*, London: Shelter

Harloe, M (1995), *The people's home? Social rented housing in Europe and America*, Oxford: Blackwell

Hebbert, M(2000), *Singing streets of London*, Third Eila Campbell Memorial Lecture, Birkbeck College, London, 1 March 2000

Hencke, D (2000), 'Children at risk from poisoned ash on paths' *Guardian* (8 May)

Henderson, T (1999), 'Byker Wall homes saved by heritage housing plan' , *The Journal* (23 December)

Henney, A (1982), *Inside local government*, London: Sinclair Browne

Hetherington, P(1999a), 'Alarm over targets for south-east homes' , *Guardian* (8 October)

Hetherington, P (1999b), 'Fat south, thin north' *Guardian* (14 October)

Hetherington, P (1999c), 'Plan to rebuild Newcastle is biggest since war' , *Guardian* (1 December)

Hetherington, P (1999d), 'Rebirth of bombed city centre' , *Guardian* (22 November)

Hill, O (1883), *Homes of the London poor*, London

Hills, J (1998), *Income and wealth:the latest evidence*, York: Joseph Rowntree Foundation

Hills, J (2000), *Reinventing social housing finance*, London: IPPR

Hills, J, et al (1999), *Persistent poverty and lifetime inequality: the evidence*, proceedings of a workshop held at H M Treasury, chaired by Professor John Hills, 17–18 November 1998, CASE report 5, London: CASE

HM Treasury (2000), *Comprehensive Spending Review*, London: HM Treasury

Holman, B (1997), *FARE dealing:neighbourhood involvement in a housing scheme*, London: Community Development Foundation

Holman, B (1999a), *Faith in the poor*, Oxford: Lion Publishing

Holman, B (1999b), 'Limited imagination' , *Guardian* (31 March)

Holmans, A, Morrison, N, and Whitehead, C (1998), *How many homes will we need? The need for affordable housing in England*, London: Shelter

Holmans, A (1987), *Housing policy in Britain: a history*, London: Croom Helm

Holmans, A (1995), *Housing demand and need in England 1999–2011*, London: Joseph Rowntree Foundation

Holmans, A (2000), Letter to author on population growth and housing demand

Holmans, A, and Simpson, M(1999), *Low demand: separating fact from fiction*, York: Joseph Rowntree Foundation

Home Office (1998), *Concern about crime: findings from the 1998 British Crime Survey*, Research Findings no 83, London: Home Office Research Development and Statistics Directorate

Home Office (2000), *Recorded crime statistics: England and Wales, October 1998 to September 1999*, Issue 1/00 (January), London: Home Office Research Development and Statistics Directorate

House of Commons Committee on Housing in Greater London (1965), Report of the committee on housing in Greater London, chairman Sir Milner Holland, presented to parliament by the minister of housingand local government, London: HMSO

House of Commons Select Committee on Environment Transport and Regional Affairs (1999), *Twentieth report:town and country parks*, London: Stationery Office

House of Commons Select Committee on Environment, Transport and Regional Affairs (2000a), *Sixth report: Environment Agency*, London: Stationery Office

House of Commons Select Committee on Environment, Transport and Regional Affairs (2000b), Proposed White paper. Vol 1, Report and proceedings of the committee. Eleventh Report, London: Stationery Office

Howard, E (1898), *Tomorrow: a peaceful path to real reform*, London

HTA (1998), Project profiles on Waltham Forest tower blocks

HUD (1997, 1998, 1999), *The state of the cities*, Washington: US Department of Housing and Urban Development

IIED (1999), *Addressing environment and development in urban areas: the work of IIED's Urban Group*, London: IIED

IPPR (2000), Results of survey conducted for the IPPR Review of Housing, London: IPPR

Jacobs, J (1990), *The economy of cities*, New York: Random House

James, O (1995), *Juvenile violence in a winner-loser culture*, London: Free Association Books

Jargowsky, PA (1997), *Poverty and place: ghettos, barrios and the American city*, New York: Russell Sage Foundation

Jencks, C, and Peterson, P E(1991), *The urban underclass*, Washington: Brookings Institution

Jenkins, S (1999), 'The lure of lucre is robbing England of its countryside', *Sunday Times* (24 October)

Joseph Rowntree Foundation (1998), CASPAR market research

Joseph Rowntree Foundation (2000), *The secrets of CASPAR*, York: Joseph Rowntree Foundation

Jowell, R, et al (1999), *British Social Attitudes: the sixteenth report*, Aldershot: Ashgate

Jupp, B (1999), *Living together:community life on mixed tenure estates*. London: Demos

Katz, B, and Bradley, J (1999) *Divided we sprawl*. Atlantic monthly (December) Boulder USA

Kent Thames-side (1999), *Looking to an integrated future: land use and transport planning in Kent Thames-side*, Gravesend: Kent Thames-side

Kirby, P (2000), Evidence presented to the UTF on land reclaim

Kleinman, M (1999), *A more normal housing market? The housing role of the London Docklands Development Corporation 1981–1998*, Discussion paper no 3, London: LSE

Konttinen, S (1983), *Byker*, London: Jonathan Cape

KPMG (1998), *Fiscal incentives for brownfield sites*, report to the Urban Task Force (November)

KPMG (1999), *Brownfield housing projections: model assumptions*, report for the Urban Task Force, London: KPMG

Latham, I, and Swenarton M (1999), *Brindley Place: a model for urban regeneration*, London: Right Angle Publishing.

Laurin, Y (nd), *The tram: a new concept of urban life*, Strasbourg: Transports et Stationnenment

*Llewelyn Davies (2000), *Sustainable residential quality: exploring the housing potential of large sites*, London: LPAC in association with Urban Investment and Metropolitan Transport Research Unit

Llewelyn Davies, UCL Bartlett School of Planning and COMEDIA (1996), *Four world cities: a comparative study of London, Paris, New York and Tokyo*, London: Stationery Office for DoE and Government Office for London

Local Government Association (2000), Annual Housing Conference (February 24)

Lockwood, C (1999), *Urban sprawl:creating sprawl*, threepart series, Environmental News Network (October 28)

London Borough of Hackney (1999a), *Comprehensive Estates Initiaive: laying foundations for a sustainable future. CEI Review 1992–1998*, London: London Borough of Hackney

London Borough of Hackney (1999b), Consultation over proposed regeneration plans involving demolition (unpublished)

London Borough of Islington (1968), Medical officer of health's report, 1961 and 1968 census

LPAC (1999), *London housing capacity guidelines 1992–2016: supplementary advice*, London: LPAC

Lupton, R (forthcoming), Report on the first stage of the Areas Study for the CASE, London: LSE

Lyons, M (1999), *Some reflections on the government of towns and cities*, inaugural lecture, Birmingham University (26 November)

MacCormack, R (date unknown), Urban Task Force, Working

Group One: Residential densities on brown field sites
Macey, J, and Baker, C V (1965, 1978 & 1982), *Housing management*, London: The Estates Gazette
Maclennan, D (1997), *Britain's cities:a more positive future*, Lunar Society Lecture (November)
Manson, F (1998), *Urban living*, report to UTF (23 October)
Massey, D S, and Denton, N A(1993), *American apartheid: segregation and the making of the underclass*, Cambridge, Massachusetts: Harvard University Press
Mathiason, N (2000), 'Tesco Metros close as high rents bite', *Observer* (21 May)
May, R (2000), Millennium Supplement, *Observer* (January 2)
McSmith, A (1999), 'Hague to jobless: get off your bikes', *Observer* (31 October)
Meadows, D H, et al (1972), *The limits to growth: a report for the Club of Rome's project on the predicament of mankind*, New York: New American Library
Meek, J (1999), 'Muslim neighbourhoods proposed to revive rundown city suburbs', *Guardian* (12 November)
Mercer, W M (2000a), World city rankings, *Guardian* (13 January)
Mercer, W M (2000b), Cost of living survey, http://www.wmmercer.com
Ministry of Housing and Local Government (1969), *Council housing purposes, procedures and priorities*, ninth report of the Housing Management Sub-Committee of the Central Housing Advisory Committee (the 'Cullingworth Report'), London: HMSO
Modood, T, et al (1997), *Ethnic minorities in Britain: diversity and disadvantage*, London: Policy Studies Institute
Moser, C (1996), *Confronting crisis: a comparative study of household responses to poverty and vulnerability of four poor urban communities*, ESD Studies and Monographs Series no 8, Washington DC: World Bank
Mumford, K (2000), *Talking to families in East London*, London: CASE
Murphy, M (2000), Evidence on demographic trends, London School of Economics

National Federation of Housing Associations (1986), *NFHA Jubilee 1935–1985*, Peter Jones, produced by Liverpool Housing Trust Information Services, London: NFHA
National House-Builders Council Conference (1998), *Sustainable housing-meeting the challenge* (11 September)
National Parks (1999), *Lake District National Park: annual report*
New Internationalist, The (1999), 'Green cities', issue 313, June
Newcastle City Council (1999), *Going for growth: a citywide vision for Newcastle 2020*, Newcastle: Newcastle City Council
Newman, K (1999), *Falling from grace: downward mobility in the age of affluence*, University of California Press
NHF (1999), *Special report: planning for affordable homes in London*, London: National Housing Federation
NHF (South East) (1999), *Who needs housing*? London: NHF
Nivola, P S (1999), *Laws of the landscape: how policies shape cities in Europe and America*, Washington DC: Brookings Institution
North Manchester Regeneration Panel (1999), North Manchester Regeneration Report, Manchester: Manchester City Council
Nutall, N (1998), 'Five reasons why official housing figures may be wrong', *The Times* (28 January)

OECD (1998), *Territorial development: integrating distressed urban areas*, Paris: OECD Publications
Office for National Statistics (1991), 1991 Census
Office for National Statistics (1998), *Statistics press release: focus on London 98 1* (April)
Office for National Statistics (1999a), General Hou-

sehold Survey
Office for National Statistics (1999b), Labour Force Survey
Office for National Statistics (1999c), *Social trends, 29th edition*, London: Stationery Office
Office for National Statistics (2000), *Social trends, 30th edition*, London: Stationery Office
Office for Standards in Education (2000), Inspection of Bradford Local Education Authority, May 2000, Office of Her Majesty's Chief Inspector of Schools in con-junction with the Audit Commission

Pacione, M (ed) (1997), *Britain's cities: geographies of division in urban Britain*, London: Routledge
Parliamentary Office of Science and Technology (1998), *A brown and pleasant land: accommodating household growth in England on brownfield sites*, London: Parliamentary Of-fice of Science and Technology
Patten, C (2000), *Reith Lectures: Respect for the earh*, Letcure 1:Govnenance, BBC Radio 4
Pawley, M (1998), *Terminal architecture*, London: Reaktion
Peach, C (1996a), 'Does Britain have ghettos?' *Transactions of the Institute of British Geographers*, NS 21, pages 216–235, London: Royal Geographical Society
Peach, C (ed) (1996b), *Ethnicity in the 1991 census, Vol 2: The ethnic minority populations of Great Britain*, London: HMSO
Peckham Partnership (1994), *Peckham Partnership: a bid for single regeneration budget funding*, London: London Borough of Southwark/Peckham Partnership (September)
Pennington, M (1999), 'Free market environmentalism and the limits of land use planning', *Journal of Environmental Policy Planning*, 1, pages 43–59
People's Panel, The(1999), Issue 2: January, London: Service First Unit, Cabinet Office
Pfeiffer, U (1999), Study of elderly housing choices, Bonn: Empirica
Phillips, E M (1999), *Growing old gracefully*, London: William Sutton Trust
Pitt, J (1999), *Conversions could provide the answer*, Forward Planning Unit, Hertfordshire County Council
Plunz, R (1990), *A history of housing in New York City: dwelling type and social change in the American metropolis*, New York: Columbia University Press
Power, A, and Bergin, E (1999), *Neighbourhood management*, CASEpaper 31, London: LSE
Power, A, and Mumford, K (1999), *The slow death of great cities? Urban abandonment or urban renaissance*, York: Joseph Rowntree Foundation
Power, A, and Tunstall, R (1995), *Swimming against the tide: polarisation or progress on 20 unpopular council estates 1980–1995*, York: Joseph Rowntree Foundation
Power, A, and Tunstall, R (1997), *Dangerous disorder: riots and violent disturbances on 13 areas of Britain 1991–92*, York: Joseph Rowntree Foundation
Power, A, and Wilson, WJ (2000), *Social exclusion and the future of cities*, CASE paper 35, London: CASE
Power, A (1974), *David and Goliath*, London: Shelter
Power, A (1987), *Property before people: the management of twentieth-century council housing*, London: Allen and Unwin
Power, A (1992), *Empowering residents*, London: LSE
Power, A (1993), *Hovels to high rise: state housing in Europe since 1850*, London: Routledge
Power, A (1995), *Trafford Hall: a brief history of the National Tenants Resource Centre 1987–1995*, Chester: Trafford Hall
Power, A (1996), *Perspectives on Europe:unpopular estates in Europe and what can we learn from Europe?* London: Housing Corporation
Power, A (1999), *Estates on the edge: the social consequences of mass housing in Northern Europe*, London: Macmillan
Power, A (2000), 'Social exclusion', *RSA Journal*, no 5493, 2/4, pages 46–51
Pratty, J (2000), 'Cardboard cities', in *Hotline London*,

Spring Virgin Trains
Prescott, J (1998), 'The Green Belt is safe with us', *The Times* (28 January)
Priority Estates Project (1982;1984), Reports to DoE and DoE Welsh Office (unpublished)
Priority Estates Project (2000), Caretaking Plus London: PEP
Putnam, R D (1993), *Making democracy work: civic traditions in modern Italy* (with Robert Leonardi and Raffaella Y Nanetti), Princeton NJ: Princeton University Press

Rabobank (1998), *Sustainability: choices and challenges for future development*, Leiden: Rabobank International
Railtrack (1999a), *Railtalk*, April
Railtrack (1999b), *Railtalk*, October
*Raoul, JC (1997), 'How high speed trains make tracks', *Scientific American*
Ratcliffe, P (2000), *Improving South Asian access to social rented housing in Bradford*, Bradford: Bradford City Council
Rayner, J (1999), 'Our five challenges to the Mayor of London', *Observer* (24 October)
Richard Rogers Partnership (1998), Greenwich Peninsula Master Plan
RICS Research Foundation (1999), *2020: visions of the future*, London: RICS Research Foundation
Rogers, R (1997), *Cities for a small planet*, London: Faber and Faber
Rose, E J (1969), *Colour and citizenship:a report on British race relations*, London: Oxford University Press for the Institute of Race Relations
Rowe, P (1999), *Civic realism*, London: MIT Press
Royal Commission on Environmental Pollution (2000), *Energy: the changing climate 22nd report*, London: Stationery Office
Royal Town Planning Institute (1999), Report to the Urban Task Force
Rudlin, D (1998a), Evidence presented to the Urban Task Force
Rudlin, D (1998b), *Tomorrow: a peaceful path to urban reform*, Friends of the Earth/URBED
Rudlin, D, and Falk, N(1999), *Building the 21st century home: the sustainable urban neighbourhood*, Oxford: Architectural Press

Sassen, S (1994), *Cities in a world economy*, California: Pine Forge Press
Satterthwaite, D (ed) (1999), *The Earthscan reader in sustainable cities*, London: Earthscan
Saunders, P (1990), *Owner occupation*, London: Unwin Hyman
Savills, FPD Savills International Property Consultants (1998), *Land use in cities*, Summer edition
SEEDA (1999), *Building a world class region: an economic strategy for the South East of England*, Guildford: South East England Development Agency
SERPLAN (1999), Regional Planning Guidance for the South East: Report of the Public Examination Panel, draft SERPLAN response (conference, 18 November)
Shiva, V (2000), *Reith Lectures: Respect for the earth*,Lecture 5: Poverty and globalisation, BBC Radio 4.
Simmons, M (2000), *Housing capacity in Greater London*, paper presented at Housing in London conference (27 January)
Smart Growth Library (1999), 'Clinton-Gore livability agenda: building livable communities for the 21st century', press release (8 September)
Social Exclusion Unit (1998a), *Bringing Britain together: a national strategy for neighbourhood renewal*, London: Stationery Office
Social Exclusion Unit (1998b), *Truancy and school exclusion*, London: Stationery Office
Social Exclusion Unit (1999), *Bridging the gap: new opportunities for 16–18 year olds not in education, employment or training*, London: Stationery Office
Social Exclusion Unit (2000a), *National Strategy for Neighbourhood Renewal: Policy Action Team report summaries-*

a compendium, London: SEU

Social Exclusion Unit (2000b), *National Strategy for Neighbourhood Renewal: a framework for consultation*, London: Cabinet Office

Sparkes, J (1999), *Schools, education and social exclusion*, CASE paper 29, London: CASE

Strasbourg, City of (1999), *Trams*, Strasbourg: Mayor's Office

Summers, A, Cheshire, P, and Senn, L (1999), *Urban change in the United States and Western Europe: comparative analysis and policy*, Washington DC: Urban Institute Press

SUSTRANS (2000), *National Cycle Network*, Bristol: SUSTRANS

Swenarton, M (1981), *Homes fit for heroes: the politics and architecture of early state housing in Britain*, London: Heinemann Educational

Taplin, M (1999), *The history of tramways and evolution of light rail*, http://www.lrta.org/mrthistory.html

Teitz, M (1999), 'Urban sprawl: the debate continues', *Inside America*, November

Thomson, D (2000), interview in *Housing*, June

Thomson, F M L (1990), *Cambridge social history of Britain 1750–1950*, Cambridge: Cambridge University Press

Times Atlas of the World (1997), London: HarperCollins

Town and Country Planning (1999), *Town and Country Planning*, vol 68, no 8/9

Travers, T (1998), 'High hopes', *Guardian* (17 June)

Turok, I, and Edge, N (1999), *The jobs gap in Britain's cities: employment loss and labour market consequences*, Bristol: Policy Press

UCAS (1999), Annual Statistical Tables: 1998 Entry, Cheltenham: UCAS

UN (1997), Kyoto Protocol to the United Nations Frame work Convention on Climate Change (December 11)

UNCHS (1996), *An urbanising world: global report on human settlements*, Oxford: Oxford University Press

UNEP (2000), *Global environment outlook*, London: Earthscan

Urban Splash (1998a), *Lofts: the hard sell*, Smithfield Buildings, Manchester: Urban Splash

Urban Splash (1998b), *No two lofts are the same*, Manchester: Urban Splash

Urban Task Force (1998), Working Group One: Urban attitudes

Urban Task Force (1999a), *Towards an urban renaissance*, executive summary, London: DETR

Urban Task Force (1999b), *Towards an urban renaissance: final report of the Urban Task Force*, London: Stationery Office

Urban Task Force (2000), *Paying for an urban renaissance: The Urban Task Force's submission to the Government's Spending Review*, London: Stationery Office

Urbanisme (1999), 'Le XXe siècle: de la ville a l'urbain-chronique urbanistique et architecturale de 1900', B, 1999

*Virgin Trains (2000), 'Frontline', in *Hotline*, London: Virgin Trains

Walker, J (1999), 'Green walks', *Rambling Today*, Summer. London: Rambler's Association

Walker, L (2000), Evidence presented to the UTF on land reclaimation

Walters, J (2000), 'Safety casts a shadow over rail summit', *Observer* (21 May)

Watanabe, N (2000), *Why Japanese housing does not last*, thesis for MSc Housing (International), London School of Economics

Weaver, M (2000), 'Island wins right to cut VAT on repairs', *Housing Today* (30 March)

Webster, D (1999a), *Employability and jobs: Is there a jobs gap?* Memorandum of evidence submitted to the House of Commons Employment Sub-Committee (October 11)

Webster, D (1999b), 'Targeted local jobs', *New Economy*, vol 6, issue 4, December

Webster, D (1999c), *Unemployment convergence in 1990s Britain:how real?*, forthcoming in Employment Audit (EPI)

Webster, D (1999d), *Corrected ONS unemployment rates for July 1999, unemployment change 1998–1999 and employment change 1997–1998*, Glasgow City Housing (October 5)

Weinstock, M, and Woodgate, S (ed) (2000), *Living in the city*, London: The Architecture Foundation

Wenban-Smith (1999), *Plan, monitor and manage: making it work*, London: CPRE

Wighton, D, and Tucker, E (1999), 'Brussels ruling may hit land regeneration scheme', *Financial Times* (7 October)

Wilcox, S (1999), *Housing finance review*, York: Joseph Rowntree Foundation

Willmot, P (ed) (1994), *Urban trends 2: a decade in Britain's deprived urban areas*, London: Policy Studies Institute

Wilson, WJ (1987), *The truly disadvantaged: the inner city, the underclass,and public policy*, Chicago: University of Chicago Press

Wilson, WJ (1997), *When work disappears: the world of the new urban poor*, New York: Alfred A Knopf

World Bank (2000), *Entering the 21st century: world developments report 1999–2000*, New York: Oxford University Press

Worpole, K (1999), *The value of architecture*, London: RIBA

Wright, P (1992), *A journey through ruins*, London: Flamingo

Zogolovitch, R (1998), Urban Task Force, Working Group One: The density issue (October 23)

索引

（索引页码为原书页码，即本书边码）

作者简介

里查德·罗杰斯

里查德·罗杰斯于1933年生于意大利佛罗伦萨，在伦敦建筑协会和耶鲁大学攻读建筑。为当代最重要的建筑家之一，其最知名作品有巴黎蓬皮杜中心；伦敦劳埃德保险公司；斯特拉斯堡欧洲人权法院；伦敦的千禧穹顶以及许多大型主题规划项目，如泰晤士河战略；佛罗伦萨的城堡方案；马略卡比特园；上海的商业区等。

曾任塔特美术馆理事会主席和英格兰艺术委员会副主席，现任全国房客资源中心和伦敦建筑基金会主席。同时担任联合国21世纪城市化世界委员会和巴塞罗那城市战略顾问委员会成员。1995年作享有盛誉的BBC里斯讲座：“小行星的城市。”1998年被任命为副首相，领导政府为复兴英国的城镇而成立的城市特别工作组。新近被伦敦市长任命为城市建筑师。

1985年获英国皇家建筑师协会(RIBA)金质奖，1999年获托马斯·杰弗逊纪念基金会勋章，2000年获日本皇室建筑艺术奖，2007年获国际建筑界最著名的普里茨克建筑奖。

里查德·罗杰斯1986年被授予法国荣誉勋位勋章，1991年被封为爵士，1996年成为终身贵族。

安妮·鲍尔教授

安妮·鲍尔为伦敦经济学院社会政策教授。自1965年以来一直参与解决欧洲和美洲的住房与城市问题。1966年参加马丁·路德金的“终止贫民窟”运动，回英国后在伊斯灵顿组织了社区项目。她从1979到1989年帮助建立优先住宅区项目，并协助英格兰和威尔士的地方当局拯救破败的住宅区。1991年成为切斯特郡特拉福德市政厅国家房客资源中心首任主任，该中心为在低收入社区生活和工作的人提供居民培训。2000年因为城市复兴服务和促进居民参与工作而获得英帝国最高勋位勋章(CBE)。

安妮·鲍尔为城市特别工作组和政府

住房调查委员会成员。其著作有《边缘化的住宅区》（1999）；《大城市在缓慢死亡吗？》（1999），与凯瑟琳·芒福德合著；《危险的混乱》（1997）和《逆潮流而动》（1995），与丽贝卡·滕斯托尔合著；《高层小屋》（1993）和《财产优先于人》（1987）。

图书在版编目(CIP)数据

小国城市/(英)罗杰斯,(英)鲍尔著;苗正民译.—北京:商务印书馆,2011
ISBN 978-7-100-07047-8

I.小… II.①罗…②鲍…③苗… III.城市—发展—研究—欧洲 IV.F299.5

中国版本图书CIP数据核字(2010)第054181号

小 国 城 市

〔英〕里查德·罗杰斯 安妮·鲍尔 著
苗正民 译

商 务 印 书 馆 出 版
(北京王府井大街36号 邮政编码 100710)
商 务 印 书 馆 发 行
北京瑞古冠中印刷厂印刷
ISBN 978-7-100-07047-8

2011年11月第1版 开本787×960 1/16
2011年11月北京第1次印刷 印张21¼
定价:38.00元